U0481301

# 企业心语

宋志平 ◎ 编著

中国财富出版社有限公司

图书在版编目（CIP）数据

企业心语／宋志平编著 .—北京：中国财富出版社有限公司，2020.7（2022.3 重印）

ISBN 978－7－5047－7186－5

Ⅰ.①企… Ⅱ.①宋… Ⅲ.①企业管理—文集 Ⅳ.①F272－53

中国版本图书馆 CIP 数据核字（2020）第 114254 号

| 策划编辑 | 杜 亮 | 责任编辑 | 张红燕 郭 莹 | | |
|---|---|---|---|---|---|
| 责任印制 | 尚立业 | 责任校对 | 卓闪闪 | 责任发行 | 董 倩 |

| 出版发行 | 中国财富出版社有限公司 | | |
|---|---|---|---|
| 社　　址 | 北京市丰台区南四环西路 188 号 5 区 20 楼 | 邮政编码 | 100070 |
| 电　　话 | 010－52227588 转 2098（发行部） | 010－52227588 转 321（总编室） | |
| | 010－52227566（24 小时读者服务） | 010－52227588 转 305（质检部） | |
| 网　　址 | http://www.cfpress.com.cn | 排　版 | 宝蕾元 |
| 经　　销 | 新华书店 | 印　刷 | 宝蕾元仁浩（天津）印刷有限公司 |
| 书　　号 | ISBN 978－7－5047－7186－5/F・3168 | | |
| 开　　本 | 710mm×1000mm　1/16 | 版　次 | 2020 年 7 月第 1 版 |
| 印　　张 | 20.5 | 印　次 | 2022 年 3 月第 3 次印刷 |
| 字　　数 | 335 千字 | 定　价 | 89.00 元 |

版权所有・侵权必究・印装差错・负责调换

# 自　序

　　《企业心语》汇集了我这些年在报纸杂志和新媒体平台上发表的短文以及受邀参加活动时的演讲。它们的内容大多是围绕我在做企业的过程中的所思所想，我习惯把自己的观点随手加以整理，拿来与大家分享，同时也希望得到读者的反馈。也许是涉及的正好是大家关心的问题，或者是文字间的少许新意打动了读者，这些短文发表出来之后受到大家的欢迎。这鼓励我把这些思想点滴收集起来，编写成本书。

　　这本文集汇集的片思随想梳理一下包括四类。第一类是这些年我出访的所见所闻和所思所感。在当企业负责人的时候，我几乎每年都会到世界各地去访问，了解行业、企业和科技前沿的情况，比如书里面谈到的日本、以色列，还有关于奔驰、万华、一重、富士康的文章，就记载了这些访问的感受，对我后来做企业很有影响。像我2018年再去日本访问回来后写的《日本还值得我们学习吗》这样的文章，我相信这些见闻思考对于大家也会有所启发。

　　第二类是若干读书体会。我除了工作，时间主要用于阅读，但我读书主要是学以致用。这本书中关于企业规模、深度学习、谷仓效应等文字，就是这几年干中学、读思问的结晶。我认为中国企业和中国制造在有了规模之后，在做强做优、走向世界一流的过程中，还有很多这一类的问题，需要一个一个地去破解。

　　第三类是我在做企业的过程中，对企业本质和意义的思考。我做企业做了

40年，企业和企业家的意义何在，是我不断思考的问题。书中关于从管理到经营、企业的品格、企业的格局与能力这一类的文字，就是这种探索的结果。这几年，我越来越多地讲到企业责任、企业品格、企业格局，倡导企业成为共享平台，我认为这里面有世界潮流变化的原因，更重要的是因为经过了多年的改革开放，中国企业家对企业本质有了更深刻的理解。

第四类是演讲。我认为，企业不仅要创造有形价值，也要不断创造思想、传播新的理念。这些年我应邀参加了一些活动，有不少演说，像本书中选录的在国务院国资委①中央企业负责人半年会议上的发言、在哈佛大学的演讲，受到了一些关注，产生了一些影响，也有分享的价值。我把它们汇集在这里，希望大家关注潮流走向，与时代共进步。

这些短文最初发表的时候是比较分散的，也没有系统地规划。有的是公开演说，有的发表在《中国企业家》等杂志上，有的发表在报纸上，还有一些是发表在国资小新、中国建材集团的公众号等新媒体平台上。本书汇集的都是我的一些"小文章"，带有一些即时性和感想性，它们与我之前出版的谈经营管理、改革创新的书，在风格和内容上既有不同，又有呼应，很能够代表我思想的另一个侧面。

最后，我要特别感谢中国财富出版社，把这本书出得尽善尽美。在此，向所有参与了本书编辑、出版的朋友致谢，感谢长期支持我的读者。

2020年3月于北京

---

① 国务院国有资产监督管理委员会，本书中简称国务院国资委或国资委。

# 目录 CONTENTS

## 第一部分 访问记

- 01 浅谈日本企业的经营管理 / 5
- 02 日本还值得我们学习吗 / 18
- 03 从麻省理工看产学研创新体系 / 24
- 04 为什么要去以色列 / 31
- 05 为什么爱因斯坦不会被忘记 / 41
- 06 达沃斯带来的思考 / 47
- 07 万华的奥秘 / 54
- 08 从奔驰汽车看"世界一流" / 59
- 09 一重带给我的感动和思考 / 64
- 10 在富士康看到了什么 / 68

## 第二部分 读书记

- 01 做企业为什么要读书 / 77
- 02 半部《论语》做企业 / 85
- 03 怎样进行深度工作 / 98
- 04 解读《隐形冠军》/ 104
- 05 时下应读一下德鲁克这本书 / 108
- 06 重新思考价格策略 / 112
- 07 超越规模，活出质量 / 116
- 08 破除谷仓效应 / 122
- 09 如何避免企业衰落 / 126
- 10 谈谈我的《经营方略》/ 131

企业心语

## 第三部分 沉思录

01 从管理到经营 / 141
02 企业的逻辑是成长的逻辑 / 145
03 我做企业担心的几件事 / 148
04 谈"三精管理" / 157
05 谈企业机制改革 / 164
06 机制革命和企业家精神 / 168
07 国企转型升级的四个路径 / 173
08 以企业家精神激发市场活力 / 180
09 优秀的企业家首先应该是思想家 / 186
10 企业的品格 / 189
11 企业的格局与能力 / 196
12 企业需要什么样的管理研究 / 203
13 做企业为什么要培训 / 208
14 打造"一带一路"新优势 / 214
15 疫情之下看中央企业的责任和担当 / 222

## 第四部分 演说选

01 2020,企业要做正确的事 / 233
02 树立正确的质量观 / 238
03 讲讲我的"生意经" / 245
04 格力是高质量上市公司的标杆 / 252
05 有效的创新才是好创新 / 255
06 只有既实践又学习才能把企业做到极致 / 260
07 国企民企一家亲 / 264
08 企业活力靠机制 / 268
09 企业家的新使命 / 274
10 希望给混改企业一张"身份证" / 278
11 相信未来,相信改革开放 / 284
12 我在国企的岁月:都做对了什么 / 289
13 一生做好一件事 / 295
14 中国式并购与整合 / 303
15 站在道德高地做企业 / 315

## 第一部分
# 访问记

01 | 浅谈日本企业的经营管理
02 | 日本还值得我们学习吗
03 | 从麻省理工看产学研创新体系
04 | 为什么要去以色列
05 | 为什么爱因斯坦不会被忘记
06 | 达沃斯带来的思考
07 | 万华的奥秘
08 | 从奔驰汽车看"世界一流"
09 | 一重带给我的感动和思考
10 | 在富士康看到了什么

# 第一部分 访问记

本部分汇集这些年我作为中央企业负责人出访的一些观感，细心的读者一定会看出每一篇访问背后，都有一个重要的问题萦绕在我的心头。

这里面最早的一篇是 20 多年前筹备北新建材①上市时，我到日本研修期间写的《浅谈日本企业的经营管理》，这篇文章对我后来做企业有很大影响，今天再请大家来读，是因为有些内容对我们战胜今天的挑战仍然有意义。

《日本还值得我们学习吗》这篇文章是 2018 年我再次访问日本的回响，实际上因为业务的关系，我几乎年年都要去日本，从有效经营到创新引领，日本的转型有得有失，很值得研究。

《从麻省理工看产学研创新体系》《为什么要去以色列》《为什么爱因斯坦不会被忘记》这三篇文章的重心是创新体系。创新是系统工程，需要深思笃行、久久为功。这三篇文章从历史传统、文化教育、国家政策、体制机制等方面审视我们自己，并提出了许多问题和期待。

《达沃斯带来的思考》这篇文章是在中国企业正在世界经济舞台上崛起的背景下，探讨面对全球化新阶段的到来，中国企业应该持怎样的一个态度，走怎样的道路。

《万华的奥秘》是探索企业怎样通过机制的革命，激发发展活力。改革的核心不仅要解决制度问题，更重要的是怎样在改革过程中找到适合自己的机制，这是需要大家关注的重要课题。

《从奔驰汽车看"世界一流"》和《一重带给我的感动和思考》这两篇，是从两个角度来看"世界一流"这个宏伟目标，把它们放在一起来看，会对走向"世界一流"的过程和何谓"世界一流"有更深的体会。

---

① 北新建材集团有限公司，中国建材集团旗下企业，本书中简称北新建材。

| 企业心语

《在富士康看到了什么》这篇文章写在参观富士康的工业富联①熄灯工厂之后，这次探访让我对工业互联网和精密加工有了新的认识，深入了解工业富联的技术型CEO（首席执行官）李军旗后，我也对未来企业CEO的来源有了新的期待。

路漫漫其修远兮，上面就是我这些年东奔西走得来的一些启示，希望能够对大家有所启迪。

---

① 富士康工业互联网股份有限公司。

# 01

## 浅谈日本企业的经营管理[①]

日本战后经济的发展堪称奇迹：它的人口只占世界人口的 2.4%，国土面积不足世界的 0.3%，但其 GNP（国民生产总值）远远超过了世界的 10%。其人均 GNP1990 年达到 353.5 万日元，相当于 2.8 万美元，超过了美国和德国，跃居世界之首。1992 年，随着泡沫经济的破灭，日本经济的发展变缓，进入调整期，但日本经济在世界范围内仍维持巨大的规模。

在整个日本经济发展中，企业的成长和贡献是最为重要的。日本凭借其强大的制造业和举世无双的企业管理制造出数量多而质量好的产品，并将其成功地行销全世界。日本企业在海外建厂并积极合并、收购外国企业。近几年日本企业的管理也呈现一些新动向。

### 企业制度及融资

日本企业大多是股份制公司，而有代表性的企业又大都是上市的股份公司，家族公司极少。日本企业的股份已高度分散化了，一般来讲，银行等金融机构持有相当大的股份，一些相关企业相互持股也占一定数量，而一般公众持股比例不是很高，约占 20%，在企业中，以社长为首的经营层持股比例也不高。因而日本企业的股东是一个多层次的群体，所以也有人说日本企业是向着

---

[①] 1997 年 1 月，作者在日本海外技术者研修协会研修了一个月，通过授课、阅读资料和到日本企业见习，了解了一些日本企业的经营管理情况，回国后撰写并发表了这篇文章，今日看来对我们的管理工作依旧极具指导意义。本文原载于《新型建材厂报》1997 年 2 月。

产权模糊方向发展的。

从董事会的章程看，日本企业和其他国家的企业没有什么不同，但实际操作不尽相同。日本企业的最高经营层的组织结构极为封闭，除了极少数人从交易银行和相关企业或从政府辞职的官员中来以外，最高经营层中大部分人是从企业中层干部中选拔出来的。由于股份的分散化，股东大会也变得徒有虚名，一般开会也只要两三个小时。

日本企业领导层的构成是会长（董事长）、副会长（副董事长）、社长（总经理）、副社长（副总经理）、专务董事、常务董事、董事，这一排列十分重要。但在现实的日本企业中，会长一般是社长年长以后出任的。和其他国家的公司总经理任命制不同，社长不是由董事会任命而是直接由股东大会选举产生的，所以社长实际上拥有很大的权力。大多数企业是会长主持对外事务，而社长对内管理整个企业。当然在日本也有会长执掌大权的企业，这往往因一些具体条件而定。此外，原来受股东委托的监事会也只限于形式。这些与国际上通用公司规则的不同，反映了日本的文化和组织特点。

日本企业的董事一般在20名左右，但大型企业也有的达到60名，一般来讲董事人数与职工人数的比例为1∶200～1∶150，由于日本企业实行年功序列制，所以要晋升为董事，年龄一般在55～60岁。

日本的企业组织一般采用事业部制和事业本部制，事业部和事业本部对相关产品系列进行统一管理，在某种程度上把责任分给了事业部，以提高事业部的盈利意识。在许多企业中，事业部的实力比总公司办事机构还要强。

早期日本企业不大愿意设立子公司，对分公司控制得也很严。随着向海外的发展，尤其1992年日本泡沫经济破灭以来，日本企业在海外谋求生存和发展、在海外建立子公司已成常事，但其组织总的来讲是比较紧密的。

日本企业的资产负债率一般在50%左右，其负债中约30%是从银行获得的贷款，而20%则是通过债券等形式得来的。企业的筹资基本由4种形式组成，即股东的资本金、通过债券发行的社债、银行贷款和企业留利。日本企业十分重视企业留利，在飞速发展时期企业留利要占总利润的80%左右，是企业发展获得资金的重要来源。但近年来，由于企业的持续不景气，为了照顾股东的分红，以维持股票的面值和获得股东新的投入，企业留利水平逐年下降，一般降到40%左右，而这恰恰和美国的水平相当。

一方面，在过去几十年中，日本企业奉行的是企业本位制，即追求企业的膨胀、产品市场占有率、经营者和员工的收入福利，而对股东权益照顾不够。但在那个时期，日本股票的升值也是惊人的，所以只要企业红火，股东就可以在股票升值中得到收益。但从1992年以来股票指数几乎跌了50%，因而股东越来越重视企业的红利。从另一方面看，日本企业不重视股东利益的倾向也受到了来自美国方面的压力，而企业要从股东那里得到新的投资，也只能保证股东投资的回报率，这是日本企业的一个大的转变。

目前日本企业仍把从股东那里获得股本金作为筹资的第一手段，这是因为发行股票在企业遇到困难时可以不分红，而获得的资本金股东也不能抽回，所以这对企业来讲是最稳定的资金来源。

很多日本企业也很重视发行债券。一般债券为3~4年期，最近也发行了7~10年期的更长期债券，还有一种债券叫可转换股票的债券，换成股票的价格是事先决定的，在股价比预先制定的价格高时，投资者就可以转换成股票抛售。

企业向银行的借款分为长期借款和短期借款两种。长期借款用于厂房设备投资，短期借款主要用作生产经营的流动资金。目前整个日本投资需求不足，而银行资金十分充足，因此只要是优秀企业，就比较容易获得贷款。日本企业在银行开户借款一般也是多头，大多在20家银行左右，但是50~60家的也不少，像NEC（日本电气股份有限公司）的贷款银行就有40家左右。

不论发行债券还是向银行贷款，最重要的是企业的资信度。在日本，由大藏省批准的民间评定等级的机构来评定企业的信用等级，每年评定一次，每次评级须有两家评定机构分别进行评定。日本企业的信用等级分为AAA、AA、A、BBB、BB、B、C等几个等级，目前多数企业的等级是BBB，等级为AAA的企业为数不多。一般来讲，信用等级在A级以上的企业，银行非常愿意提供贷款，发行债券也十分顺利，信用等级越高，银行贷款和发行债券的利息就越低。在处理担保和抵押上，不同信用等级的企业也有不同，A级以上信用等级的企业贷款时一般可以不做担保或抵押。

企业心语

日本政府为了刺激经济、解决投资不足的问题实行低利率政策，一般存款利率为0.1%～0.2%，而长期贷款利率为2.5%、短期贷款利率为1.625%，中央银行的贴现率也只有0.5%。对于好企业，银行还实行优惠利率，如A级以上信用等级企业的优惠利率为0.8%。但即使这样低的利率，目前仍然不能使得日本企业的投资大幅度增加。

日本企业十分重视资金的管理和运作，非常重视压缩总投资和缩短投资建设期，在日常生产经营中，对于原材料和在制品的成本都主张压至最低，对于应收账款也十分重视，从而减少占用资金的规模。企业千方百计追求高利润，除了为满足股东分利和企业留利，更重要的原因则是只有经营好的企业才能有高资信度，才能在高度竞争的市场中得以生存。

### 人事劳务管理

日本企业的人事劳务管理是与终身雇佣制、年功序列制、企业内工会等基本性质相配合的各种完备的制度。

长期以来，日本企业实行的是从录用到退休的终身雇佣制，员工以企业为家，企业也用提供相应稳定的收入和高福利来营造家的氛围。在日本铁路分化为股份公司以前的国营时代，曾经有闻名于日本的"国铁一家"的企业文化，日本的丰田汽车公司①也是以"以厂为家"为主体文化，这是日本社会固有的集体主义精神在企业组织中的体现。日本有2000多年种植水稻的历史，在这漫长的过程中，为了共同使用水利资源，需要家庭之间的合作与协调，这是日本集体主义思想的历史根源。当日本进入工业社会以后，没有把市场压力分给每一位员工，而是由一个一个整体来共同面对。在日本企业中倡导一种社风，即大家都要维护企业，而企业又要维护每一名员工。在终身雇佣制下，每一位员工的晋升和待遇都是按年头排列的，这就是所谓的年功序列制。终身雇佣制和年功序列制使公司形成了牢固的组织人事关系，而这种稳定的关系对日本企业创造辉煌起了非常大的作用。但随着经济持续低迷，越来越多的问题呈现出

---

① 本书中简称丰田公司或丰田。

来：企业要压低成本、要增加人的创造力，就使得一些企业为了压低人工费用而提倡早退休（可给早退休的员工以更多的薪水和奖励）；另外，大量雇用临时工和海外研修生，以此来回避过多的教育培训费用、住房及保障费用补贴等开支；此外，和年功序列制相对应，一些企业开始实行年俸制，即一年评定一次工资，将个人贡献放在首位，这样高科技公司可以鼓励有才华的年轻人勇于创造的积极性。但在深入考察日本企业后不难发现，无论经营者还是员工，大家都十分留恋终身雇佣制这种稳定的环境，真正要打破这个"铁饭碗"谈何容易。

日本每一个企业都有自己独树一帜的文化，包括价值观、工作作风，甚至工作程序和方法，因此即使是东芝集团和日立集团这样十分相近的公司，员工要互相流动也非常困难，因为在某一公司做久了，已经熟悉了这个公司的工作套路，到另一个公司就派不上用场，在新公司不知如何入手。从公司角度来讲，转变一名已带有其他公司定势文化的员工的习惯远比培训一名新员工费事得多。

其实，终身雇佣制又是一种年轻时为年老时储备的劳动制度，即员工在年轻时多干一些、少收入一些，而在年老时公司多付一些报酬。这使得公司具有一定的稳定性。多数有一定工龄的员工是不能接受取消终身雇佣制的，所以要取消这个制度确实存在困难。而要深刻理解终身雇佣制，也只有将之放在日本这个特定的环境中。

日本企业一般每年 4 月从新毕业生中录用新员工，录用考核采取面试和笔试的方式，任职时除了在技术部门工作要有一定的专业对口外，多数与所学专业无关。日本企业中有广泛的岗位轮换制度，目的一方面是让员工掌握更多的技能，另一方面是使员工对工作常有新鲜感，刺激员工的工作热情。企业也十分重视培训，其目标是将员工培训成为实际的专家。培训分为脱产培训和在职培训，大多数企业实行员工的在职培训。企业对干部的考核主要分为 3 个方面，即能力、成绩和情意考核，其中情意是指人际关系和对企业的忠诚心。日本企业的晋升比较缓慢，在早期经济快速发展时，企业迅速扩张，可晋升的职位和机会相对多一些；而在企业处于固守期时，很难腾出新职位。为了解决这个问题，企业实行一种资格制度，即将职员分为一级、二级、三级，分别和部长、课长、细长等职务相对应，这一点与我国企事业单位中的处级、科级主办科员相似。

日本企业员工收入是按年功序列排列的，一般刚入企业的员工月收入大概17万日元，试用一年期满在20万日元左右，一个20年工龄的课长月收入为50万~60万日元，而一个中等公司的社长年收入一般在2000万日元左右。在日本公司，只要说出一个人的工龄和职务，就能大概猜到他的收入水平。日本企业每年发一次奖金，金额相当于5个半月的工资，这实际上已成为企业的一种工资形式，其目的是培养员工的报恩思想。

在日本企业中，除了工资和奖金之外，还有各种津贴，如加班津贴、家属津贴、住房津贴、全勤和精勤津贴、交通费、地区津贴、伙午津贴等，一些好的企业还向员工提供租金十分优惠的住房，应该说日本企业的福利是一项庞大开支。

日本企业每周的正规劳动时间为40~46小时，全年节假日为120天左右，工厂内大多实行两班制或三班制。

日本企业的工会是一个比较温和的组织，加入工会的员工比例为20%左右，虽说每年4月有一次日本人称为"春斗"的劳资谈判，但极少发展到对抗程度。工会往往是经营者的一个助手，帮助企业安排完成任务。例如日本国铁私营以后的几个股份公司是由工会倡导开展全员质量管理的，当企业出现困难时，工会甚至主动做工作减少工资以帮助企业渡过难关。日本企业的工会干部有不少被提拔到管理层，因而有人批评日本工会对企业缺乏监督，这也是日本企业劳动组织的一个特点。

## 企业管理和质量经营

日本企业认为以往那种只重视利润目标的企业经营已很难向前发展了，因而十分重视经营理念，企业经营是以贡献于社会为目的，为实现这一目标而生产和销售使顾客满意、放心的产品，从而获得企业利益。

日本一家电气公司自1932年起在一贯如一的经营方针下，一直在产业界保持最高的业绩，其经营方针是："我们公司以奉献给顾客优质产品和优质服务为使命，利益来自其结果，近视眼式的、自我利益为中心式的经营，是不会为神一般的公正的众目所容忍的。""形成具有相同的理想并亲善合一的大团体能力的有机结合体，通过相互充分地、有效地唤起个性，以自由的形式发挥各自的聪明才智、独创见解，使全体人员感到生存的意义和快乐，从而为社会做有意义的贡献。"类似以上的方针是日本大多数企业制定的经营方针。

日本企业认为，企业为了获得社会的承认、得到生存和发展，需要有自身的哲学和思想，通常反映为企业的社是、社训、细领等，企业用这些企业哲学教育员工，形成共识，这是其他国家的企业很难与之相比的。

具体到日本的企业管理，一般首推日本的生产现场管理和以TQC（全员质量控制活动）闻名于世的小组改善活动。当然日本企业推行的精益生产也非常值得学习。

日本人常常以匠人自居，而将中国人称为商人。确实，日本的制造业堪称世界一流，而其制造业之所以能够质量好、成本低，又和它特有的管理方式有关。以整理、整顿为核心并为大家熟知的5S①现场管理目前仍是日本大多数企业遵循的基础管理，整理、整顿使得即使是传统的建材企业也环境优美、干净得几乎一尘不染。由于日本企业的营销和生产是分开的，所以工厂以工场命名，不介入销售活动，专心致志地搞生产，从场长到每一位员工都将全部精力用于生产活动。再就是日本企业的生产管理活动强调全员性，所以TQC（全员质量控制活动）、TQM（全员质量管理活动）、TPM（全员设备维护）、TVE（全员价值观）等都是以"T（全员）"开头。企业中做到全员的手段是小组活动，在工场内根据工作的相关性组成若干个小组，设定阶段目标，组织实施，定期评价和开报告会。日本许多企业坚持小组活动已有三四十年的历史了，而直到今天，这种活动依然十分频繁，仍是日本企业管理者十分珍视的管理方法。日本企业生产管理的一大特点是重视改善，在工场中，没有不知道"改善"二字的，改善就是主张不断发现工作中的问题、提出建议、实施改进的过

---

① 5S指整理（Seiri）、整顿（Seiton）、清扫（Seiso）、清洁（Seiketsu）、素养（Shitsuke）。

程。日本企业在将 ISO 9000（质量管理体系标准）与 TQC 进行对比时，认为 ISO 9000 告诉人们怎么做，而 TQC 则是要人们不断地按更合理的方式和流程去做。

随着市场竞争的加剧，压低成本成了企业管理的一大目标。日本企业在精益生产方面做得十分突出。精益生产活动应首推丰田的 JIT（Just In Time），所谓 JIT，是指及时供应零部件的方式。丰田生产方式的核心就是自动化再加上 JIT。自动化有两层意思：一是实行了自动化，让机器带有和人一样的判断力；二是尊重人，发生问题时工人可以自主停止生产线。在狭义的 JIT 中最重要的是"平稳化"的概念。这里所说的平稳化，是指在一定期间内生产线之间保持生产的平衡，使生产数量及生产时间均等化，这意味着生产计划要按年、月、日如期制定，使用看板等手段采取后一道工序向前一道工序订零件的方式达到零库存的生产。丰田生产方式的另一特点是利用多道工序和 U 字形排列，让个人承担 U 字形排列的复数工序，把他们培养成多面手，以达到提高效率从而减少用人的目的。

日本企业的质量管理最初是第二次世界大战后从美国传入的，当时叫统计质量管理（SQC），后来戴明（W. E. Deming）博士的管理图和抽样方法，经由石川馨博士为中心的财团法人日本科学技术联盟和日本规格协会等，将统计质量管理发展为全员质量控制 TQC。

日本企业的质量管理的着眼点和组织方式都与美国的不同。美国早期的质量管理是买方的质量管理，即企业的质量管理是按买方要求进行的，以最终适应检查为标准；而日本企业将其发展为卖方的质量管理，即卖方在整个进程中自行进行的质量管理活动，这种重视过程的质量管理思想确实是日本企业对质量管理工作的一大贡献。在质量管理的组织形式上，日本企业的另一大贡献则是 TQC 活动，该项活动已从日本普及到许多国家的企业，它的特点一是现场化——直接由车间一线的工人参与，二是广泛性——将质量控制活动遍布企业的整个生产经营过程。日本人将 TQC 和中药相提并论，认为企业要花费较长时间从事这项活动，效果才能显现出来，在许多企业 TQC 活动已坚持了 30 年左右。

随着企业管理向深层次发展，日本企业认为有必要将质量管理升华为质量经营，即以满足顾客的需求和经营效率化为原则，将质量和经营结合起来考虑，在市场竞争中，那种认为只要符合规格的产品就是好产品、按标准作业就没有问题的态度是不能达到竞争目标的，必须转变和加深对质量管理在企业经营体系中的重要性的认识，因为质量管理的成功与否越来越大地影响到企业能否发展。在经营效率化方面，日本企业认为，重视质量的企业，为了使质量组织活动确实有效，必然进行大量的探索和改进，这样做对有组织的企业经营活动带来很好的影响，可以提高企业活动的整体效果。日本许多企业在开展了多年 TQC 活动后，现在将其改进为 TQM 活动，这标志着从强调控制管理向强调全面经营管理的迈进。

在推动整个日本企业质量管理活动中，戴明奖制度起了非常重要的作用。戴明是美国的统计专家，他与日本质量管理的发展有着很深的关系。他应日本科学技术联盟的邀请，分别于 1950 年、1951 年、1952 年到日本举办了质量管理和市场调查培训班，对统计方法和质量管理在日本的普及和发展起到了很大的推动作用。1951 年戴明奖设立，这项奖励基金是日本科学技术联盟的小柳专务理事接受了戴明博士在日讲课教材版税的捐赠，经联盟理事会同意而设立的。戴明奖分为戴明本奖和戴明实施奖，本奖是奖励个人的，而实施奖则是奖励企业的。戴明本奖由戴明奖委员会推荐产生，戴明实施奖则通过实施奖委员会审查合格后授予。实施奖的审查是实施奖委员会根据企业申请进行的，实施奖委员会由各方面质量专家 60 人组成。戴明实施奖成为日本推进质量管理的一个重要力量，很多有代表性的企业通过获得戴明实施奖提高了企业质量管理水平。最近几年，日本企业又在积极推进 ISO 9000 的认证，除了其产品出口所需之外，日本企业认为 ISO 9000 和 TQC 相比也有许多可取之处，因此 ISO 9000 和 TQC 可以同时推进，并不矛盾。

**竞争战略和企业创新**

企业经营活动的目的是获得利润、企业发展、对社会做出应有的贡献，要达到这一目标必须有持续的竞争力，而企业首先要有相应的竞争战略。产品竞争力要素有许多，如产品系列、产品质量、产品价格、付款方式、交货期、服务、供应关系、购买的方便性、企业形象、新颖性、连续性等，可以说这些要素无一例外都与企业产品竞争力有关。日本企业认为对竞争要素的选择有两种：一是全方位的选择，即将每一个要素都发挥其作用的一种战略；二是重点竞争战略，即在竞争要素中选择一些重点要素进行强化的竞争。日本企业大多数选择重点竞争战略。在发展进程中，许多企业制定了质量稳定和低价位的战略，着眼于从标准产品入手，产品档次从中低档定位逐渐向高档发展。日本的精工表没有去追劳力士和欧米茄，而是非常重视产品的可靠性和低价位，从数量规模上要效益；丰田公司的汽车也不在豪华度上赶超奔驰汽车和宝马汽车，而是在不出故障和价格低廉方面下功夫。因而日本企业的产品在国际市场上的概念是质量可靠、价格便宜，这才使得日本产品可以大规模进入欧美市场。从中低档产品开发逐渐向高档产品发展的例子可举本田汽车公司。本田汽车公司最早是在自行车上加上汽油马达，而后改良出5cc的小型摩托车，后来提高到10cc，并开始向美国出口，再逐渐发展为250～400cc的中型摩托车，在这个档次上的产品几乎控制了美国市场，最后本田又向1500～2000cc的摩托车挺进，击垮了美国两家大功率摩托车公司，本田的大功率摩托车成为美国警方的配备产品。日本其他制造如钢琴、造船等也几乎走了同样的道路。

日本企业认为，在工业发展初期，由于技术水平低，资金不雄厚，如果上来就在高级产品上下功夫，既不客观也不可能，而有着非常广阔市场的中低档产品正是欧美许多竞争对手的短项，因此在中低档产品质量和成本控制上下功夫，以数量取得经济效益是十分可能的。在这个过程中，企业开发技术和积聚资金，迅速增长实力，再逐渐提高产品档次。事实证明这是一个成功的竞争战略。

日本企业非常重视技术引进，但企业并没有简单地把引进的技术直接用在生产制造产品上，而是无一例外地进行了消化吸收，使之成为自己的东西。一般认为日本企业自己的基础研发不够，但工艺技术和应用技术非常高。半导体最早是美国人发明的，但使半导体收音机在全世界普及的是索尼公司这样的购买美国专利的日本公司。

这里值得一提的是早期日本企业也十分善于采用欧洲工业国家的技术。当年成群的日本代表团踏遍了欧洲国家和美国的工厂，在那里学习、画图，回来研究、仿制。应该说，这种方法使日本企业在技术进步中极大地降低了成本，可能正是因为这一点，日本企业对出让技术非常保守，而且对中国公司也常怀有戒心。

在整个 20 世纪 70 年代和 80 年代，日本基本上是以引进技术为主，但日本企业竞争力的加强，使得欧美企业提高了警惕，所以日本企业也不得不转向开发自己的技术。日本大企业现在都建有研发机构，并将相当于营业额 3% 的费用用于研发，进行许多前瞻性研究。如松下公司开发的液晶超薄高清晰度电视和利用等离子技术生产的超薄高清晰度大屏幕电视当时远远走在世界的前列；日本清水建设株式会社的科研院研究能容纳超过 100 万人口的立体金字塔城，该院还同美国公司一起研究月球城市，将地球上的氢气带上月球，用月球上的一种物质生产出氧气。这些研究已远远超出了日本企业早期的技术研发思路。

随着在技术开发上的投入，日本企业也在思考由长期的制造业为主的经济模式向技术产业化发展，日本的技术出口也呈现增长的势头。1975 年日本企业的技术出口和进口比值为 0.2，即进口技术所花的资金是出口技术资金收入的 5 倍，而 20 世纪 90 年代末，这一比值已经上升到 0.5 以上，当然这与美国等技术输出国相比还是微不足道的。

## 企业集团与商社体制

带动日本经济的是其大集团和大企业。日本的企业集团分为两种，即金融型企业集团和母子型企业集团。金融型企业集团有被称为日本六大企业集团的三井集团、三菱集团、住友集团、芙蓉集团、第一劝业银行集团及三和集团，集团成员企业之间相互持股，集团内部往往有大量的合作项目，各成员之间的关系是对等的平衡关系，没有所谓母公司存在，但是有明确的核心企业，这些核心企业有的是银行，有的是商社，也有的是大规模的制造业企业；另外，在每个集团中，也有着一种产业至少有一个企业成员的倾向，这叫集团的配套主义。这样，日本的企业集团实现了作为整体的多样化。母子型企业集团是由母

企业心语

公司及子公司、关联公司或下包公司组成,这种企业集团是有等级区别的垂直结构,子公司和关联公司由母公司持股,而下包公司则有相当的交易关系。一般来讲,母公司是制造业时,集团成员则部分是生产零件或有关产品的企业。日本大企业出产的产品大多是由其子公司提供零件组装的,而不是由母公司进行大而全的加工,这是日本制造业的一个特点。

日本的下包公司,就是我们常说的协作厂或协力厂。大多数日本中小加工企业都是大企业的下包公司,下包公司往往有着机制灵活、成本低等特点,而其陈旧的设备亟待改造。下包公司往往承担着大企业不愿做的所谓3K工作,即危险(Kilew)、繁重(Kitsui)、不卫生(Kitai)的工作。另外,下包公司客观上还承担着在经济萧条时先行倒闭和破产的风险,从而为大企业提供一个相对的缓冲余地。日本的中小加工企业在繁荣日本经济和安排就业中起到了十分重要的作用,因而日本政府对它们有一些优惠扶持政策,并在指导培训和贷款利率上有很大的支持。目前有一些中小企业开始跟随大企业集团跨出日本国门在海外谋生存,在海外再与日本大企业形成新的下包公司,这也是一个新动向。

日本的商社体制也是日本经济成功的重要原因之一。商社是日语,翻译成中文是贸易公司的意思,但两个都用汉字,所以我们就直接采用了。日本大企业大多没有自己的销售网,而采取委托商社进行销售的形式,综合商社既搞出口又搞进口,还从事第三国之间的贸易,因此人们常用"从方便面到导弹无所不包"这句话来形容综合商社经营范围之广。除综合商社外,日本还有大量的中小商社,它们一般有固定的业务,有一些批发店,并和一些企业形成了牢固的关系。商社的力量在于它建立的层层批发网,批发商和零售商之间的关系十分牢固,一般外部商品很难挤进,这往往成为日本与其他国家产生摩擦的原因之一。日本商社从企业收购产品,价格比较低,而销售价格往往高出一两倍甚至更多,这也是商社体制成本较高造成的。企业依赖于商社,除因为商社的众多批发零售店有良好的售前服务和售后服务外,还由于商社的信用较好。一般来讲,商社从企业购买产品是用3个月期或4个月期的银行汇票结算,长的要达半年左右。在这种结算方式下,企业不大愿意与客户直接打交道,而宁愿与有信用的商社结成长期关系，企业也极少拿商社的汇票去银行贴现，而是充分信任商社，滚动使用资金。

但日本的经济也向着多样化发展，一些大企业也纷纷建立自己的销售网和分店，这使原来的一级、二级或三级批发店受到很大冲击，尤其是 20 世纪 90 年代初日本泡沫经济的破灭，使日本企业在购入原料和产品时更加注意价格，于是一些企业不再顾及传统的供应渠道转而寻找新的更加便宜的货物，一些新型的供应商便趁机形成。也有客户更加直接地从生产厂家购买，这就是所谓的"价格破坏"，这种趋势很可能动摇商社这一牢固的流通体系。

总之，随着日本经济的变化，日本企业的经营管理面临许多挑战，日本企业一方面希望保持原有的好的方法，而另一方面又在积极探索新的改进措施。认真研究日本企业经营管理的演变对于改革中的中国企业是十分有意义的。

## 02

## 日本还值得我们学习吗[①]

2018年11月，时隔11年我再次来到日本丰田公司。和11年前不同，记得那时我们正在和丰田公司合资做工厂化房屋，我们参观了丰田汽车组装线；而这次，则是中日两国在北京召开首届中日第三方市场合作论坛后不久，我组织中国建材[②]代表团到日本进行创新转型的学习之旅，丰田是我此次行程的最后一站，也是最重要的一站。

2017财年（2016年4月1日至2017年3月31日）丰田收入约17000亿元，而利润也有约1200亿元之多，关键是丰田氢燃料电池汽车的商业化推出让全球汽车行业受到震动，在中国从企业到普通百姓都为此大吃一惊：不是说日本"失去的20年"吗？怎么丰田却突然冒出这么个东西来，搅乱了我们举国上下正在掀起的电动汽车热潮？回想改革开放这些年，我们最先学的是日本，学习日本的技术、日本的管理。20世纪八九十年代，我每年都会带队去日本学习两次，后来是一年一次，再后来是两年一次。而这次在日本的三天时间里，我分别拜访了东芝集团、AGC集团（原旭硝子株式会社）、三菱商事株式会社（以下简称三菱商事）、藤田建设工业株式会社、三菱综合材料株式会社和丰田等企业，在与这些企业负责人深入交流的过程中，我进一步理解了日本企业在过去"失去的20年"所进行的艰难转型，这些感受对于目前正饱受产

---

[①] 2018年11月，作者率团赴日本拜访新材料、新能源和新型房屋行业的领军企业，探寻日本企业创新转型的做法和经验。本文原载于国资小新微信公众号2018年11月24日。

[②] 中国建材集团有限公司，本书中简称中国建材集团或中国建材。

和日本企业高管团队合影

能过剩之苦的中国企业也很重要。

**艰难的转型**

我第一站去的是东芝，说来东芝能源系统株式会社的社长是我在北京首届中日第三方市场合作论坛上认识的，我们参加午餐会时坐在一起。在我印象中东芝是做家电的，记得前些年我家里一直用的是一台东芝电冰箱，但在与东芝能源系统社长谈话间，我才得知东芝现在已完全退出白色家电行业，进入大型核电、新能源和氢燃料电池电站业务领域。而福岛核泄漏事故使东芝的核电业务雪上加霜，企业转型一度遇到困难，但他们还是一路走了过来。东芝能源系统社长向我介绍，东芝当年做白色家电年营收最高达到4000亿元，而转型后，东芝完全退出了电视和白色家电行业，相关技术转让给了中国的海信集团有限公司和美的集团股份有限公司。2017年东芝的营收也达到约2400亿元，利润约465亿元，工人人数从20万人减为15万人。他说，再过两年，东芝的年营收就会恢复到3000亿元或更高。我从他的介绍中得知，日本知名的企业中，如索尼集团、日立集团都转型成功，而转型慢了一步的夏普公司却遇到了问

### 企业心语

题，被中国台湾的郭台铭收购了。家电业曾是日本的支柱产业，但韩国和中国企业以更低的成本对其进行了挑战，东芝能源系统社长说，那几年企业困难时几乎年年亏损，所以必须痛下决心把家电业转出去。

我接触的另一家企业则是我的同行 AGC，也就是旭硝子株式会社，"硝子"在日语里是玻璃的意思。正因为是同行，我和 AGC 社长进行了长谈，他告诉我，面对玻璃行业日趋激烈的竞争，AGC 同时强化了其在化学品领域的发展，形成多业务齐头并进、共同发展。AGC 曾是全球负有盛名的玻璃公司，而今天也在思考今后的出路。

即使三菱商事这个年营收曾高达 2000 亿美元的贸易帝国，2015 年也出现了历史上第一次年度亏损。我拜访社长时得知，三菱商事刚刚进行了业务和机构的改革，其实今天三菱商事 70% 的利润来自投资，贸易的利润越来越小。而丰田公司正在全力打造氢燃料电池汽车，开始推出的是油电混合型汽车，现在它的氢燃料电池汽车已经实现商业化。

曾几何时，日本凭借强大的制造业和雄厚的财力重创美国经济，20 世纪七八十年代，美国进口商品中 70% 是日本货，日本企业买了纽约的标志性建筑洛克菲勒大厦，买下洛杉矶的好莱坞环球影城。美国报纸曾刊登大幅漫画，画的是丰田汽车从天而降，漫画的名字叫《虎、虎、虎》，这正是日本偷袭珍珠港投弹的暗语，日本也因此招致了美国的报复，著名的广场协议沉重打击了日本的外向型经济。再看 20 世纪"亚洲四小龙"和中国的崛起，既得益于日本的带动，同时又成为日本企业的劲敌。在这种情况下，日本企业采取了埋头苦干和创新转型，而今日日本竟然在工业前沿的十几个领域稳居前三名，在科技界连续 18 年每年都有诺贝尔奖得主。

十几年前，我读过迈克尔·波特写的《日本还有竞争力吗？》，书中的主要观点讲的是日本有堪称世界第一的管理，但日本的技术路线是模仿式创新，日本企业总有一天会失去竞争力。而这 20 年过去，日本企业恰恰补上了创新能力差这一短板。

## 丰田的"变"与"不变"

这次，我去了位于爱知县丰田市的丰田总部，参观了丰田汽车展示馆和丰田皇冠轿车组装线,在展示馆里有最新款的丰田汽车,雷克萨斯油电混合车、红色的跑车以及豪华世纪车等,但最耀眼的还是"未来牌"氢燃料电池汽车,3分钟加气6公斤足以行驶600公里,车的构造和氢燃料电池块让我大饱眼福。

其实,我曾在北新建材上市后资助武汉工业大学①300万元研究燃料电池,也装过一台汽车,我在学校院子里还试乘过,不过这也是快20年前的事了。而丰田一直锲而不舍,把氢燃料电池汽车近乎完美地做了出来,这怎能不让人吃惊?但让我更为吃惊的并不是丰田的汽车技术,而是长期以来我们沉浸在特斯拉引导的电动汽车热潮中,对丰田的氢燃料电池汽车的商业化进展浑然不知。氢燃料电池的能量利用率达到80%,关键是用新能源制氢技术还解决了能源贮存问题,为目前的"弃风弃光"找到了解决方案。日本企业也在做大型的太阳能-制氢-燃料电池发电厂,再过几年,这些电厂也会商业化运营。

丰田的氢燃料电池汽车可能会取代眼前正在发展的电动汽车

参观丰田的装备生产线时我有三点感受:**一是丰田的管理工法。**丰田管理是零库存,现场看所有外包企业送来的组件只有两小时的存放时间,所以根本

---

① 2000年,原武汉工业大学、武汉交通科技大学、武汉汽车工业大学合并组建武汉理工大学。

## 企业心语

没有备件库。在组装线上，工人们用看板管理进行紧张的作业。其实这些工法30多年前已传入我国，但很少有企业能坚持下来，而丰田却几十年如一日进行这些现场的精细管理。在日本工厂里，安装工作完成后，工人会检查每一个螺栓的松紧度，我对此很感兴趣。工人拿小锤子轻轻敲打每一个螺栓，根据声音来辨别其松紧度，他们真正做到了精益求精。**二是丰田的工匠精神**。丰田皇冠组装线是两班倒，每班工作7小时，每小时有10分钟休息时间，而工作时工人们都像机器人一样进行组装操作，我同行的同事看后很是感慨，认为这里的工人太辛苦，比我们的工人苦多了。我们参观时正好赶上工厂午饭时间，工厂车间里的灯一下子全熄灭了，为了节省电力。工人们很整齐地列队去餐厅，都是二三十岁的年轻人，陪同的丰田职员告诉我，这些年轻人都是高中毕业后经过职业培训的工人，在日本不少年轻人高中毕业后就参加工作，这也让我印象深刻。**三是丰田的全员创新**。丰田是1937年成立的，工厂有个口号一直沿用至今，叫"好产品、好创意"，工厂常年坚持人人参加的创新活动。

离开丰田时，我们在其总部办公楼前合了影，这是一座十层左右的办公楼，看起来很简约，远一点儿是丰田科研楼，也很朴实，据说这里聚集了1.2万名研发人员。我在想，丰田是一个完全制造型的公司，并没有特殊的资源依赖，却成了全球优秀的企业。丰田这些年虽然发生了巨大变化，但有的东西始终没有变，那就是精细管理、工匠精神和持续创新。

### 日本还值得学习吗？

日本是一个狭长的岛国，人口不到中国的1/10，但日本近代却创造了经济奇迹，是第一个步入发达国家行列的东方国家。中国改革开放之初的20世纪80年代，是我们向日本学习的年代，日本的影视作品、汽车家电、合资企业及日式管理经验，这些我都曾很熟悉。但随着中国经济的快速发展，中国改革开放的巨大动力使中国企业迅速崛起，加上中国经济与世界经济的高度融合，日本企业的优势日益减弱，尤其是互联网和大规模资本化，使中国企业凭借低成本和海内外市场做大做强，不少人认为我们似乎已没有太多必要向日本企业学习了。

直到前些日子，访日回来的一位企业朋友告诉我，日本东京地区2018年的GDP（国内生产总值）将超过1万亿美元，这让我吃惊不小。这次我在东京三菱商事的总部大楼上望出去，外面一片蓝天白云，由此想到日本的产业已经高端化。其实东京也经历过雾霾时代，那时街上行人都戴着大口罩，东京附近很多臭水沟，近海连鱼都没有了，但这些年这种状况已完全改变。20世纪90年代，日本水泥产能是1.2亿吨，而现在市场只需要4000多万吨，日本水泥企业由23家合并成3家，关掉和拆除了全部多余和过剩的工厂，日本水泥业这些年主要靠焚烧城市垃圾和危废等协同处置业务勉强度日。由此可以想到日本企业这些年的艰辛，但它们那种坚定转型和刻苦精神，也使它们渡过了难关。对于转型中的中国企业来讲，日本的昨天就像我们的今天，我们应该认真借鉴日本企业的经验，为什么日立、索尼能够转型成功而夏普却失败了，为什么同属胶卷业的富士胶片株式会社能够成功转型而伊士曼柯达公司却倒闭了，这些需要我们深度思考。

日本新干线是1964年开始运行的，我1986年第一次乘坐，这些年去日本少了，也没再乘坐过新干线。这次从丰田到大阪，我选择乘坐日本的新干线前往，列车上我一会儿去洗手间看看，一会儿又看看车窗上的玻璃。坐在新干线的座位上，我的脑海里并没有出现以前乘坐新干线的那些回忆，而是一个念头一直萦绕在我的心头，那就是：日本还值得我们学习吗？

# 03

## 从麻省理工看产学研创新体系[①]

2019年3月上旬,北京已是春意渐浓,但波士顿依然寒风料峭,白雪皑皑。两所世界著名大学哈佛大学和麻省理工学院相邻而立,坐落于查尔斯河畔。此次访美,我作为世界水泥协会主席,先到华盛顿,围绕水泥行业减排的主题与世界银行的官员们进行了交流,然后应哈佛大学商学院和麻省理工学院校方的邀请,来到波士顿,踏着瑞雪,为哈佛大学商学院的同学们做了案例演讲,并访问了麻省理工学院的机械工程系、媒体实验室和全球产业联盟等机构。麻省理工学院是我本次访问的最重要一站。

麻省理工学院创立于1861年,从1865年开始招生,大约有1000名教工、4500名本科生、6500名研究生,占地0.67平方公里,拥有5个学院,沿着波士顿查尔斯河一字排开。麻省理工学院走出了66位美国工程院院士、79位美国科学院院士、31位美国医学院院士,以及75位诺贝尔奖得主,目前有10位诺贝尔奖得主在校任教。这里也是一个创新基地,麻省理工学院的校友们创建了3万余家活跃的公司,共计雇用了约450万名员工。更让我们感到吃惊的是,由校友们创建的公司每年总计收入为2万多亿美元,相当于世界第十大经济体。

就像旧金山的101公路和斯坦福大学的关系一样,波士顿128公路主要依

---

[①] 2019年3月,作者应邀到麻省理工学院(MIT)进行调研和交流,对麻省理工学院的教育和创新体系感触颇深,撰写了这篇文章。本文原载于国资小新微信公众号2019年3月12日。

雪后的麻省理工学院显得格外静谧

托麻省理工学院，以路为轴，聚才兴业，聚集了数以千计的研究机构和技术型企业，形成了世界闻名的高科技创新走廊，两者分别创造了硅谷奇迹和麻州奇迹，在美国西部和东部相映生辉，成为著名高校与区域经济互动发展的经典案例。了解麻省理工学院的创新路径和大学精神，对我们的产学研合作创新和企业家精神的培养将会大有裨益。虽然由于行程的关系，只有短短一天的时间在这里进行访问和交流，能够见到和听到的十分有限，但我依然觉得收获满满、受益良多，有三个方面的认识尤为深刻。

## 教学、研发与市场的紧密结合

与我会谈的是刚刚卸任麻省理工学院机械工程系的系主任陈刚教授，他身兼美国人文与科学院、美国国家工程院两院院士，是华人科学家的骄傲。陈刚院士早年毕业于华中科技大学，而我也是该校毕业的博士，算来是校友，这一下子拉近了我们的距离。在他担任机械工程系主任的十几年间，麻省理工学院机械工程系成果卓著，人才辈出，综合排名长期位于全美第一。

从陈刚院士的介绍中，我强烈地感受到他们创新的教育方式和开放的研究体系，是开放和跨界的融合。该系的研究范围远不是传统的机械工程概念，而是涵盖了非常广阔的范围，从机械工程延伸到生物工程、能源与环境、海洋、微纳米材料等领域，产生了人造皮肤发明人 Ioannis V. Yannas、3D 打印鼻祖 Ely Sachs 等著名科学家。陈刚院士以前在国内是学发电和锅炉专业的，来美国以后，他的研究领域延伸到了发电、储能材料和装置，导热、隔热材料，以及污水处理和海水淡化等方向。他研究的热充电电池被《科学美国人》杂志评为 2014 年改变世界的十大想法之一，诸多发明屡获殊荣，成果斐然。

麻省理工学院特别鼓励学生的创造，学生们的研究和论文方向不必局限于他们的学科，专业上不设界限，可以以他们自己的兴趣为主，老师觉得好就可以；但同时，教授带学生必须要找到经费的支持，而这些经费的取得往往来源于企业和市场的需求，得不到经费就无法开展研究，这样，创新的想法就与未来市场和实际应用紧紧结合，使研究的选题更加精准。我也了解到企业资助和支持的项目，知识产权仍归学校所有，但企业可有优先使用权，这是非常有效的一个机制，给了我很大的启示。

## 着眼于开放交叉和前沿科技

麻省理工学院媒体实验室（The MIT Media Lab，以下简称媒体实验室）是一个很有意思的机构，它成立于 1980 年，本身来源于计算机系几个教授一些跨界的、甚至异想天开的想法，所以曾经一度要被撤销，但麻省理工学院最终还是给了他们继续尝试的机会，后来诞生于计算机系的这个机构竟然加入了建筑及城市规划学院，从这里诞生了 3D 打印等众多优秀技术，也给美国英特尔等公司的崛起提供了强劲的支持。

麻省理工学院媒体实验室是一个致力于媒体、科学、技术、艺术和设计融合的跨学科研究室，其使命为"创造一个更美好的未来"。老实验楼由毕业于该校的著名华裔建筑师贝聿铭设计，新实验楼由日本著名建筑师桢文彦设计。媒体实验室致力于研发最新的计算机科技，当中许多属于最前沿的科技发明，以概念性产品为主，到处弥漫着一股创新活力，跳动着数字时代的脉搏。

媒体实验室充满神秘和传奇

　　媒体实验室的创新研究是探索性研究和独创性研究的结合。这类研究难度很大，有相当大的风险。在没有成功把握的情况下，如何决定开展某项研究，并将其长期持续下去？

　　媒体实验室二十几年来的经验表明，创新研究可以着眼于以下四个方面：一是人本主义，研究内容直接针对人的需求，目的在于帮助人类提高生活质量。二是交叉性，研究内容涉及学科众多，远远超出传统意义上的跨学科范畴。三是独创性，媒体实验室最注重和强调的是要有独创性的研究方向和课题。四是开放性，媒体实验室是一个完全对外开放的实验室，这使得研究人员不断获得创新的动力。

　　在研发合作方面，媒体实验室有很多来自企业界、军方、学术界和政府机构的赞助或合作单位。这些全球性企业和政府部门及相关研究院所积极参与及赞助媒体实验室的研发合作项目，建立了独特的产学研模式。赞助者参与这些创新、探索性的研究协作，开阔了眼界，了解了新的趋势，得到可靠的信息。媒体实验室中教授之间、学生之间的背景很不相同，研究的内容也相互交叉，使得个体和小组之间的协作非常频繁，因而教授和学生常常定期举行会议，相互交流研究思路和心得。这种发散式的创新方式在一家企业内很难进行。

媒体实验室的产学研发合作有一个原则：一方面，赞助者一般不要求媒体实验室为其从事具体的研究工作，多数研究课题及内容由实验室和教授自行决定，以保证学术研究的自主、前瞻和原创；另一方面，媒体实验室可以从赞助者那里了解市场的动态，并得到必要的财力和物力的支持。这样就构筑了一个典型的双赢模式，使媒体实验室成为美国著名的创新机构，它在3D打印、智能制造、材料加工技术方面的创新给我留下了深刻的印象。当年中国的搜狐公司的创立和成功，也是得益于这个实验室的支持。

### 创新创业与产业界互相融合

麻省理工学院全球产业联盟（以下简称联盟）是连接创新源头和产业转化的桥梁，该联盟成立至今已经70多年了。这个校企合作机构连接着1700多家与麻省理工学院相关的创新型初创企业和260余家联盟会员企业，这些联盟会员企业都是经过麻省理工学院筛选的一些大企业，参加联盟要交一定的会员费，双方都有一些合作的责任和义务，中国建材也有幸成为会员企业之一。联盟平均每年会产生600个项目的接洽，当然不是每个项目都能成功，这些项目涵盖太空探索、大数据分析、健康产业、纳米技术、生命科学、可再生能源、机器人、3D打印等领域，聚焦于商业价值和社会影响力这两个目标。联盟通过与学校知识产权事务办公室、风险投资服务机构和企业互信机构的合作，以及与企业、社会之间的不断联系和互动，将企业的需求和麻省理工学院的人才、技术资源紧密结合起来，把学生创新创业、教授帮助指导和社会的应用推广紧密结合起来，形成一个活跃互动的创新平台和融合纽带，达到创造商业价值、构建社会影响的目标。麻省理工学院认为这两个目标是大学对社会最重要的价值，尤其是后者。反观我们的大学，虽然这些年也在搞产学研合作，但缺少创业孵化的环节，很难形成产业的转化，使得产学研合作常浮于表面、流于形式，美国大学在这方面的经验值得我们深入思考与借鉴。创意、创新、创业的融合，教育、研发、企业的融合，创客、实验室和资本的融合，是创新动力和创业发展的源泉。支持学生创业发展，不光是学校鼓励学生自我就业的途径，更是为大企业和投资人培育最新的产业创新的种子，而麻省理工学院正是提供了创新创业的雨露阳光。麻省理工学院的创新方式使我理解了什么才是开放式创新平台。

麻省理工学院主教学楼一角

联想到我们走进麻省理工学院主教学楼时看到的条幅：Education（教育）、Innovation（创新）、Research（探索）、Passion（激情），我更加深深理解了麻省理工学院这所名校成功的源泉。春去秋来，一批批优秀的学子进入麻省理工学院，在这里得到了悉心的教育，收获了兴趣和激情，通过持之以恒的探索掌握了动脑和动手能力，而当他们走向社会之后，学校还继续给予他们创业信息和指导，为他们插上翅膀，让创新的鸟儿飞得更高。没想到麻省理工学院作为世界顶级名校，只有1000多名教工、4000多名本科生，使其可以更加专注地进行教育和创新，这也颠覆了我多年来对大学规模的看法。我也得知，学校正在筹备第6个学院，而这个学院的业务方向定位于数字智能化与原有5个学院的结合，培养既精通智能化技术，又精通某门专业技术的双料复合型人才，耗资8亿美元的纳米实验楼也完成建设，麻省理工学院还在与时俱进。

麻省理工学院为美国乃至世界培养了一批批顶尖的人才，创造了那么多的创新成果，这不就是大学的宗旨和精神吗？麻省理工学院为什么会出那么多诺贝尔奖获得者，为什么能够号称世界第十大经济体？麻省理工学院与我们的大学在教学和培养模式方面最大的区别是什么？我们的产学研合作创新应向麻省理工学院学些什么？这是我访问麻省理工学院后留下的思考。

## 04

## 为什么要去以色列[①]

特拉维夫刚刚落成的佩雷斯和平与创新中心

2019年6月,我和几位中国建材的同事去了以色列。之前,凡是知道我行程安排的人都会问我一句话:为什么要去以色列?我的女儿还发微信特意提醒我在以色列要注意安全,千万不要去人多的地方,其实我有段时间一直想去以色列。虽然这次去以色列签约了两个项目,但我真正的目的是希望借这次机会对以色列的企业创新一探究竟。

---

[①] 2019年7月,作者应邀前往以色列,见证项目签约、访问交流,在与著名的《创业的国度——以色列经济奇迹的启示》(以下简称《创业的国度》)一书的作者索尔·辛格对话之后,感触良多,撰写了此文。本文原载于《中国建材报》2019年7月15日。

## 企业心语

以色列对我们来说是一个谜一样的国家，虽然仅拥有约900万国民，却创造了经济飞速发展的奇迹。以色列无论是芯片技术、生物技术，还是国防和智能化等前沿技术都走在了世界前列，尤其是在年轻人创新、创业方面更是让人刮目相看。近年来，索尔·辛格的《创业的国度》在中国翻译出版后，影响了很多年轻的读者。大家都在问：以色列是怎样做到的？为什么是以色列？这些问题也是我的问题。

### 最小的博物馆

我们访问以色列的第一站是历史悠久的希伯来大学。老校长、物理学家哈诺赫·古特弗罗因德亲自在爱因斯坦博物馆接待了我们。爱因斯坦是德籍犹太人，也是希伯来大学的创办人之一。

老校长讲解珍贵的爱因斯坦"相对论"手稿

走进爱因斯坦博物馆，我们感觉像走错了地方，因为老校长带我们走进了一个只有30平方米左右、两边都是书柜的屋子，完全不像一个博物馆。正在困惑间，老校长介绍了屋子里各种物品的来历，顿时让我们肃然起敬。这两边满满的藏书，全是爱因斯坦的私藏，其中不乏他的最爱，他将这些连同阅读时常用的小书桌，全部捐献给了希伯来大学。老校长小心翼翼地打开桌上的几个盒子，里面分别装着爱因斯坦的诺贝尔奖章、"相对论"最早的中国译者的照片、民国时期的中文译著，和为我们这次来访精心找出来的爱因斯坦"相对论"手稿原件。打开手稿，每一页的笔迹都一丝不苟，连涂改都是工工整整的，这让我们对大科学家认真的治学态度深深感动。看到第45页，也就是手稿的最后一页，爱因斯坦推导出的"相对论"的公式，如此复杂的理论竟然只用了这几个简洁的公式来表达，真可谓大道至简，物理学的最高境界应该就是如此吧。最后，我邀请老校长8月来中国时给我们的干部做一个关于希伯来大学和爱因斯坦的报告，老校长愉快地接受了。

这次我们访问的几所大学都是以色列最好的大学，其中希伯来大学的农业、生物、考古等专业世界闻名。以色列理工学院号称"以色列的MIT"，在微电子、新材料、水处理、健康与生命科学、信息产业等方面硕果累累，出了好几位诺贝尔奖得主，众多的明星发明和创新诞生于此，该校的学生每四人中就有一人创业。在纳斯达克上市的72家以色列公司中，有58%的公司是由毕业于该校的学生创建或管理的，这些相关企业的总市值已经达到220亿美元！以色列理工学院和希伯来大学一样，也有100多年历史，是德国犹太人团体所建，爱因斯坦也是创建者之一。这些学校的历史比以色列国家的历史还长，说明对于他们而言，教育是国家的根本，教育必须要先行。

特拉维夫大学建校晚一些，却是以色列最大的综合性大学，也是美国之外产生创业者最多的大学，产生了以色列50%的创业企业主。和我们座谈的工程学院的副院长戴维德·门德罗维克也是一位创业先锋，他开了7家公司。他介绍说，学校正在筹集专门的风险种子基金，基金会挑选学校的优秀学生，给每个潜在的创业者最高40万美元的初始基金，并进行辅导，培养企业家和创业企业。在收益方面，教授们创建的公司赚的钱和学校五五分配，因为教授们在创业的过程中，使用了工作时间和学校资源。但是学生的创业所得完全归他们个人所有，这充分鼓励了学生们创新、创业的积极性。以色列各大学的学生们往往利用最后一年毕业论文和毕业设计的时间，积极地创业。

我们访问的几家以色列大学和研究所都有自己的科技成果转化机构和技术代理公司：希伯来大学的Yissum研究发展有限公司，以色列理工学院技术转让

中心 $T^3$，特拉维夫大学的 Ramot 技术转移公司，魏茨曼科学研究所的 Yeda 研究开发有限责任公司。这些技术代理公司是专业的孵化器，创业的老师和学生可以入驻这些孵化器，技术代理公司对具有商业化潜质的技术进行鉴别、筛选和孵化，对专利技术进行申请并成立公司，帮助公司找到天使投资。

一般而言，这类科技成果转化机构和技术代理公司享有其所在大学全部研究成果的使用权，大学不再将技术专利转让给除它们之外的其他商业机构。而研究人员可以不参与公司的任何经营运作，他们主要是提供技术性的咨询，在一定的时间里承担公司的非管理职位，从而可以使他们将时间充分利用在擅长的科研领域。与孵化器签约的会计师事务所和律师事务所会在项目初创期提供免费服务，直到初创企业融资成功后才须缴纳律师费和会计费。成果转化后所得收益，将由学校、投资人、研究者进行分配。

其实，初创企业在以色列的成功率并不是很高，大概是 5%，这一点也引起了我们的注意。以色列理工学院的什洛莫·迈特尔教授认为，这和大多数创业的学生缺乏对商业的理解和经营管理方面的知识有一定关系。如果能够在学生学习的过程中加入一两门经营和管理方面的课程，教给他们一定的商业知识，不仅可以丰富他们的知识结构，使他们少走弯路，还会对学生们未来的创业有所帮助。

### Start Up

以色列把创业叫 Start Up，是指找到创新的种子，并且把它变成小苗的过程。这和我们中国人的创业概念有所不同，我们对创业的理解不仅是 Start Up，还要把小苗培养成大树，把小企业和初创企业做大做强。所以，将以色列的创业企业理解为"初创企业"可能更加合适。作为"创业的国度"，以色列构建了一个有创业者、投资机构、孵化机构等全方位、运作成熟的创业体系，营造了一个良好的创业生态，吸引了众多的年轻人去创新、创业。通过这些运作成熟的产学研创新合作机制，不断涌现的创业公司成为以色列创新力量的源泉，这次考察中我们看到了很多这样的例子。让人感叹的是，无论哪所大学和科研机构，都可以自豪地拿出一张单子告诉我们，有多少个"改变世界"的关键技术诞生于他们的研发机构和初创企业！

以色列是个缺水的国家，但现在以色列的城市、农村，目之所及，处处绿意盎然，据说全以色列已有4亿棵树，这要归功于该国发明的滴灌技术。当年发明滴灌技术的是一家基布兹（Kibbutz，以色列特有的集体农庄）的住户。这个住户发现墙后边有一棵树长得郁郁葱葱，而周边的树木却因为干旱长势不好，出于好奇该住户刨开土地，发现原来是水管渗漏造成的。因为这么一个偶然的发现，耐特菲姆灌溉公司应运而生，成为世界上最大的滴灌企业。我们也应邀参观了这家公司，公司的农场里树木繁茂，各种作物长势喜人。通过将水直接灌溉到植物的根部，大大减少了用水量。公司在第一代滴灌技术发明后又研发推出了多种灌溉产品，帮助客户在获得高产优质的作物的同时，最大限度减少了对水和肥料的消耗。现在，耐特菲姆公司依然是全球领先的智能滴灌和微灌解决方案提供商。

以色列前总理西蒙·佩雷斯虽然出身于基布兹和军队，但他尤其重视创新，可以说是以色列创新立国的先驱人物。迎着地中海和煦的海风和灿烂的阳光，我们走近刚刚落成的佩雷斯创新中心，看到楼前竖立的几个大字"Dream Big（放飞梦想）"。佩雷斯认为以色列是一个自然资源匮乏的国家，必须重视科技和教育，充分发挥人力资源的作用，人力资源比自然资源更重要。事实证明了一切。在我们到访的魏茨曼研究所和佩雷斯创新中心，展厅里的展品琳琅满目，U盘、芯片、新药、纳米材料、打车软件……这些在以色列诞生的种子和长出的小苗，很多被美国买去做成了大产业，取得了巨大收益，但是以色列也自然获得了相应的收益。佩雷斯创新中心所在的特拉维夫作为全球最重要的创新城市之一，每年有数十家创新企业被谷歌等高科技公司收购，被称为"仅次于硅谷的创业圣地"。

以色列采用这种发展模式，和这个国家的客观情况有关。以色列人口少，地盘小，区域市场空间有限，不适合做大工业，所以选择了这样一条道路。我们可以看到，对于中国来说，以色列的这些短处，正是我们的长处。也就是说，我们不需要邯郸学步，完全去模仿以色列，我们可以在创新创业的同时，着力于把企业做大做强，走出一条自己的创新创业之路。

| 企业心语

## 与索尔·辛格的对话

在以色列与《创业的国度》作者索尔·辛格对话

索尔·辛格是著名的《创业的国度》一书的作者，该书在中国翻译出版后也广受好评。我这次到访以色列，辛格专程和我见了面，做了一场很融洽的交流。首先他介绍了他的新书，谈了他对全球面临问题以及未来创新方向的思考。辛格认为，未来全球社会的变革重点在三个方面：教育、健康和现代化的城市。在健康大数据的采集和应用、针对疾病的前期预防和更早治疗、适应未来社会需求的培养和教育、更高效的城市交通等领域，将会产生未来创新的领导者。

我对辛格提出了我的问题：以色列所处的迦南，这片《圣经》里所述"流着奶和蜜的土地"，其实大部分是贫瘠的荒漠，而且地缘环境恶劣。这样的一个"弹丸"小国，如何能够崛起成为一个创新的国度？它的崛起能给我们带来哪些启示？

辛格说，确实，犹太人的创新与其独特的文化和历史是有相关性的，2000多年的流浪史，让犹太人不能安于现状，需要不断寻找让现实变得更好的解决方案。学习对于犹太人很重要，犹太人是以争论和质疑来学习的，包括对犹太人的经典——《旧约圣经》,他们都常常在学习的过程中展开讨论。不过,这样的特质适合创业,但对于把企业做大可能并不适合,因为10个犹太人会有12种观点,太多的争论和质疑对把小公司做成巨大的公司往往是不利的。对于中国来说,文化和以色列确实不同,但每个国家都有自己的强项和弱项,如果辩证地来看,有时候一个优点,在另一种情境中却是缺点,反之亦然,所以不必改变自己的文化传统,可以扬长避短、更好地合作。

我们讨论了书中有关集体主义的例子——以色列特有的集体农庄基布兹和兵役制度。我说,中国不少人当年插过队、去过兵团,锻炼了他们的意志,使得他们中的很多人成为现在的精英。辛格觉得这个类比很有意思,他也把美国和中国进行对比,认为美国人是个人主义至上,中国人更多崇尚集体主义,以色列人应该在两者中间,比美国人有更多的集体意识。他认为以色列独特的全民服兵役制度和军事训练系统,造就了一种培养人才的特殊机制。例如,在以色列的军事系统中,任务必须完成,各种技术培训贯穿整个服役过程,指挥官在战场上要具备身先士卒的表率作用。以色列大多数初创公司的创始人都曾在军队服役,从中积累了宝贵的运营经验。军方对尖端军用系统研发和人力资源技术培训的大量投资,形成的很多技术最终转入民用领域,成为创建初创公司的动力。

基布兹是以色列一种特殊的集体社区,在过去主要从事农业生产。我们有幸考察了耶路撒冷附近的一个基布兹,负责人告诉我们,社区里的人工作没有工资,只有少数补贴,但衣、食、住、行、教育、医疗均免费。他自豪地说,我们没有钱,但是我们很富有。

尽管近几十年这些基布兹普遍进行了私有化,人们的生活方式发生了改变,但那些在基布兹中长大的一代,很多成了以色列农业创新的领头人。现在,超过半数的以色列农业科技企业由在基布兹长大的人管理。基布兹在以色列农业发展和建国过程中发挥了独特的作用,成为以色列历史的一部分,和一代人珍贵的记忆。

在我看来,以色列和中国的创新创业经济有很强的互补性。以色列人擅长Start Up,但不善于把企业做大,当然这也和以色列的自然环境狭小以及市场有限有关，而这正是中国的强项。双方如果能够结合起来，让以色列创新的种子，进入中国这片有广阔市场和强有力制造业的沃土，应该也是一个好的选择，可以共创经济的又一个奇迹。辛格对此完全同意，表示以色列有很多创新，但创新者们不太知道中国大企业需要什么，如果有效地结合到一起将会很有潜力。

通过这次和辛格的对话，以及这几天和希伯来大学副校长以撒·弗朗克、以色列理工学院管理研究所学术总监什洛莫·迈特尔教授的对话，我对以色列创新的原因有了进一步的理解。大家都认为，平等、独立思考和宽容失败是以色列创新活力的重要源泉。一方面，在以色列的教育环境中，教师对学生平等相待，学生们可以自由提问，从犯错误的过程之中获得经验。爱因斯坦说："一个没有犯过错误的人肯定从来没有创造过新的东西。"另一方面，要给予科研开发人员更多的自由、更少的羁绊，让他们可以有充分的时间和资源去放飞思维、实现梦想。在通向成功的路上还有一点非常重要，就是任何初创企业，都必须尽快地找到盈利的商业模式，因为只有盈利，才能让团队继续跟从、一起奋斗。

## 胡茨巴

在以色列的创新考察过程中我们多次接触到一个词，这个词起源于希伯来语，在很多其他的民族语言中找不到对应的词汇，所以也让我们费了一番脑筋，才理解了它的独特意思。这个词叫"胡茨巴（Chutzpah）"，大意是百折不挠地往前推进，不管路上的一切障碍的一种大胆的品质。在希伯来语传统的用法中，这个词其实具有负面的含义，意味着一种无礼霸蛮的风格。我一个在以色列留学的朋友认为北京方言中有一个词的含义和它比较接近，叫"浑不吝"。在犹太人的创业过程中，这个词常常出现，被赋予了更广泛的意义，体现了犹太民族一种大胆的创业和创新性格：勇气、热情、不惧障碍、绝不后退。这恐怕是他们在颠沛流离之中没有消亡，在创新创业之路上不断成功的一个很重要的内在原因。犹太先哲说："没有什么可以阻止一个人的意志。"以色列军人指南中指示："你应当自主应变，完成任务。"犹太人自从被罗马人赶出了迦南这片土地,流浪了2000多年,到各个地方安家,财产还多次被剥夺,他们必须学会如何白手起家,依靠自己的勇气和智慧东山再起。事实也是如此,祖先的流离锤炼出了他们百折不挠的品格,这种品格已经深深刻入他们的基因,让他们在创新和创业的道路上成绩斐然,领先世界。

以色列理工学院的什洛莫·迈特尔教授是《创新的基石——从以色列理工学院到创新之国》的作者之一,他给了我们一个很好的案例。该校两个喜欢探索飞行的学生,不满足于波音公司和空中客车公司对飞机市场的垄断,他们想尝试颠覆传统飞机的设计。他们提出了独特的飞机设计方案,造出了只用电池的飞机,可以在载客9人的情况下续航1000公里,还在巴黎航展上完成了样机的展示。两个"毛头"青年,能够大胆地颠覆现有的思路,克服常人所不敢想象的困难,做出大公司都不一定能够实现的成果,教授说,这就是胡茨巴。我想,以色列自由的Dream Big,产生了这些蓬勃的Start Up,再通过无畏的Chutzpah去实现它,这就是以色列成功的秘诀吧。

中国人不缺乏聪明才智,但是仅有聪明才智是远远不够的,一项创新从种子到成果再到应用还受很多内在和外在的因素影响。如果在中国有这样两个有飞行梦想和奇思妙想的学生,我们应该给他们一个怎样的创业环境,让他们可以造出新的飞机?我想,这是我们应该思考的一个问题。

我所思考的另一个问题是中央企业应该怎么创新和创业。中央企业作为国家队,具备很多资源,但是在中央企业里面能否做出很多Start Up?迈特尔教授给了一个很有意思的建议。他说,建议你们把最有创意的员工从传统的团队里拿出来,因为如果他们有非常好的新主意,但不属于核心业务,放在那里不会起作用,还会分散注意力。可以搭建一个新的平台,鼓励和支持他们去做新东西,成功率一定比教授和学生创业更高。假设中国建材集团的主营业务是一块田,把一颗创新的种子放在传统的田里不一定会长得很好,但是如果把它放到田旁边的一片空地上,给它一定的肥料和雨露,这颗种子有可能长成一棵参天大树。

在和以色列理工学院管理学院教授们的交流中,我发现他们对我从管理到经营的观点研究得非常透彻,让我实在吃惊。在迈特尔教授的报告中,他居然把近期我的一些经营管理的核心观点列了出来。他说,他做了50年的管理研究,而我做了40年的管理实践,管理是一门实践的科学,他对这些观点深表赞同。迈特尔教授还特意提到,我们去以色列理工学院路上经过的那个隧道是中国公司承建的,是当地第一个按时按工完成的项目,中国公司在那里树立了良好的口碑,大家对中国的工程建设能力非常佩服。

走在耶路撒冷2000多年的石头小道上,我想了很多。一方面,中国和以色列有很多相似之处,都有上下5000年的历史文化、70年左右的建国时间,中国人和以色列人都有着谦卑勤奋的特质,都重视储蓄、家族关系与子女教育。另一方面,两国又有着巨大的不同和强烈的互补性。我们应该和以色列加深合作,利用并助其发展他们的创新,使之做大做强,在世界新技术浪潮中共创新的科技和经济奇迹。

和以色列一样,中华民族也是一个怀揣梦想的民族,今天我们面临着转型发展,也有不少忧患,但梦想、勇气、创新和永不放弃才能使我们浴火重生。

最后,我想用西蒙·佩雷斯的诗句来作为结尾:你会如你的梦想一样年轻,不会因岁月而老去……

第一部分 | 访问记

# 05

## 为什么爱因斯坦不会被忘记[1]

爱因斯坦一直是我很喜欢的一位科学家，2019年8月我在上海参加"天才相对论——爱因斯坦的异想世界特展"开幕式，并与以色列希伯来大学前校长哈诺赫·古特弗罗因德教授就"创新与创业"这个主题进行了对话。我认为永无止境的好奇心、创意奔放的思维以及强烈质疑的态度等，是爱因斯坦成为大科学家的可贵品质，并形成了指引人们有效创新的思想基础。

"天才相对论——爱因斯坦的异想世界特展"开幕式

---

[1] 2019年8月1日，"天才相对论——爱因斯坦的异想世界特展"开幕式在上海世博会博物馆举行。在观展中，作者感触深刻，特撰文深究这位科学家不会被忘记的原因。本文原载于《解放日报》2019年8月30日。

## 爱因斯坦不仅是作为一名科学家值得被铭记

爱因斯坦在科学界的成就众所周知，可以说除了牛顿之外无出其右。20世纪物理学的三大贡献——狭义相对论、广义相对论、量子理论，其中两个半可以归功于爱因斯坦。其后涌现出来的很多科学概念，包括黑洞、量子霍尔效应、平行宇宙等，也都是从相对论发展而来的。而这些理论，都是当今物理学的前沿研究领域。

不过，爱因斯坦值得被铭记的绝不仅于此。我2019年去过以色列，访问了爱因斯坦博物馆，有幸得到了该馆馆长、希伯来大学前校长、理论物理学家哈诺赫·古特弗罗因德教授的热情接待。他一直致力于对爱因斯坦的研究。他说："爱因斯坦的名声源于他在科学方面的成就。同时，他的个性以及他在物理世界之外的观点，也为他赢得了公众的极大关注与敬意。"爱因斯坦作为科学巨匠，还热心社会正义和社会责任；他追寻善良、美丽和真理，认为这些给了他勇气去愉快地面对生活；他相信简单朴素的生活对每个人的身心都有好处，鄙视把奢侈、财富和外在的成功看作人类努力的目标。在这次特展展出的他和罗素的信件中，他提到了对文明的理解以及对和平的渴望。他的研究虽然揭示了物质和能量的转化关系，并成为核能的理论基础，但他写信给罗斯福总统，呼吁废止核武器。

爱因斯坦是一个充满梦想、不断探索未知的人。他说过，如果没有对艺术和科学中永远无法达到的东西的不断追求，生活就会显得空虚；最美丽的体验，是我们面对艺术和科学所感受到的神秘。

哈诺赫说，历史上的名人，60年以后基本上就被忘记了，能超越60年的时间仍然被人铭记，那就说明他是一个非常伟大的人。而爱因斯坦已经超越一个世纪的时间还在深刻影响着今天的人们，他的思想还在散发新的光芒，在他的科学理论指导下，人们还正在或即将获得新的发现，例如最近得到证实的引力波。这也是爱因斯坦为什么不会被忘记的缘由。

在这次观展过程中，我还有一个很深的感触，那就是作为一位理论物理学家，爱因斯坦在发明和创新方面也很有创见，他做了很多工作，例如和其他发明人合作，参与了冰箱、助听器和陀螺罗盘等的发明。爱因斯坦是能够把科学、技术及创新贯穿和结合起来的人。他既是发现者，又是发明者；既理解和发现物质世界是怎么运行的，又把这些原理和改进人们的日常生活联系起来，这是非常不容易的。

### 科学和技术之间的差别，在于目的性不同

科学和技术之间既有相同之处，也有区别，最大的差别在于目的性不同。科学是为了认识世界，主要是探究未知的东西；技术是为了改造世界、服务人类，主要是解决我们应用的问题。驱动技术发展的，是市场的需求和资本的欲望；而驱动科学发展的，是科学家的兴趣和人类的好奇心。技术开发者可以获得利润作为回报，而科学研究者收获更多的是名誉。

科学成果很大程度上是被全人类共享的。科学有重大发现之后，很多规律可以引发创新、带动技术的突破，甚至是颠覆性的创新和突破。从近代来看，重大的尤其是颠覆性的技术发明，往往起源于科学的发现和基础研究的突破。所以，尽管技术创新已经越来越和人类的生活密不可分，推动人类走进了现代社会，但是没有什么能够代替基础科学研究的作用。

这次展出的爱因斯坦被授予的1921年度诺贝尔物理学奖奖章，就引起了我的共鸣。奖章中央的图案描绘的是科学女神揭开神话中的女神伊西斯的面纱，伊西斯被视为自然的守护神，代表大自然的规律，总是遮掩着一层神秘和朦胧的面纱，等待着科学的发现。图案周围则是一段拉丁文："发明使生活更加美好。"这表达了科学发现和技术创新之间密不可分的关系。爱因斯坦应该是世界上最知名的创新者之一，他揭开了相对论的面纱，带给我们对世界全新的认识，也带动了之后一系列发明创造的产生。如今我们常用的GPS（全球定位系统），就利用了相对论的原理对定位进行了完美的校准。

那么，中国人能不能搞好科学和技术呢？

科学的体系和方法论是在西方产生的。曾经有一个著名的"李约瑟之问"：尽管中国古代对人类科技发展做出了很多重要贡献，但为什么科学和工业革命没有在近代的中国发生？应该说中国也是一个有创意、有梦想的民族，从远古

时期的神话传说到《封神榜》《西游记》，这些文学作品都充满了神奇的想象和创意。我从牛郎织女的故事里，仿佛也看到了相对论的影子——牛郎星和织女星之间搭建的鹊桥，多么像霍金所说的时空隧道！

网上有很多文章，用事实和数据来评价今天中国的科技水平。有人认为，在人均 GDP 与中国差不多的国家中，中国的科技创新能力是鹤立鸡群的。但是，与发达国家相比，我们的基础研究薄弱也是不争的事实。我觉得，我们既要高度关注可能改变我们行业的颠覆性创新，也要重视并致力于点点滴滴的日常创新。科学没有高低之分，技术则有高技术和低技术，其价值要由市场来衡量。同时，我们也要重视商业模式的创新，企业只有盈利，才能够稳定人才队伍，进行持续的发展和创新。

**以色列的创新，带给我们哪些启示？**

我去以色列访问期间，参观了希伯来大学、以色列理工学院、特拉维夫大学、魏茨曼科学研究所、耐特菲姆公司、佩雷斯创新中心，并与著名的《创业的国度》一书的作者索尔·辛格进行了对话。让人感叹的是，无论是大学还是科研机构，他们都可以自豪地拿出一个名单告诉我，有多少改变世界的关键技术是诞生于他们的研发机构和初创企业的。所以我很想弄清楚一个问题：这样一个资源匮乏的"弹丸"小国，是如何崛起成为一个创新的国度的？它的崛起带给我们哪些启示？

我观察到，作为"创业的国度"，以色列构建了一个由创业者、投资机构、孵化机构等组成的全方位、运作成熟的创业体系，营造了一个良好的创业生态，吸引了众多的年轻人去创新创业。希伯来大学在 1964 年就设立了技术转移公司 Yissum，美国在 20 世纪 80 年代才成立了类似的公司。通过这些运作成熟的产学研创新合作机制，不断涌现出的创业公司成为以色列创新力量的源泉。

与我交流的以色列学者和创业者普遍认为，平等、宽容失败和独立思考是以色列创新活力的重要源泉。犹太人的创新与其独特的文化和历史是有相关性的，2000 多年的流浪史让犹太人不能安于现状，需要不断寻找让现实变得更好

与以色列希伯来大学前校长哈诺赫·古特弗罗因德教授对话

的解决方案。学习对于犹太人也很重要,犹太人以争论和质疑的方式来进行学习。爱因斯坦的相对论提出引力是时空平面弯曲的产物,从根本上改变了对世界的认识,这在普通人眼里完全是异想天开,在卫道士眼里甚至就是"大逆不道",这一点和犹太人敢于质疑的特性是分不开的。而爱因斯坦敢于挑战牛顿的物理世界观,反过来又对犹太人敢于质疑的精神起了更加强烈的引导和促进作用。

以色列家长每天问孩子的问题往往是:"今天你在课堂上提了什么问题?难住老师了没有?"而中国家长常常问孩子:"这次考试得了第几名?"中国家长喜欢教育孩子不要乱说话,孩子提出来的一些异想天开或者看似荒诞的问题,常常会被轻视,甚至遭受言语打击。

我们要认识到,失败是人生的一部分。爱因斯坦在1905年提出狭义相对论以后,花了10年时间才把相对论进行了完善,从而在1915年提出了广义相对论。其间他犯了很多错误,他晚年时希望把所有的力都归结到同一个理论框架中,写了很多论文,论文的开篇往往先是纠正上一篇的错误。

此外,要给予科研人员更多的自由、更少的羁绊,让他们可以有充足的时间和资源去放飞思维、实现梦想,这非常重要。瑞士被称为"创新的国度",我去瑞士考察过他们为什么会成为全球最有创造力的国家。爱因斯坦小时候在

> 企业心语

德国时学习很一般，但当他转到瑞士读中学后，学习气氛非常宽松，学校鼓励他去发展自己的兴趣，这和他在德国受到的教育非常不同。我想，爱因斯坦后来能展现出自己的才华，在瑞士伯尔尼专利局工作期间提出相对论，可能和他在瑞士接受的教育有一定的关系。

爱因斯坦曾说他自己并没有什么特别的，只是充满了好奇心而已。这就是创新的精髓啊！好奇心是科学创造路上的"引路人"。在教育中，家长不一定要让孩子们一直循规蹈矩、不越雷池，而是要充分鼓励他们的好奇心，这样才有利于未来创新人才的培养。

## 06

## 达沃斯带来的思考[①]

从苏黎世开车约两个小时就到了达沃斯,这里是一个很美的小镇,以前是欧洲人疗养的地方,后来又成了世界的滑雪圣地。然而让达沃斯真正名扬世界的是施瓦布1987年在此开创的世界经济论坛。每年1月在大雪纷飞的时节,世界各国的政要和跨国公司的CEO们都会聚在这里,目的是表达观点和消除分歧。

达沃斯世界经济论坛(以下简称达沃斯论坛)2019年年会的主题是"全球化4.0:打造第四次工业革命时代的全球架构"。一方面,旧有的全球化规划正在受到来自单边主义和贸易保护主义的挑战;另一方面,随着第四次工业革命时代的来临,网络化、智能化等技术正在重塑全球的产业结构和经济结构,加之中国经济的强劲发展也有一个全球适应的过程,这些都需要世界各国进行协商和讨论,需要用智慧来建立全球化的新规则。因此这次会议备受瞩目。

我在1997年作为中国政府代表团成员参加过达沃斯论坛,那时参会的中国人很少。而2019年中国参会人员近300人,约占会议总人数的10%,可谓盛况空前。中央企业有11位企业领导者参加,大家在一些分论坛上进行了发言,讲述了中国企业的故事,提出了中国企业对于全球化4.0的一些建议和思

---

[①] 2019年1月,世界经济论坛2019年年会在瑞士达沃斯召开,作者受邀参加并发言,他对一些问题进行了思考,撰写了此文。本文原载于国资小新微信公众号2019年1月29日。

中外企业家交流会和中国之夜,大家围炉夜话其乐融融

考,受到了与会代表的欢迎。我在论坛期间聆听了一些重要的演讲,自己也做了发言,并对一些问题进行了思考。

## 问题出在哪里?

今天的全球化进程是第二次世界大战结束后开始的,尤其是世界贸易组织(WTO)的建立为全球化确立了规则,促进了世界经济的发展,这是有目共睹的。但是2008年世界金融危机后,西方发达国家经济恢复缓慢,致使广大民众产生不满和失望,单边主义和贸易保护主义抬头,同时民粹主义也开始在一些国家泛滥,一些过去主张全球化的国家转向"关门主义"。特朗普提出"美国优先"、英国脱欧公投、中美贸易摩擦升级,全球化进程好像一下子"撞上了南墙"。

分析这些问题的原因,一方面反映出当代资本主义社会的规则出了问题,因为这些规则使得财富通过市场过度集中在控制资本和技术的少部分人手里,加剧了贫富的两极分化,减少了中产阶层的人群和收入水平,更使得低收入阶层对未来极端失望;另一方面,这些年美国和欧洲国家进行脱实向虚,大规模退出了制造业,享受新兴国家的低成本产品,这也造成了西方国家失业率的攀升和产业工人的不满。其实,这是形成今天反全球化的主要原因和思想基础。

中美贸易摩擦表面上源于贸易不平衡，但深层次的原因也是美国脱实向虚以及禁止向中国出口高新技术，是逐渐积累起来的问题。美国耶鲁大学资深教授史蒂芬·罗奇曾针对中美贸易不平衡写了一本书叫《失衡——后经济危机时代的再平衡》，主要观点是说，造成中美贸易不平衡的原因是中美的经济政策，而不是关税不平等。他认为解决中美贸易失衡的方法应是美国回归实业，而中国要提高各类社会保障，让中国人更敢花钱，以扩大中国的市场，减少对美国市场的依赖。我觉得罗奇的观点比较客观。

中国快速的发展也使西方社会不适应：一方面分享中国发展的红利，另一方面却对中国的发展存在抵触情绪。纵观这些年美国和欧洲国家的基础建设相对落后，记得20世纪80年代，美国有很多新的机场和高速公路，但今天最好的机场、高速公路却都在中国。在此次论坛上，我分别问过几位西方跨国公司负责人和专家，他们普遍认为中美贸易摩擦是发展中必然会出现的问题，类似的问题历史上在英国和美国、日本和美国间也发生过，不足为怪。但这又是个必须解决的现实问题，大家要用沟通和协商解决问题，控制分歧。其中一位跨国公司负责人认为，美国应总结其自身原因，不应总把问题归因于中国，这解决不了问题。也有专家认为，其实没有人真的反对全球化，只是想怎样对自己更有利，只是希望改变规则而已。

**合作不是更好吗？**

西方国家过去曾是全球化的先锋，一直以消除其他国家贸易壁垒为己任，现在却主张单边主义和"关门主义"，这有点让人匪夷所思。西方不少人认为，过去20年WTO成就了中国，他们吃了亏，甚至提出废除WTO，另起炉灶。而事实上，发达国家在全球化过程中赚得盆满钵满，这一点可以从每年世界500强企业的数据上看出，这些年赚了大钱的企业大多是美国公司。而即使2008年美国发生了次贷危机，美国人也通过全球化把风险摊给了世界各国，成了"美国得病、全球吃药"。

论坛的大多数参会者是理性的，几乎清一色地赞成全球化，我在各个分论坛上没有听到一个发言嘉宾反对全球化或赞成贸易保护主义，这说明人心向背，大家也希望全球化的声音让西方的单边主义者和贸易保护主义者听到。现在一些地方，民粹主义甚嚣尘上，甚至主张切断与中国的联系。这让我想起20世纪80年代末以美国为首的西方国家联合制裁中国，当时中国资深外交家钱其琛在美国的一次演讲中说，离开中国，美国也能发展，离开美国，中国也能过日子，但我们合作不是更好吗？当时这句话为双方提供了另一种思路，如今我们重温钱老当年这句话，能否唤醒那些正在奉行"关门主义"的梦中人呢？

这次论坛上，我也问了不少跨国公司的负责人他们会离开中国吗，他们的回答是不仅不会离开，还会加大业务。他们说，实际上公司的主要业务已经放在了中国，甚至可以说已经成了"中国公司"。中国有人才基础，有宏大的市场空间，公司不会因为其他国家人工成本低些就迁到那里去，因为成本低只是暂时的，作为跨国公司更应该考虑人才资源、配套能力、市场空间。对跨国公司来讲，欧洲国家、美国、中国是被放在战略层面的，而中国又是其中的首位。有两个跨国公司负责人特别赞赏在上海举行的中国国际进口博览会，他们认为这是开拓中国市场的最大平台。

我也问及他们对于知识产权的看法，他们告诉我知识产权的问题不是中国特有的，全世界任何地方都存在。作为企业，保护知识产权固然重要，但更重要的是开发新技术，现在不少跨国公司已经把研发基地放在了上海和深圳，他们觉得这些地方人才济济、市场活跃，是研发的好地方。我听到的这些，和在国内某些场合一些外国学者对中国的批评确有不同，我更相信这些"在商言商"的企业家的话。我想在这些方面，我们肯定有需要改进的地方，但也不要过于妄自菲薄。

这次在达沃斯，让我更高兴的是和好几家大型跨国公司的负责人见了面，其中有老朋友，也有在会上找到我们的新朋友，这种"一对一"的会谈特别有意义，因为这些人平时很忙，碰个面不容易。会议期间中国建材还与三家公司签了约，在这些"一对一"会面中，我感受到大家的热情和友好以及对中国经济的看好，这也让我有些吃惊。因为一段时间以来，我们感到世界贸易似乎陷入混乱，大型跨国公司间剑拔弩张，而我却在达沃斯看到了另一番情景，那就是友好合作、互利共赢。

## 达己达人的中国之道

这次几乎每个论坛都有中国嘉宾,每个议题都事关中国。其实我们来到这里主要目的就是讲清中国的故事,我觉得我们的目的达到了。

在会上,大家普遍关注中国的发展速度,担心中国经济一旦"失速"带给世界的影响。王岐山副主席的致辞给大家吃了定心丸,他表示,中国坚持发展是第一要务,坚持推动全方位对外开放,他把中国人"达己达人、天下为公"的传统文化作为推动全球化的价值理念。[①] 美国桥水基金的创始人瑞·达利欧在发言中说,现在美、欧、日经济增速都在放缓,中国经济增速适当放缓些不是坏事,他同时对中国经济的前景充满信心。有位外国经济学家认为中国的GDP能在5%~6%就很好了。也有媒体采访我这个问题,但我不是官员也不是经济学家,在这方面没有发言权,只能说直觉不会在6%以下。

在短短的3天时间里,我参加了各种论坛12场,参加了中外企业家交流会、中国之夜和全球化智库的活动,还接受了彭博新闻社、凤凰网、网易和中央电视台的采访。中央电视台在现场做了一场《对话》节目,和普通《对话》不同,这实际上是一场真实的论坛,只不过主持人是中央电视台的,现场布置了大型摇臂拍摄设备。我们几位嘉宾在台上轮流回答问题,台下第一排坐的大都是政府官员和中央企业负责人,后面大都是外国人,虽然我曾多次参加中央电视台《对话》节目的录制,但这次我还是有压力的。节目结束后,有位中央企业负责人问我为什么能对答如流,我说怎么想就怎么说,不要总担心说错了。

我的主要观点是,全球化是方向,全球化的核心是自由贸易,任何人也阻挡不了,只能考虑怎样做得更好。全球化不只是利益问题,归根结底是价值观的问题,即怎样做到达己达人。全球化不是抽象的口号,而是具体的行动,尤其是企业的作为。我也结合融入全球价值链、全球采购、与跨国公司联合开发

---

[①] 郑彬:《王岐山出席达沃斯世界经济论坛2019年年会并致辞》,《人民日报》2019年1月25日,第1版。

企业心语

在达沃斯中央电视台直播间与国内连线接受采访

第三方市场、"一带一路"上与当地企业合作等介绍了中国建材的全球化路线图。

我主张全球化应是"你中有我、我中有你",我们要卖给别人东西,也要买别人的东西,所以我不大赞成动不动就要全部国产化。早年被封锁的时候我们不得不国产化,而现在全球化了,我们就应该重视两种资源和两个市场。在保证国家安全的前提下,与跨国公司合作时,多买些对方的产品,做到"你中有我、我中有你",这样何愁没有好的国际环境?在论坛上我也听到一段话,一个美国人说:"你们中国人多聪明,你们什么都会造,那我们美国人怎么办?总不能让我们都去种地吧。"虽然这段话有些极端,却反映了他们的担忧,将心比心,我们也能理解。所以说,全球化应是彼此照顾的,让大家把心放到肚子里。

在此次论坛上我还提出了一个观点,就是合作应是相互的。现在每次论坛大都是别人提问题我们回答,好像一直是我们在解释;我们的人也总不好意思提问题,怕影响关系,可是不提问题对方怎能知道我们的疑虑?我在论坛上提出美国和欧洲国家对中资企业应一视同仁,在审批收购和核发工作签证时不应为难中资企业。像现在一些欧洲企业遇到经营困难，中资企业一去收购就以高科技为由被反复审查。但如果真的是高科技企业，为什么会经营不下去？当然，如果一点儿科技也没有，中资企业也不愿意收购。归根结底，还是要尊重企业意愿、尊重市场规律。

施瓦布提出了全球化4.0，旨在建立面对各类挑战的全球化新规则，但几天的论坛也只能供大家提出问题和寻找方向，真正建立起新规则可能还要好长时间。在这个新旧交替的过程中，就需要大家面对具体问题，找到解决方案，而这些解决个案的经验可能为我们确立新规则打下基础。

| 企业心语

# 07

# 万华的奥秘[1]

2018年6月13日，习近平总书记在考察万华烟台工业园时说："谁说国企搞不好？要搞好就一定要改革，抱残守缺不行，改革能成功，就能变成现代企业。"[2] 随后，国务院国资委在万华召开了"双百试点"座谈会，推动中央企业学习万华，很快就有许多地方政府和地方国有企业响应号召去万华参观学习，一些重要媒体也对万华经验进行了总结和报道。

**万华的董事长为我们介绍改革的经验**

---

[1] 2018年12月18日，作者实地参观烟台万华实业集团（本书中简称烟台万华或万华），他深深感受到万华的活力来源于机制，这也是万华成功的奥秘。本文原载于中国建材集团公众号2018年12月29日。

[2] 《习近平：国企一定要改革，抱残守缺不行》，新华网，http：//www.xinhuanet.com/2018-06/13/c_1122981998.htm。

2018年12月18日,我带着中国建材的干部去万华学习。在烟台市政府的安排下,万华热情接待了我们。廖增太董事长在展厅里为我们作讲解,并在座谈中详细介绍了万华的改革和发展情况,回答了我们的一些问题。虽然参观学习只有短短的一天时间,但我们基本了解了万华发展的主要动因,或者说探究了一些万华发展的奥秘,概括起来是三条:创业文化、自主创新、员工持股。

## 万华的DNA:创业文化

万华是伴随改革开放成长起来的。1978年在烟台正式建厂,一开始是从日本引进技术装备,从事人造革生产。因为这套技术中有一套年产1万吨的聚氨酯原料(MDI)生产线,使万华进入了化工原料生产领域。历经了40年发展,万华成为全球最大的MDI供应商,在我国烟台、宁波、珠海以及匈牙利有制造基地,1.3万名员工中近1/4为外籍员工,2017年万华的销售额达到了640多亿元。关键是效益更加惊人,万华的税后利润竟达160多亿元,创造了企业经营发展的奇迹。

廖董事长总讲到一句话:万华的DNA,也就是万华的创业文化,用万华的语言来讲就是敢想敢干、锲而不舍。万华的发展之路并不平坦,历经了许多坎坷。万华从日本引进设备后,起初一直无法扩大规模,还一度希望依靠合资引进技术,但万华把做了四年市场调查的情况拿给跨国公司后,跨国公司却直接来中国,跑到家门口建厂,这和我当年在北新建材的经历相同。万华只能靠自己在消化原来1万吨MDI技术和产能的基础上,走一条自主发展的道路。廖董事长说,这么多年来万华的发展就是靠自己,就是靠敢想敢干、锲而不舍,有这种精神就没有完不成的事,他把万华这种精神归结为万华的创业文化、万华的DNA。

万华在干部人事管理中有个原则,叫公平公正,有为有位。在万华,干部提拔标准只有一个,就是做了事有成绩,不靠阿谀奉承和溜须拍马,更不能搞团团伙伙、拉拉扯扯,一切都公开透明。所以企业风清气正,上下齐心协力把企业做好。其实,衡量一家企业的关键点是人事制度,能不能公正公开、能者上庸者下。万华启示我们,企业的凝聚力正是来源于这种公平公正的原则。

> 企业心语

陪同我们参观的一位市里老领导对我说，万华的带头人很关键，三位历任领导都是万华培养出来的，传承了万华的文化，而且都是搞技术出身的。廖董事长告诉我们，每位员工必须认同万华的文化，不认同万华文化的人，再能干万华也不用。由此，我理解了廖董事长为何反复强调万华的文化是万华的DNA。DNA的特点是其复制的准确性和排他性，正是这些特点保证了物种的延续。万华认为企业也是如此，必须有强大的DNA。

### 万华的动力：自主创新

万华目前已经成为一家高科技企业了，除生产MDI以外还生产一些高档的树脂材料，包括我们做镜片的树脂材料。万华有国家级的技术中心，支撑万华发展的是创新能力，而万华的创新中既有科技人员的技术创新，也有生产经营人员的工艺创新和业务创新，无论何种创新，只要产生效益，创新者都会得到应有的奖励。

廖董事长讲了一个当年奖励技术创新人员的故事。有一年一个技术团队做了一项重大创新，解决了生产的重大问题，为企业创造了很大的效益，企业决定重奖这个技术团队，一次性奖励了90万元。其中一个技术带头人拿到20万元，当他把奖金拿回家时把爱人吓坏了，怎么也不信这是奖励，一定要他去公安局自首。廖董事长说，那个时候，万华全厂的工资总额只有每月200万元。

万华比较早建立了科研奖励体系，实际上是技术分红权。奖励范围包括技术创新和其他业务创新，如研发新产品盈利之后5年内税后净利润的15%给个人，一次性技改创造效益部分的20%～30%给个人等。我希望有个数量概念，问廖董事长2017年奖励最多的是多少，他笑了，答应单独告诉我。

万华以技术创新为第一核心竞争力，构建了集基础研究、技术开发、成果产业化为一体的，能够支撑企业中长期发展的技术创新体系。由于特殊的成长背景，那段为争取跨国公司技术而受到屈辱的历史是万华人奋起的原因，而创新奖励制度是万华创新的动力，万华人认为核心技术是买不来也引不进的，只能靠自力更生和自主创新。当然，自主创新也并非关起门来全部自己干，世界上没有哪个技术不是通过互相借鉴和学习产生的。万华这些年在科技上的投入不小，大大小小的实验室也不少，每年都要招收一些大学本科及硕士、博士研究生。万华也与许多大学联合设立实验室，用产学研结合的方法攻克了不少技术难关。万华还通过积极引入海内外高层次创新人才，在全球化的发展趋势下不断加强企业对于前沿技术的判断和把握，为未来的可持续、全球化发展打下坚实的基础。

### 万华的活力：员工持股

万华是1995年进入全国百户现代企业制度试点企业行列的，1998年正式组建股份公司①，把聚氨酯业务剥离出来装到上市公司，并引入了三家市属企业作为股东。后来，万华又成立了员工持股公司，当时的4000多名员工全部成了股东，员工持股公司也加入万华的改制，成了万华的股东。万华化学集团股份有限公司于2001年上市，上市后公司进入快速发展阶段。

2018年万华又进行了一次改革，就是整体上市。上市公司反过来吸收合并了其控股股东烟台万华化工有限公司，新公司的国有股权由市国资委构建的国有资产投资公司烟台国丰投资控股有限公司持有，占21.6%；两个员工持股公司各占10%左右，一家外资企业约占10%，而流通股约占45%。我问到国有股权仅占21.6%，怎样确保上市公司股权稳定，廖董事长告诉我，他们采用国有股和职工股做一致行动人的绑定的办法，我不由得赞叹万华人真有办法，既解决了员工持股问题，也解决了国有股比例降低后对企业的控制力问题。

万华的员工持股公司在上市公司持有股票，员工个人并不持有股票，而是享有分红收益和净资产升值收益。我粗略算了一下，如果按照万华这些年累计分红160亿元现金，那么第一个老员工持股公司要分得约16亿元现金，如果放在每人头上大概有40万元，这不包括在企业里净资产升值那部分，因此万华的员工持股是有吸引力的。

员工持有的股份不流通，员工就享受不了市场的溢价收益，但坦率来讲，这些年股价大幅波动，对员工来说可能目前这种方法收益更稳定些；而对企业

---

① 烟台万华聚氨酯股份有限公司，后更名为万华化学集团股份有限公司。

> | 企业心语

而言，可以使员工在企业更加稳定地工作，这比起过去我们搞员工股时让大家一次性在票价高位变现要好，因为员工长期持有股份才能与企业共存亡。

　　万华坚持人才是重要的战略资源。让高管人员、核心骨干、专业技术人员持股，充分体现了劳动创造价值的思想，极大地激发了骨干员工干事创业的热情。一位领导同志问廖董事长，万华如果没有员工持股会怎样，廖董事长脱口而出：那万华就没有今天的成就。我想这位领导同志提问时并非自己不知道答案，而是想由万华人说出来再次印证。国有企业改革的关键是建立有活力的内部激励机制，而这点万华做到了。

# 08

## 从奔驰汽车看"世界一流"[①]

2019年3月下旬,国家领导人对意大利、摩纳哥和法国进行了国事访问。作为企业家代表,我有幸参加了意大利和法国的访问行程,之后到了素有"汽车之城"美誉的德国斯图加特。我们在那里有家合作单位——阿盖尔机械制造有限公司(以下简称阿盖尔公司),他们既为奔驰、保时捷等著名汽车品牌做配套生产,同时也有自己的核心技术专长。比如生产的城市固体废弃物分选装备精确到毫米级,能将不同颜色的碎玻璃挑选出来用于不同的工艺需求,他们起了个时髦的名字叫"城市矿业"。我来斯图加特还有一个原因,就是这里有闻名遐迩、世界一流的奔驰汽车公司(以下简称奔驰公司),我也希望从中能学到些什么,尤其是想找到自己心中问题的答案:"什么是真正的世界一流?"

在紧张的行程中,我们参观了奔驰博物馆和奔驰工厂的组装线,也去拜访了做配套生产的阿盖尔公司。想起来,我是20世纪90年代来德国时经常钻到德国工厂去看,一晃也有20年了,在德国工厂里还是那些认真的工人和特别的工作台,只不过增加了不少机器人。其实,在法国期间,我们也专门参观过米其林博物馆和米其林与法孚集团合作的3D材料打印中心。我对同事们说,我们看惯了自己的水泥厂、玻璃厂,主动去看看别的工业,会对我们的创意创新和生产经营有许多启发。

---

[①] 2019年3月下旬,作者应邀参观德国制造企业,先后拜访并参观了阿盖尔机械制造有限公司、奔驰汽车公司。本文原载于中国建材集团微信公众号2019年4月2日。

| 企业心语

**3月的斯图加特，含苞欲放的玉兰**

斯图加特是个传统的制造业城市，位于德国巴登－符腾堡州中部谷地，是该州的第一大城市和首府。在斯图加特聚集了大量的高科技制造型企业，像保时捷汽车股份有限公司、罗伯特·博世有限公司等世界闻名企业的总部都设在这里，也有不少世界级隐形冠军。奔驰公司的历史可以追溯到1883年卡尔·本茨成立的奔驰汽车厂；1926年，奔驰汽车厂和戴姆勒汽车厂合并成立戴姆勒－奔驰汽车公司，正式推出享誉世界的"梅赛德斯－奔驰"品牌；1998年，奔驰公司并购美国克莱斯勒汽车公司，更名为戴姆勒－克莱斯勒集团公司。2018年，奔驰轿车全球销量238万辆，营业收入7000多亿元，利润约550亿元，由此看来，在汽车行业激烈竞争和高速转型的今天，奔驰公司的业绩可嘉。

何谓"世界一流"？在我脑海里，奔驰公司一定称得上"世界一流"，我认为奔驰公司有世界一流的汽车，也有世界一流的效益，自然就是世界一流的企业。当我参观了奔驰博物馆、生产流水线，与奔驰公司的干部员工交流后，尤其是和80岁的德国雇主协会总会名誉主席迪特·洪德博士（他有长期为奔驰公司提供综合配套服务的经历）深度交流之后，对"世界一流"有了更深的理解。从奔驰公司看，"世界一流"至少有以下几个特质。

### 品牌一流

我对奔驰博物馆里印象最深的是奔驰早年设计的各类赛车和概念车，甚至还有最早的太阳能汽车。奔驰公司最初就通过赞助和参与各种汽车赛事，打造品牌的影响力和知名度。奔驰博物馆总投资1.5亿欧元，采用双螺旋建筑结构，完全用水泥清水墙建筑，地板采用的是橡木弹性地板，透射着绿色现代的气息，这或许是世界上最豪华的汽车展览馆。沿着时间回廊一路向下参观，能够感觉到奔驰在每个时代都引领汽车行业发展的潮流，而它一贯坚持高端、前沿的定位，更为奔驰品牌赢得了坚定的支持者。

### 质量一流

汽车是个系统集成体，整体设计组装由奔驰公司完成，而大量的零部件制造由周边的配套企业完成。斯图加特的工业制造基础和配套能力正是奔驰公司得以发展的健康土壤，也可以说如果没有这些厂家的配套，就不会有奔驰汽车。参观期间，有个配套厂向我介绍，奔驰公司实施"零库存"，可配套厂就得随时准备着，增强配套能力，同时，奔驰公司将配套厂的质量责任转化为对最终客户负责，这在质量控制方面给了配套厂不小的压力。奔驰汽车的质量也有赖于配套厂的产品质量，因此企业要做到质量一流，必须要确保全过程、全链条的质量一流。

### 服务一流

奔驰公司为客户提供多样化的服务。我们的直觉是奔驰公司只制造高档轿车，但实际上，奔驰从消防车到救护车，从工程车到运输车，各类车辆都有。

## 企业心语

在斯图加特,我们看到商混车是奔驰车,街上跑的出租车也是奔驰车,出租车中还不乏一些高档奔驰车。我问道:"在全世界客户眼里,奔驰是高端定位,但奔驰什么功能的车都做,就不怕把市场定位搞乱了吗?"他们回答说:"不怕,其实奔驰的每类功能车都是高价位,但也是高性价比,也就是每种功能的车都要做到高质量、高性能。"

### 人才一流

要想有好的产品就必须有一流的工程技术人员和一流的工人,奔驰公司和德国其他企业一样,都受益于双轨职业教育体制。在这种体制中,既有技工学校,也有应用技术学院,正是因为这种体制,德国制造业的工匠精神得以塑造和传承。技工学校的学生必须在工厂的培训中心进行动手训练,并由工厂的培训中心来进行考核,而技工学校的大部分学生都能成为工厂的工人。应用技术学院的学生也一样,必须在工厂实习、进行毕业设计,最后可以留在企业做工程师。在参观奔驰培训中心时,我也看见了一些十几岁的小朋友在做一些小模型,工厂从小培养孩子做工的意识,让他们喜欢工作、热爱工厂,这让我很感兴趣。双轨职业教育体制和工厂培训,使得企业不缺技术工人和工程师,给我印象比较深刻的是,奔驰工厂附近有个小镇,那里90%的居民居然都是工程师。

阿盖尔双元培训中心

为了适应未来客户的个性化需求，奔驰公司正在规划56号全新数字化工厂，工厂突出"数字化、灵活性和绿色化"三大概念，有别于传统的流水线厂房，新工厂打破常规，进行模块化设计。他们说，现在的年轻工人适应数字化生活，让他们钻到几十年不变的组装线从事枯燥的工作，他们还愿意吗？因而必须把新工厂建设得更生活化、人性化，让工厂不像工厂。联想到我在法国参观巴黎中央理工学院，他们采用完全开放式的教育模式，立足于结合市场和企业的学习，在大的类似超市那样的地方，有实验室、体验室，他们的口号是"学校要办得不像学校"。

参观期间我也了解到，公司管理层有监督职能，对公司董事会成员具有任命权的监事会，一半成员来自职工群体，另一半成员来自企业高管。德国人认为，企业能否管理得好，就看企业管理层与企业工会委员会能否和谐共处，看公司的CEO与企业工会委员会主席能否艺术性地处理好各类冲突性问题。其实，工会委员会的监督力量对企业的重大决策和稳定发展也起到了重要作用。

奔驰公司的发展得益于斯图加特强大的工业配套基地，得益于当地勤奋、节俭的民风，这些也是形成奔驰、保时捷、博世等知名企业的文化土壤。追溯其中任何一家公司的历史，我们都会发现上百年前创始人创造的初级产品被一代又一代人发扬光大，这也是奔驰成为世界一流企业的基础条件。但随着数字化和新能源汽车时代的到来，面对各种挑战，奔驰公司也必须要迎头赶上。

| 企业心语

# 09
## 一重带给我的感动和思考[①]

春节过后不久，应一重集团董事长、党委书记刘明忠的邀请，我第一次来到丹顶鹤的故乡齐齐哈尔，第一次走进中国的"乌拉尔"一重集团。

**一重是造大型母机的工厂，与刘明忠在一重**

---

[①] 2019年2月，作者走进了中国的"乌拉尔"中国一重集团有限公司（以下简称一重集团或一重）。在参观中，他从一重的发展看到世界一流企业的品质和担当。本文原载于国资小新微信公众号2019年4月1日。

那天我们穿过弥漫的轻雾,看到一排排红砖楼房和厂房,还有远远矗立的毛主席塑像,立即被一重浓浓的历史文化深深感染了。

**毛主席的感慨掷地有声**

一重集团的前身是富拉尔基第一重型机器厂,是由苏联援建的国家一类保密工厂。1950年2月19日,毛主席在与斯大林会面结束后,回国途中,与周总理一起专程到苏联乌拉尔重机厂参观。看到苏联的大型设备,毛主席感慨道,有朝一日,中国人民也要建立自己的"乌拉尔重型机械厂"!回国后,中央政府决定建立富拉尔基第一重型机器厂,并将其列为我国"一五"计划期间156个重点工程项目之一。[1]

工厂建设得到举国上下的支援,从确定产品方向、厂址到建厂过程的重大问题,都由党中央、国务院过问,国家计划委员会审定,第一机械工业部和建筑工程部共同组织施工,中共黑龙江省委更是将其当作大事来抓。1962年6月,周总理视察一重时说,你们这个厂可是"国宝"啊!为了建设它,相当于我国人民每人投资1元,它可是咱们的命根子啊![1]从此,一重集团也有了"国宝"的美誉。

1960年6月,国家对富拉尔基第一重型机器厂建设工程验收,批准工厂建成投产。不久,首台1.25万吨水压机和1150初轧机两大重点产品基本完成。几年后,一重人突破苏联技术封锁,凭借自己的技术力量,独立完成2800铝板冷、热轧机和3万吨模锻水压机的设计制造任务,质量均达到国际水平,标志着一重具备了独立承担大型成套设备的设计、制造能力,产品设计与制造向独立自主发展过渡,结束了我国不能生产成套重型机器产品的历史。由此可见一重集团在我国工业建设中的重要地位。

**习近平总书记的指示意味深长**

2018年9月,中共中央总书记、国家主席、中央军委主席习近平视察一重

---

[1] 刘青山:《中国一重——重器"国宝"轻装前行》,《国资报告》2019年第10期。

> 企业心语

富拉尔基制造基地，并作出重要指示。习近平总书记说，一重在共和国历史上是立过功的，一重是中国制造业的第一重地。①

习近平总书记在视察过程中指出，制造业特别是装备制造业高质量发展是我国经济高质量发展的重中之重，是一个现代化大国必不可少的。①中国是有着14多亿人口、970万平方公里土地的大国，粮食要靠自己，实体经济要靠自己，制造业要靠自己。国际上，先进技术、关键技术越来越难以获得，单边主义、贸易保护主义抬头，使得我们更要走自力更生的道路，这不是坏事，中国最终还是要靠自己。

习近平总书记意味深长的指示深深触动了我，这不仅是对一重，也是对全国的实体经济和工业制造业的期望和鞭策，也让我对中国重工业怎样成为"世界一流"、成为怎样的"世界一流"有了新的思考。

## 从"以一为重"想到的又一种"世界一流"

一重作为中央管理的涉及国家安全和国民经济命脉的特别重要国有骨干企业，肩负着保障国家国防安全、重大装备安全的神圣责任。经过60多年的发展，可以说一重已经基本成为为国际、国内各行业提供精良工业装备和优质现代服务的高端装备研发制造企业，在某些领域产品已达到世界极端制造水平。

建厂至今，一重人始终秉持着"以一为重、永争第一"的企业精神，开发研制新产品400多项，填补国内工业产品技术空白400多项。一重按照"构思一代、研发一代、试制一代、生产一代"的技术创新思路，逐步构建了以"基础科学研究、工程化研究、产业化研究、批量化研究"于一体的研发驱动型科技创新体系。一重拥有国家级首批企业技术中心、重型机械行业唯一的重型技术装备国家工程研究中心、能源重大装备材料研发中心，以及一个设计研究院和三个专业研究所。一重先后获得省部级以上科学技术进步奖120余项，其展厅中可数到的中国第一或世界之最就有几十个，比如世界最重的2044吨煤直

---

① 新华社：《习近平在东北三省考察并主持召开深入推进东北振兴座谈会》，中国政府网，http://www.gov.cn/xinwen/2018-09/28/content_5326563.htm。

接液化反应器、世界首台万吨双柱斜置式油压机、新一代世界级1.5万吨自由锻造水压机、中国首套CAP1400反应堆压力容器等。我看到的一重就是一座制造工厂的工厂，集智慧和力量于一身！

所以我认为，我们的中央企业也应该有像一重这样的"世界一流"企业。一方面，这类企业不一定有特别大的营业收入，也没有特别高的经济效益，但是以国家利益为最高利益，国家利益大于企业效益；同时还是非常专业的，能解决国家"卡脖子"难题，这是其他任何企业无法替代的！另一方面，作为国家级的重型装备集团，企业还要积极争取国家资本金支持，加大研发力度，成立国家高端装备实验室，赶超世界先进水平。这类企业成为"世界一流"的标准应该是：不唯规模而唯水平，不唯账面利润而唯国家利益，不唯多元发展而唯专业一流。这种"世界一流"，也是我们国家不可或缺的、必须应该有的。一重精神值得我们去学习、去巩固。

# 10

## 在富士康看到了什么[①]

提起富士康科技集团（以下简称富士康），人们自然会想到两点：一是它的创办人郭台铭是位叱咤风云的商业领袖，二是它有全球知名智能手机厂商最大的代工工厂。20世纪80年代，富士康先是在广东深圳扎根，后来由于人工成本增加，又到人口密集的河南和四川设厂，当时工厂需要大量的工人，这为当地解决了很多就业的问题，但也曾被诟病为"血汗工厂"。

而我要谈的却是富士康近年来的变化。2015年，郭台铭的鸿海精密工业股份有限公司将旗下顺应未来工业互联网需求的通信网络设备、云服务设备、精密工具及工业机器人业务所对应的资产"打包"整合，组建了富士康工业互联网股份有限公司，2018年6月在上海证券交易所上市，股票名称为"工业富联"。2018年，工业富联业绩不菲，收入超4100亿元，净利超160亿元，成为一家业绩优秀的高质量上市公司。上市公司的董事长不是由郭台铭兼任，而是由年轻的技术专家李军旗担任。2020年初，李军旗被新浪财经等评为"2019十大经济年度人物"，主办方邀请我作为颁奖嘉宾给他颁奖，我也因此加深了对李军旗的了解。尽管如此，我对工业富联的情况还是有一些好奇，正好有个机会去深圳出差，我提出去工业富联一探究竟。

---

[①] 如今的富士康不再是大家印象中的"血汗工厂"了，它发生了哪些变化？2020年1月，作者在去位于深圳的富士康工业互联网股份有限公司参观后，写下这篇文章，分享他对精密加工和技术型CEO的思考。

## 熄灯工厂

我和中国上市公司协会的同事到工业富联深圳基地后,李军旗先把我们带到了工业富联的熄灯工厂。这个工厂的流水线全部在熄灯的黑暗之中智能化运作,各种锡焊和部件安装都是机械手在操作,还有产品装进人造革袋子、再装入包装纸盒、之后封装至大包装等,整个过程让人叹为观止。李军旗告诉我,过去这条流水线要用318名操作工,而现在只需要38名巡视工。他说,现在富士康在全国共有8座熄灯工厂,马上还要再建10座。

工业富联智能化运作的熄灯工厂

我问及智能化工艺设计和设备的来源,李军旗告诉我,这些设备除少量是从德国和日本引进之外,大多数是工业富联自己开发的,因为很难靠别人做这些定制化的设备。工业富联的"柔性装配作业智能工厂"也因此被达沃斯世界经济论坛授予了第四次工业革命的制造业灯塔工厂,截至2019年,中国共有海尔等5家灯塔工厂。工业富联还有灯塔学院,一些被从生产线上减下来的员工可以在灯塔学院学习新的技能。

熄灯工厂引发了我浓厚的兴趣,因为智能化工厂可以解决人工成本的提升迫使工厂迁来迁去的问题。李军旗告诉我,不少电子业的工厂过去是从日本迁到中国台湾,之后从台湾迁到广东深圳和江苏,再迁往河南和四川,然后又迁往东南亚一些国家,这主要是从人工成本方面考虑的。而由于熄灯工厂的建立，这些工厂不必再迁移。当然，下一步考虑到全球化，企业还是要"走出去"在海外建厂，但那主要是从市场角度出发，而不再是考虑人工成本做出的决策。这让我心头一震，当年日本因人工成本高而大规模向海外迁移工厂，导致了工业空心化。而我国是制造业大国，也是消费大国，我们的制造业无法大规模迁出。一方面，制造业仍是我们的根，是我们创汇的主要来源；另一方面，我国有 14 亿人口的市场，任何一个国家的制造业都无法满足我们的需要，我们也不能把自己的市场拱手让给别人。据说日本国内对于 20 年前把不少制造业迁出去有不同的看法，现在智能化时代来临，想迁回很难，因为这些制造业当年已被"连根拔起"，再恢复就比较难。

我们还与工业富联的专家们就智能化革新的成本、富余员工的去向和安置等问题进行了讨论。我们在讨论中得知，富士康已经走过了传统制造到精密制造、智能制造、绿色制造的转型升级过程，未来将向以工业互联网平台为特色的对外提供智能制造及科技服务的方向转型。今后的工业富联，是集工业互联网、工业智能化、精密制造为一体的新型高新企业。

## 精密加工

在"2019 十大经济年度人物"颁奖大会上，李军旗介绍了一个金属地球模型精密加工的过程，这让我有点儿"丈二和尚摸不着头脑"，我无法把精密机械加工和智能手机联系起来，不知道这之间有什么关系。

在工业富联深圳基地，李军旗带我们参观了精密机械产品展示和加工中心，真所谓"百闻不如一见"，我一下子理解了精密机械加工和手机、笔记本电脑制造之间的关系，也理解了其实代工并不容易，不是家家都能代工的。

工业富联的一项重要工作是做手机和笔记本电脑的壳体加工，这些壳体材料大多是铝做的，但表面加工是用铣刀铣出来的，而不是打磨出来的。精密加工的核心就是这些铣刀和微型钻头等精密工具，这些精密工具有些是采用金刚石为材料并用特殊工艺加工出来的。用金刚石工具加工出来的工件的表面粗糙度仅有 40 纳米，所以光亮无比，这就是李军旗那天拿着一个锃亮的金属地球

**参观工业富联深圳基地**

模型展示的原因。精密加工不容易，在这个领域，我们还有一定的差距。

李军旗告诉我们，每款智能手机都是艺术家先设计出模型，然后交由工业富联做，而且限定发售时间。所以，每一款手机上市之前都面临着挑战，这些手机壳体的加工曲线很复杂，壳体内有无数小孔用于固定，我看了摇摇头，觉得不太好做。李军旗拿起一个不锈钢的手机边框，他说这个材料硬度高，要加工能做出它的工具颇费一番工夫，既要有硬度又要有韧性。这些加工装备如果靠找日本厂家做，一是工艺不熟悉，二是定制需要很长时间，无法保证工期。工业富联正是因为从来没有耽误过手机的新款发布，总能把各种造型加工做出来，所以成为诸多全球知名智能手机厂商的依靠。

## 为何是李军旗？

记得第一次见到李军旗，是在我们一起参加的中央电视台《对话》节目上，我看到一位精干的中年人，用技术语言讲述工业富联的故事。在"2019十大经济年度人物"颁奖大会上，他也是用技术的语言回答问题。我问工业富联是不是已经走出了一条通往工业互联网的道路，他却谦逊地修正我，说工业富联只不过是开始了新的探索。

李军旗早年是从华中科技大学毕业的，说来和我是校友，因为我的管理工程博士是在华中科技大学就读的。李军旗毕业后到日本东京大学深造智能制造，博士毕业后在日本从事精密加工研究十余年，后来到富士康从事智能手机等精密产品的设计制造等相关工作，再到现在从事以熄灯工厂为主的智能制造以及以5G（第五代移动通信技术）产业应用为主的工业互联网平台的开发工作。李军旗是一个技术带头人，也是学以致用的典范。

郭台铭为什么选择这样一位高技术人才出任工业富联的董事长，这也引起了我极大的兴趣。其实新经济的企业可分为两种：一种是技术应用型企业，如淘宝、百度、拼多多等，这些企业不一定需要技术型的CEO；另一种属于技术开发型企业，如华为、联想、工业富联等，这些企业则应由专业技术人员出任CEO，因为只有管理者对高科技发展趋势有深刻的理解，才能做出对企业发展方向和战略的清晰判断。所以，郭台铭的眼光和选择是十分独特的。

记得以前讨论CEO来源时，大家普遍认为，在工业时代早期，企业的CEO大多有生产制造的背景，因为那时将产品造出来是关键；随着市场竞争加剧，企业的CEO往往是由做营销的人担任，因为能卖出产品成了关键；而后来，随着企业进入资本市场上了市，企业管理者面对一大堆财务数字，要把这些东西都搞通不容易，所以资本时代企业的CEO又转由有财务背景的人出任；到现在，技术发展日新月异，颠覆式创新来之迅猛，企业技术的发展和创新的选择就变得至关重要，这不是一般战略原则能搞定的。在高科技时代，一般的科技水平无法对技术的发展作出判断，只有对技术有相当程度的理解才能作出正确判断，这无疑将颠覆现有企业领导层的结构，同时也迫使更多的人进行终身学习。所以，未来企业中，李军旗式的CEO会越来越多，这将会成为一种趋势。

## 第二部分
# 读书记

01 | 做企业为什么要读书
02 | 半部《论语》做企业
03 | 怎样进行深度工作
04 | 解读《隐形冠军》
05 | 时下应读一下德鲁克这本书
06 | 重新思考价格策略
07 | 超越规模，活出质量
08 | 破除谷仓效应
09 | 如何避免企业衰落
10 | 谈谈我的《经营方略》

我是一个很喜欢读书的人。与访问的目的一样，大量的阅读都是为了解决企业发展中的问题。

我认为做企业必须多读书。我在企业设立了读书角，鼓励大家读书，还经常到高校给干部培训班授课。作为全国工商管理硕士（MBA）教育指导委员会的成员，我经常在一些培训干部会议上分享读书的心得，使这些会议成为MBA、EMBA（高级管理人员工商管理硕士）的课堂。我还参加总裁读书会节目，分享读书体会。正确的经营之道难得易失，而读书能够自益益人，我对此深有感悟。

我的读书心得之一是读经典。《论语》对中国企业影响至深。中国人讲究生财有道，这个思想远播海外，像日本人涩泽荣一的《论语与算盘》、稻盛和夫的《敬天爱人》都是孔子思想的余泽。在中国做企业不能绕过《论语》。

中国企业高质量发展，需要走专深之路。《深度工作——如何有效使用每一点脑力》和《隐形冠军》这两本书是讲做工作要专深，唯有专深才能做到世界一流。

创新是时代的课题。彼得·德鲁克的《创新与企业家精神》这本书我读了很多次。德鲁克强调创新的有效性和管理性，还有企业家精神，这说明创新既要心在云端，又要脚踏实地。

《定价制胜——大师的定价经验与实践之路》是过剩经济中掌握定价权的指南，极具现实意义。我当过销售员，早在北新建材时就制定了"质量上上、价格中上"的价格策略，后来采取的"价本利"策略也与这本书的思想是高度一致的。

《超越规模，活出质量》和《破除谷仓效应》这两篇文章是我对"大"的反思。企业有自己的生命周期，组织一大，必然要分工，分工就会有协调问题，"肿、散、骄、奢、惰"，或者我们常说的"大企业病"积重难返，一不留神就会使企业轰然倒下，对此我们要高度警惕，向通用电气集团的杰克·韦尔奇学习开展自我革命。

《如何避免企业衰落》是我读吉姆·柯林斯管理经典三部曲的最后一部《再造卓越》的体会，回答了企业为什么会衰落，衰落后如何东山再起的问题。

《经营方略》是一本关于经营的手记，将我做企业40年的经历用文字记录下来，是一本"做出来"的书。

上面这些随感是我多年干中学、读思问的一点心得体会。

# 01

## 做企业为什么要读书[①]

4月23日是世界读书日。我从网上看到了两组数据：第一组数据是人均读书量，以色列人均64本（犹太人喜欢读书），俄罗斯人均55本（俄罗斯人也爱学习，出了许多大作家），美国人均50本，而我国人均只有4.6本；第二组数据是世界500强企业家的人均读书量，通过问卷调查发现，日本企业家人均每年读50本，我国企业家人均只有5本。这两组数据我认为不太准确，但至少说明了一种现象：我们读书的数量是远远不够的。所以，我国要借世界读书日推动全民读书。

现在，全国各地都在开展读书活动，中国建材集团举办读书会活动，也是号召大家来读书。现在都讲对标，我们的人均读书量和发达国家的差距大，必须向人家学习、奋起直追。作为世界第二大经济体的国民，中国人也要在读书量和阅读水平上有所建树。有的外国人很奇怪，他们说：中国人读书少还能做得这么好，如果多读点儿书会怎么样呢？这样看来，培养国民的阅读习惯将有助于提升我国的综合实力。

做企业也一样，看一个企业到底有没有后劲，关键看年轻的一代。年轻的一代能不能做成事情，关键看有没有读书学习的精神和基本素质。

### 做企业需要我们读书

做企业是一个比较复杂的工作，也是比较难的工作。做企业，不管是管理

---

[①] 2015年4月23日，作者在中国建材集团读书会上分享了读书对他的影响、对做企业的意义以及如何读书，并为干部员工推荐了一些书目。本文原载于新浪网2015年5月18日。

77

企业的，还是搞技术、搞业务的，企业里的事情，一部分靠经验、实践，另一部分就是靠学习。从某种意义上讲，做企业不可能无师自通，完全凭经验。要站在他人的肩膀上，多学习，才能做好企业。认真读书和勤奋工作，有这两种品质的干部就能够进步更快。俗话讲："士别三日，当刮目相看。"这个"士"，就是指读书学习的人。就企业管理而言，一部分归结为技术层面，还有一部分归结为艺术层面，无论是技术还是艺术，都需要去学习。学习多了灵感就出来了，就有艺术性了。不学习，没知识，既不可能精通管理的技术，也不可能升华出管理的艺术。企业里的管理者，有的是读者型的，有的是听者型的。我主张做企业领导，既要做读者，自己读得下去、读得懂、愿意学习，又要做听者，人家给你讲，你能听得懂。有的人只喜欢听，不喜欢读；有的人不爱听，只喜欢看写出来的东西。我主张既读又听，因为读用眼睛、听用耳朵，人的五官都是有用的，不应偏废。管理知识、技术知识、专业知识，这些都需要向书本学习。在企业里，但凡认认真真读书的人，都做得不错。过去人们怕成为"书呆子"，现在"书呆子"少了，人们太灵活，不少人不愿读书了，我倒希望大家有那么一点儿"书呆子"的精神。我们乘坐高铁时就会发现，几乎周围每个人都在看手机，这和日本新干线上几乎人人捧本书看的情景形成很大的反差。当然，手机也是学习工具，也可上网看电子书。网上那些碎片化的信息，我们需要了解，但是书也要读，因为读书能帮助我们构建系统化的知识框架。上网能帮我们快速获得信息，让我们知道今天发生了什么事、有什么最新观点，但要把碎片化的信息构成一个知识体系，还得靠读书完成。

**读书可以培养专注精神。**读书需要坐得住、静得下心来。一个人如果一天能读一小时书，这就不简单。我指的不是学生，而是工作了的人。中国建材集团有约20万名员工[1]，如果平均每人每天读一小时书，那我们这个公司真的会很厉害。人在读书时容易把心静下来，认认真真地思考。同样，做企业也需要这种专注的精神，心浮气躁、上蹿下跳，是难以成事的。读书的时候，人会保持安静、淡定，这也是对人的训练，陶冶人的情操、性格，锻炼人的耐力、定

---

[1] 截至2019年12月，中国建材集团员工总数约为20万人。

力。这是做企业所需要的品质。读书，是作风养成的一个好方式。

**社会的快速发展需要我们读书**。书实际是用文字记载的知识、思想和逻辑，读好书就等于能和伟人、思想家、科学家、文学家和企业家等优秀的人士对话。读书也常能印证我们自己的一些经验和感受，我们时常为一些书中的观点拍案叫绝，往往是因为它印证了自己潜意识中的想法。现在社会变革、技术发展非常之快，新的知识、理论、技术都需要我们借助书本进行学习，所谓"秀才不出门，全知天下事"。不只是管理上的新方法，也包括技术上的新理论、专业上的新知识等，这些都是我们需要通过不断读书获得的，我们需要多读一些反映不同领域前沿的新书。

**读书对于世界观的养成非常重要**。其实，读书是一种美德，也是一种幸福；读书是人生的态度，也是人生修行的阶梯，可以提升人的境界。读书可以帮助我们形成正确的人生观、价值观和世界观。

**读书可以提高我们的综合能力和工作能力**。对于读书的人，"士别三日，当刮目相看"；而对于不读书、不学习的人，别说"三日"，就是"三年"之后再去看他，不仅没进步，反而还落后了。读书除了补充必要的知识外，也是对人的逻辑训练，能够培养一个人分析和解决问题的能力。

**读书可以提高人的智商和情商**。读书可以训练人的大脑。比如《三国演义》《水浒传》《西游记》《红楼梦》这四大古典名著，如果我们能好好地读一读，不仅智商会提高，情商也会提高。这些书，对于人格的养成，智商、情商的提高，都是非常重要的。

**读书可以以文会友**。通过读书，可以结交一帮书友。这些年，有些朋友来看我，见了面，送本新书，我感到非常高兴。在最近的一个讨论会上，来了十几位企业家，会议结束的时候，我送给大家一人一本《我的企业观》。这就叫"以文会友"，把自己的思考和想法变成文字去跟朋友分享交流。我记得在北新建材工作的时候，有一年去日本学习管理，想从日东纺公司购买矿棉和吸声板技术，当时被日东纺公司董事会否决了。我后来去做由山部长的工作，他是日东纺公司的重要决策人，很喜欢《三国演义》，我也喜欢，两人就聊了起来，最后聊成了好朋友，后来他推动公司把技术卖给了我们。还有一次，我跟深圳市一位副市长谈公务,他说最近很忙,贺敬之要来了,要搞一个朗诵会。这位副市长是个文人,写过电视剧,很喜欢贺敬之的诗。我问他喜欢哪一首,他说是《西去列车的窗口》。我说我也喜欢,我给你朗诵一段吧:"在九曲黄河的上游,在西去列车的窗口;是大西北一个平静的夏夜,是高原上月在中天的时候。一站站灯火扑来,像流萤飞走;一重重山岭闪过,似浪涛奔流……"朗诵完了以后,大家都很高兴,有种找到知音的感觉。我有一次去云南,省长说要朗诵《雷锋之歌》,他是学文学的,东方语言系毕业的,我先朗诵了一段,他接着又朗诵了一段。离别前他说:"以前我打遍天下无敌手,今天碰到了宋志平,下一次我还要跟你对。"我们也成了好朋友。多读点儿书,以文会友,可以交到高质量、高素质的朋友,这也是对个人的一种帮助。

### 建议大家读哪些书?

**一是政治、政策和社会发展方面的书。**如《之江新语》《中国道路》《21世纪资本论》《文明的代价》等。

**二是经济类和企业管理类的书。**多读一些与工作相关的专业书,搞财务的多看点财务、会计方面的书,搞计算机的多读些IT方面的书,每年也要读几本新书。

**三是有思想性的书。**例如人物传记类的,像《艾柯卡自传》,多年来一直很受欢迎,还很畅销。艾柯卡是个有思想的企业家,他的思想、观点有不少闪光点。这本传记原来叫《反败为胜——汽车业巨子艾柯卡奋斗史》,书的扉页上写着一句话:我知道,世界上没有不付代价的午餐,我知道家庭的温暖对人的重要,我知道即使天崩地裂也要勇往直前,这就是美利坚精神。这种精神,对于中国的企业家也很重要。这就是一种企业家精神、英雄主义的精神。

**四是文学类的书。**管理大师德鲁克有一本书叫《旁观者》,这是他认为自己写得最好的一本书,是回忆录。在这本书中,他认为,对于管理者而言,两种培训最为重要:一是短篇小说的写作,二是诗歌赏析。短篇小说的写作是刻画人的心理,反映的是对于人的理解。做企业的领导者,要会理解人,要理解到能刻画人的程度。诗歌赏析是对情感的理解。我是喜欢诗歌的,如《再别康桥》《雨巷》《致橡树》《我爱这土地》，这些诗歌都有很深厚的情感。一个人如果喜欢诗歌，他的情感训练就有了。朗诵诗歌要让人眼泪哗哗直流才行，这个过程就使人对情感有了理解。德鲁克说，这些对管理者来说至关重要，因为如果对人不理解、对情感不理解，要做好管理是很难的。中国建材集团的人文环境是"三宽三力"，其中"三宽"就是强调对人的理解。我建议大家多看一看文学类的书，比如诗歌，诗歌没有新旧之分，也不用读那么多，挑选精彩的放在包里，空闲或出差时翻一翻，背几首。比如在飞机上读读唐诗、宋词，既陶冶了情操，旁边的人看到了也会很羡慕。

## 我是怎么读书的？

**长期坚持**。我从小喜欢读书，几十年如一日，坚持不懈。现在眼睛花了，读几页就累了，就在屋里转几圈，再接着读。大家要趁着年轻多读书，书中的知识会让人受用终身，如果老了，想读都读不了了，眼睛不允许了。我的床前有个塑料筐，里面放着我精选的二三十本书，过段时间等这些书看完了，再换一批放进去，这些年塑料筐也换了好多个了。毛主席在号召全党读马克思主义原著时讲过，"坚持数年，必有好处"[①]，强调的是读书贵在坚持。但是坚持读书，也不是读不下去硬要读，我发明了一种方法叫"混读"，即这本书读累了读那本，我认为不同的内容占用大脑不同的部位，例如，管理读累了可以读文学，经济读累了可以读历史，当然实在累了也可以听音乐、干家务，想读了再读，但读书一定要坚持下去，要逐渐培养读书的兴趣，把兴趣培养出来了就会爱上读书。有人闲余时喜欢打牌，那也是因为产生了兴趣。如果有了读书的兴趣，可能就不只想着打牌，而是想抓紧时间读书了。记得 20 世纪六七十年代，那时候书店里书很少，但我没少读书，都是去民间找，找来的书大多是旧的，每页纸都被翻得卷卷的，大家互相借着读，许多名著都是那时读的。

**学以致用**。参加工作以后，我读的书大多跟工作相关。读书对我来讲常起

---

① 龚育之：《7月6日〈人民日报〉发表社论〈坚持数年，必有好处〉》，载中国二十世纪通鉴编辑委员会主编《中国二十世纪通鉴（1961—1980年）》，第 818–819 页。

到"引发剂"的作用,书中一些重要观点我都会举一反三地思考,也常和工作中遇到的问题联系起来思考。其实书中的观点不一定都正确,但可以促使人思考,或许会得出截然相反的观点,这也是很重要的收获。这些年我无论做什么事,都会先读些相关的书,看看前人有什么建树。比如,2005年中国建材集团搞董事会试点,当时我找来了美国人写的《公司治理》和《鱼从头烂》两本书认真研读,结合企业实际写了两篇文章,一篇是《做积极的董事长》,另一篇是《董事会的本质》,这两篇文章对于国有企业董事会运作发挥了重要作用。即使到今天,我的这两篇文章仍值得大家参考。再比如,2009年我去国药集团[①]做董事长,那年国庆节放长假,我居然憋在家里用7天时间读了医药方面的8本书,在脑子里建立起了医药行业的框架。正因为如此,在国药集团工作5年间,没有人把我当外行。读书要读好书,有选择地读,做到学以致用。现在市面上的书有很多,大家形容为书海,找一本好书就像大海里捞针。这些年我出差,尤其是去中国香港、中国台湾、新加坡时,都要去书店待上半天,去挑几本好书。不是所有书都值得读,有不少枪手写了很多书,一点儿可读性也没有,还耗费时间和精力。但是比较精彩的书一定要读,比如《从0到1——开启商业与未来的秘密》《第二次机器革命——数字化技术将如何改变我们的经济与社会》,这些畅销书都是不错的,既联系实际,又写得非常精彩。我常想,所谓好书,应是让读者心头一震、眼前一亮,一定是回答了读者心中最想提出的问题,让人有如获至宝的感觉,恨不得立即翻读,读起来爱不释手,读完后还要珍藏起来。我还保存了一些好书,内容很好但不是眼前工作急需的,我想退休后再细细地读。读书是一件对人终生有益的事,人的一生真的要活到老、读到老、学到老。

**挤时间读**。我说的"把时间用在学习上",是指在业余时间多读书,比如睡觉之前、早上起床后或是在出差的飞机上,利用点点滴滴的时间读书,而不是在上班时间读书。我现在工作之外的业余时间是这样安排的:每天早饭时上网看新闻,中午午休时看邮件和资料,晚饭散步后读两小时左右的书,睡前再

---

① 中国医药集团有限公司,本书中简称国药集团。

浏览一遍当天的报纸。我也订了几本高端杂志，在出差时带着在飞机或火车上读。周末和节假日我一般会写作，写作的过程中也要大量读书作为参考，常常边写、边思、边读，这些年我先后出版的几本管理书籍都是利用节假日完成的。

在出差的高铁上读书是作者的一大爱好

**讲究方法**。我们要学会读书，懂得精读和泛读。有的人读完一本书后，能将书中内容讲得非常清楚，而有的人看了半天也说不清楚。提高读书的质量很重要。怎么读呢？一本书里，尤其是西方作者的书，总有几个观点，剩下的都是求证过程。西方人认为求证很重要，他们会在书中呈现大量的图表和数字，但关键的观点就那么几句话。我们如果没有大量的时间，只要知道书中的主要观点、重要内容就可以了，不必每页都去看，要学会浏览、把握重点，懂得取舍。

当前在线阅读、电子书发展得很快，但不管什么形式，都是书，电子书和纸质书各有优势，很难相互替代，可以互为补充。英格尔斯在《人的现代化》一书中写到人的现代化为什么如此迅速，他认为，企业的设立、工厂和组织使人迅速现代化，工厂是人现代化的基础，把人从农耕社会解放出来。电视也是现代化传播的重要工具，比如在美国街头发生的一桩事情，英国人可能会第一时间通过电视知晓。现在，网络的传播速度更快了，手机成了移动终端，读书有了新的工具。所以，我们要把电子书和纸质书结合起来读。总之，通过读书获取信息、知识和思想，对于每一个现代人来说都是必需的，也是做企业所需要的。

## 02

# 半部《论语》做企业[①]

《论语》是儒家最重要的著作之一，书中凝结的做人之道、治学之道、治国之道，千百年来深深地滋养着生生不息的华夏文明。

宋代开国宰相赵普有个"半部《论语》治天下"的典故，大意是赵普靠着上半部《论语》处理政事，屡建奇功。但与这个典故不同，我所说的"半部"，不是半部书，而是虽然学习《论语》多年，仍感觉学得不够深入透彻，一知半解。但即便如此，学习应用书中的一些基本原理和核心理念，对我做企业帮助非常大。

孔子在《论语》中开门见山："学而时习之，不亦说乎？有朋自远方来，不亦乐乎？人不知而不愠，不亦君子乎？"孔子的精神追求与达观的人生态度跃然纸上，结合我自己 40 年来的企业经历，套用《论语》的话说就是："终身做企业，不亦乐乎？"我崇尚一生做好一件事，始终把做企业作为自己的终身追求、乐趣所在。我体会，做企业应该是人生的乐趣，也只有有兴趣才能做好企业、实现自己的人生价值。

1979 年大学一毕业，我就被分配到中国建材集团工作，先在北京新型建材总厂做了车间技术员、工厂销售员（其间做过销售科长、处长、副厂长）、10 年厂长，后来在中国建材集团做了 18 年"一把手"，其中有 5 年时间同时

---

[①] 2015 年 6 月 25 日，作者在曲阜的中国孔子研究院分享体会，主张从孔子的思想中寻找企业管理之道。本文原载于《国企》2015 年第 8 期。

> 企业心语

担任中国建材集团和国药集团两家中央企业的董事长，把两家企业同时带入世界 500 强。所以我常讲，我的企业经历很简单，40 年来一直都在企业工作。

曲阜东站前这尊孔子像十分高大，是艺术家吴为山设计的

说到《论语》，这些年来我反复诵读原文，也看过不少白话文译本，脑海中搭建起孔子主要思想的立体框架，这不仅影响了我做企业的思路，也构筑了我的企业观。但同时，孔子的思想博大精深，我只理解了一些皮毛，内心还有很多问题。2014 年卸任国药集团董事长后，我的时间相对宽松了些，"五一"假期来到山东曲阜的中国孔子研究院学习了三天，杨朝明院长给我做了悉心的指导，后来研究院还给我发了研究员聘书。其实，在日本和中国台湾地区，一些大企业家常常会到僻静的地方静思，考虑一些哲学命题和终极问题。今天，中国的企业家也到了该潜心学习、静心顿悟的时候。我觉得曲阜就是一个可以让人静下来的地方，面对圣人，我们可以叩问自己的心灵，厘清思路，想想做人做事的道理和人生方向。

我想从企业实践的角度讲讲学习《论语》的体会以及《论语》对于企业管理的指导价值。

我体会，学习《论语》既要通读也要精读，对于一些经典语录更要反复学习、揣摩和升华。但同时，学习《论语》和孔子思想要把握精髓，不能拘泥于机械的背诵，更不能生搬硬套。尤其做企业，要结合实际、学以致用，把《论语》的思想与现代管理思想对接，做到古为今用、中西合璧。现代企业管理包括几个大的方面：一是战略和文化，二是组织行为，三是量化分析，四是科技创新，五是市场运作。在这些工作中，《论语》给我们的帮助更多是在企业战略和文化、组织行为以及市场运作方面。

孔子生活在一个生产力不发达、信息落后的时代，其思想大部分集中在治国理政、人际关系、组织行为等方面，更多的是在讲修己安人的哲理，因此《论语》等著作无法回答我们今天的所有问题。但是，孔子思考人性与人的价值，他的思想具有超越性，他"仁者爱人"的人文精神、"敬天爱人"的平凡思想、"天下为公"的治理理念、"过犹不及"的辩证哲理、"学而不厌、诲人不倦"的治学态度，"克己复礼"的廉政精神、"节用爱民"的民本思想，以及达观的精神、仁爱的情怀、对名利的平常心等，既可以成为企业管理的一份指南，指引我们走上正确的发展道路，也可以成为管理者内心的一面镜子，时时校正我们心灵的方向。

### 关于企业的发展观

企业到底该怎么发展？孔子有两个重要观点可以用来考量我们对企业发展的"度"，以及处理企业与社会及自然的关系的把握，即"过犹不及"和"己所不欲，勿施于人"。

"过犹不及"的"中道"思想与我们今天讲的新常态下的平常心一脉相承。我主张做企业要把握"度"和平衡：一是不要什么都做，有舍才有得；二是考虑可持续，既要看眼前更要计长远；三是考虑风险和承受能力，有底线思维；四是制定"三分天下"的市场战略，而不是"包打天下"。

拿发展目标来说，企业是不是规模越大越好、增速越快越好呢？过去我们强调企业要做大，后来在做大的基础上又强调做强、做优。"大"指的是规模，"强"指的是竞争力，"优"指的是效率。也就是说，企业在设定目标时，不只是追求规模，还要提高竞争力、优化企业效率。现在中国经济发展进入新常

## 企业心语

态,GDP增速从过去的两位数降至6%左右,这对于很多习惯于依靠投资和要素拉动的企业来说,无疑是巨大的挑战。前些年我去日本调研时,三菱集团的社长跟我说,日本的年轻人很向往30年前的经济高速增长时代,但那时虽然日本经济发展很快,环境等问题却很突出,大街上人人戴口罩,近海没有鱼,河流都是臭水沟。现在日本GDP增幅小,但是经济发展很好,城市的环境也更好。在东京和大阪,我对当地中国人的就业压力和消费水平做了了解,得到的答案是,他们在日本生活比较轻松。对于我国来说,经济发展从高速增长转入中高速增长、从规模速度型粗放增长转向质量效益型集约增长,这是必经的过程。我国的GDP基数巨大,市场容量广阔,只要调整思路,不断改革创新,一定会在转型阵痛后迎来新生。

再拿产业发展来说,过去这些年,市场上一哄而上建起很多钢铁厂、水泥厂,时至今日,钢铁、水泥等行业都产能过剩30%左右,恶性竞争严重。所谓"过犹不及",这就是活生生的例子。所以,我在2013年的重庆企业家年会上呼吁:"在经济发展过程中,我们必须学会适得其位和适可而止。"做任何事情都要遵循平衡、节制和可持续原则,过剩经济下,我们需要做的就是修正市场、化解矛盾,通过以销定产等方式保持供与求、销量与价格的动态平衡,提高产业集中度,提升行业与企业价值。

在做事方面,我主张中庸之道,就是把握"中道",力求达到最佳状态,把握黄金分割点。我理想中的黄金分割点是:凡事不做激进派、落后派,做个促进派。

孔子"己所不欲,勿施于人"的观点告诫我们,要处理好自己和他人之间的关系,做人要推己及人、将心比心,做事要把握分寸。做企业也是一样,要学会换位思考,从他人的角度考虑问题,处理好企业与自然、社会、员工、竞争者的关系,实现和谐发展。

日本企业家稻盛和夫在中国做的一场演讲中说自己所有的成功之道都抵不过八个字:"敬天爱人、利他之心"。稻盛和夫信奉"至诚"之道,他是我敬佩的企业前辈,他靠儒家文化、佛学教义等东方思想,先后做成了京瓷株式会社与KDDI株式会社两家世界500强企业,78岁时又临危受命,出任日本航空公司董事长，带领这家破产重建的企业迅速扭亏为盈。多年来我一直在思考：中国有5000多年文明，有底蕴深厚的传统文化，这些思想能不能用于现代企业管理？稻盛和夫的故事给出了肯定的回答，采用东方思想完全可以做出世界级企业。对于这一点，我也深有体会。我是学西方管理学出身的，但在学习过程中逐渐发现，西方的很多管理思想都能在东方文化中找到答案，只是我们过去没有很好地发掘研究。西方管理长于定量，东方思想长于定性，现在信息技术发展迅猛，定量可以用模型计算，但是定性的内容，像人的心灵归属问题、企业的价值追求问题等，却很难用模型计算。

说到企业的价值追求，韩国浦项钢铁公司是我很敬佩的一家公司。这家企业是全球知名钢铁制造商，在韩国企业界举足轻重，朴正熙总统曾亲自为其奠基。2013年我去韩国拜访时，浦项钢铁的CEO告诉我，他们按照环境、安全、质量、技术、成本的价值排序做企业，把关乎公众利益、环境与气候的事情放在前面，把盈利放在后面。这一理念让我很感动，同时也深受启发。今天我们正处于社会化阶段，在创造财富、分配财富和享用财富的过程中，每个企业都要懂得"滴水之恩，当涌泉相报"的道理，正确处理好各种关系，为社会谋福利，为人民谋幸福，绝不能罔顾环境及他人利益，否则只能自食恶果。

我主张打造阳光企业，为社会创造更多财富，包括恪守商业道德，公开透明经营，提供优质产品与服务，实施绿色发展、循环发展和低碳发展的可持续发展战略，兼顾社会各方利益等。中国联合水泥集团有限公司下属的曲阜中联水泥有限公司（简称曲阜中联）就是个例子。这家水泥企业规模不大，只有两条日产2500吨的生产线，但由于在企业经营中成功运用了孔子思想和儒家文化，成为国内管理最好的水泥厂之一，工厂一尘不染，取得了良好的社会效益和经济效益，2014年利润额和缴税额双双过亿元。

### 企业的目标

做企业到底是为了什么？孔子讲"仁者爱人""仁者安仁，知者利仁"，真正的仁者要有爱的真诚，真正的智者必须做事利仁。企业要盈利，企业的

企业心语

经营活动也是以盈利为核心的，但企业不是单纯的经济组织，做企业的根本目的还是要为社会大众服务。我们应有仁者的素质、修养和胸怀，有感恩的心态和爱人的思想，以包容理念和利他主义精神，努力回馈造福社会。很多企业没有搞清这个道理，虽然赚了钱，但并不受社会欢迎，企业内部也矛盾重重。

做企业应该以人为本，在中国建材，这一思想还可以分解为"企业是人、企业靠人、企业为人、企业爱人"。其中，"企业爱人"正是我最近受"仁者爱人"思想的启发新加入的，也是对以人为本理念的升华。"人"是企业最宝贵的财富，企业要始终以人为中心，把实现人的幸福和价值作为企业发展的重要目标和根本追求，这是任何时候都不能偏离的主线。"企业是人"是指企业是人格化的、人性化的，被大家赋予了一定的性格和特征。例如说起海尔集团，大家会想到张瑞敏；说起阿里巴巴集团，大家会想起马云。"企业靠人"是指企业的一切都是由人来完成的，要靠领导者的带领以及广大干部员工的努力和付出来发展。"企业为人"是指企业归根结底是为了人，包括企业人、投资人和社会人。"企业爱人"是指企业既要发挥员工的积极性和创造性，也要关心和爱护员工，让员工与企业共成长，让大家有安全感、温暖感、幸福感。

中国建材有约20万员工，怎样让大家心甘情愿为企业工作？怎样增强员工对企业的归属感？答案取决于"人"，更确切地说，是取决于员工内心涌动的精神文化。不丹王国首相吉格梅·延莱在《幸福是什么？》一书中提到国民幸福指数GNH——相对于以物质为本的GDP，GNH强调的是以人为本。这一概念是不丹前国王吉格梅·辛格·旺楚克1970年提出的，他认为幸福指数有四大支柱：一是政治和谐，二是经济增长，三是环境保护，四是文化传承。不丹王国虽不是发达国家，2018年人均GDP约3360美元，但其社会安定，国民幸福指数很高。曲阜也是幸福指数很高的城市，尤其是在文化传承方面做得非常好。这些例子对于如何做企业、如何提高员工的幸福感很有借鉴意义。

利他主义应是做企业的原则，也是以人为本思想的重要体现。孔子说

"己欲立而立人，己欲达而达人"，孟子也说"穷则独善其身，达则兼济天下"。做企业是一件利己利他的事情，常常利他才能达到利己，实现均富和共富。

就企业竞争来说，市场经济是竞争经济，很多人想问题往往是直线形的，认为竞争就是你死我活、优胜劣汰、好勇斗狠。竞争真的应该是这样吗？西方早期崇尚极端的市场竞争，也曾经历过"打乱仗、打恶仗"的竞争阶段，企业之间崇尚弱肉强食的"丛林法则"和达尔文的"自然选择理论"，结果发生了大规模倒闭潮和企业家跳楼的惨剧。

市场经济的发展是建立在每一个个体的自制力水平、平等互爱和诚信精神之上的，要以正确的思想为指引。比如印度的水泥也过剩，产能利用率只有69%，但水泥价格在100~140美元不等，效益很好。印度是个佛教国家，在处理市场竞争的时候，心态比较平和。相比之下，我们面对过剩时则往往比较浮躁，大家都想放量抢占市场，尤其在市场下行时就更加恐慌，每家都想多产多销把对手打死，这就成了悖论。前不久，我和爱尔兰CRH公司CEO阿尔伯特先生会面时，他很不解地问我"中国企业为什么这么打乱仗"，我说，"因为只顾眼前利益、自身利益，不顾长远利益、全局利益"。

对于水泥等过剩行业来说，该如何走出恶性竞争的"丛林"？孔子讲"礼之用，和为贵"。不同利益主体的诉求是客观存在的，如果只看对立不看统一，只顾眼前之利、一己之私，盲目杀价竞争，结果只能是杀敌一千自损八百。企业要树立"和"的理念，坚持共生多赢的思想，互相理解、互相忍让、互相帮助，顾系统、顾大局、顾别人，从恶性竞争到理性竞合，只有这样才能共渡难关，最终成就自己。

作为行业领袖，中国建材主张"行业利益高于企业利益，企业利益孕于行业利益之中"，多年来带头进行发展理性化、竞争有序化、产销平衡化、市场健康化的市场竞合"四化"工作，积极探索节能限产、错峰生产、立体竞合、精细竞合、资本融合等多种竞合模式。中国建材支撑起了行业的大伞，做了不少牺牲，但这么做是值得的。在2014年经济下行的巨大压力下，钢铁等行业日子不好过，但在中国建材的推动下，水泥行业却有良好的利润。

## 企业的选人用人

企业里有四件事很重要：一是选择合适的业务，二是选择合适的人，三是选择合适的机制，四是选择合适的管理工法。在这四件事中，选人用人是做企业的关键。美国学者英格尔斯在《人的现代化》一书中认为，人的现代化之所以如此迅速，一是得益于电视信息的传播，二是得益于现代大规模工厂对人的组织训练和素质提升。管理企业的艺术归根结底是管理人的艺术。《中庸》里面记载孔子说"为政在人"，又说"其人存，则其政举；其人亡，则其政息"。《论语》中也比较多地讲到了识人、选人、用人和培养人的问题。

孔子说，"先行其言，而后从之""举直错诸枉，能使枉者直"。企业选人用人的一个核心是重业绩，让能者上、庸者下，树立用人的导向和示范作用。企业经营不善，往往和选人用人失误有关：一是用了不该用的人；二是用的人不能挑大梁，承担不起应有的责任。在选人用人方面，我对人格和品德格外看重。明代思想家吕坤在其论著《呻吟语》中说，居人之上者"深沉厚重是第一等资质，磊落豪雄是第二等资质，聪明才辩是第三等资质"。其中，深沉厚重是指具有厚重性格，并善于对事物进行深入思考，这是做企业领导的首要条件。小胜靠智，大胜靠德。如果一个干部品德不过关甚至存在大问题，那么他的能耐越大，对企业的损害就越大。所以，有才无德的人即使能力再强也不能用。当然，有德无才也不行，没有真才实学，只是个"好好先生"，做企业也不会有大起色。

孔子主张用学习的人。《论语》中讲，"学而不思则罔，思而不学则殆""君子食无求饱，居无求安，敏于事而慎于言，就有道而正焉，可谓好学也已"，强调的都是要不断学习提高，学思并重、学行并重。勤于学习、善于思考是中国建材选拔任用干部的重要标准，我们要求大家"把时间用在学习上，把心思放在工作上"，还提出了"五有"干部的口号，即有学习能力、有市场意识、有专业水准、有敬业精神、有思想境界，其中首要的就是强调学习能力。集团在每个楼层都设立了读书角，每年都会给干部员工发几本书去阅读，2015年还成功举办了几场读书会，形成了浓厚的学习氛围。

孔子把人分为君子和小人，认为君子和小人并不是从出身、职务上区分，主要是以品德而分。孔子还把优秀的人定位为"士"，他把"士"分为三种等级，分别是："行己有耻，使于四方，不辱君命""宗族称孝焉，乡党称弟焉""言必信，行必果，硁硁然小人哉"。也就是说，最低一等的"士"也要做到"言必信，行必果"，这也为我们选人用人和培养人提供了参考。

## 企业的管理

孔子说："克己复礼为仁。一日克己复礼，天下归仁焉。"孔子说的"礼"，其实就是今天讲的规范的制度，制度的坚持和维护需要每个人从自我做起。西方人讲，小企业的发展主要靠领导者自身的影响力，大企业则主要靠制度和文化影响人。例如，一个铁匠铺的师傅言传身教很重要；而大公司的老总最重要的工作就是定战略、控风险。做企业最怕行权乱和投资乱，要管住这"两乱"，最好的"防火墙"和"灭火器"就是制度。中国建材是一家重组而来的企业，重组过程中最怕的是坏文化同化好文化，因此我们定的底线就是，进入中国建材的每一家企业都必须遵守中国建材的制度和文化。

孔子的理想是"大道之行也，天下为公，选贤与能，讲信修睦"。其实，孔子讲的"天下为公"并不是简单的为人民服务的意思，而是民主管理，选贤与能参与管理。这是因为人不是个体的存在，而都应该是社会性的存在，是"社会的人"，所以不能一意孤行，只考虑一己之私。这是"天下为公"的意蕴。现代公司制中，之所以称为公司，也是指要有民主、规范和透明的管理。

"君子和而不同"是企业管理的一条重要原则。如中国建材的董事会会议就非常提倡这一点。我主张，董事会虽然是个决策机构，但讨论问题时应该像个学术组织，不能一团和气。作为董事长，我既要让大家充分发表不同意见，又要做出一致性的决定，这其实就是要处理好"和"与"不同"的关系。

孔子要求做事应达到尽美尽善，也就是说要尽量做到完美，这应该是企业管理者的最高境界。精细管理、六西格玛管理都是追求尽善尽美的管理，比如

## 企业心语

台塑集团的价值观是"永续经营,止于至善",所谓"至善",就是理想中道德修养的最完美境界。

孔子提出"见贤思齐"的思想,也可以作为我们"对标优化"管理的思想基础。对标优化是中国建材最重要的管理方法之一,包括对外对标和对内优化。对外对标,即学习外面的标杆企业。比如,我们曾与海螺水泥①对标,找差距、定措施、抓落实;再如,一条5000吨的水泥生产线,欧洲工厂定员150人,过去我们定员300人,但现在我们在泰安的水泥厂只有100多人,生产线做到了无人值守。对内优化,顾名思义,是指在集团内部成员企业之间开展对标,就像袁隆平选稻种一样,逐步优化业务指标。

"道千乘之国,敬事而信,节用而爱人,使民以时。"孔子主张节用爱民,提出执政者要把厉行节约和爱民结合起来。这一思想应用于企业管理就是要做到先进简约,即企业尽量不做非生产经营性投资,经营过程中尽量压低成本,降下来的成本应尽量用于提高职工待遇上。在企业所有的投入中,投给职工收入的成本应是投入产出比最高的。

孔子主张终身学习、建立互动式学习组织,主张学用结合、知行合一。美国学者彼得·圣吉认为,学习型组织要进行五项修炼:建立共同愿景、加强团队学习、实现自我超越、改变心智模式、进行系统思考。其实,《论语》就是孔子和学生在深度会谈和互动交流中碰撞出的思想火花。今天推行的学习型组织可以从中得到有益启示。

### 企业核心价值观

儒家思想主张"君君臣臣,父父子子",主张"仁、义、礼、智、信",西汉时期董仲舒将其演绎为"三纲五常"。实际上,"三纲五常"虽在后世的实践中有所偏颇,但曾作为中国人的核心价值观,维系中国社会上千年,对社会稳定起到了重要的作用。企业归根结底是人的组织,树立良好的企业核心价值观是企业长治久安的基础。

---

① 安徽海螺水泥股份有限公司,安徽海螺集团有限责任公司下属A+H股上市公司。

核心价值观是文化纲领。中国建材有一整套企业核心价值观、从宏观到微观、从企业到个人，都有非常完整的描述。企业文化是企业宗教，罗伯·高菲在《公司精神——决定成败的四种企业文化》一书中说："在未来的公司内，只有信奉者生存的空间，而没有彷徨犹豫者立足的余地。"我非常认同这句话。一个企业团队应该是由一群拥有共同愿景、对事业有着忠实信仰的人组成的，不信奉企业价值观的人不在此列。

中国建材的企业使命是"善用资源，服务建设"。建材是高度依赖资源能源、对环境有一定负荷的行业，所以要善用资源，追求绿色发展、循环发展和低碳发展。同时也要有服务意识，包括服务国家重点工程建设、行业结构调整、社会的可持续发展等。中国建材研究的"加能源5.0绿色小镇"项目，在房屋建设中采用地热、光热、光电、家庭风电、沼气五项增加能源供给的方式，不但不耗费外界能源，还会向外输出能源。中国农村有300亿平方米的房子，95%的房子不抗震、不节能、不环保、不舒适，新型房屋的市场潜力巨大。中国建材将在国内打造更多的绿色小镇，并以此为基础，将其串联成片，打造绿色生态城。

中国建材的核心价值观是"创新、绩效、和谐、责任"，行为准则是"敬畏、感恩、谦恭、得体"，人文环境是"三宽三力"。"三宽"是指待人宽厚、处事宽容、环境宽松。中国建材是由上千家企业重组而来的，必须有包容的文化，不仅包容大家的优点，还要包容大家的不同。"三力"是指向心力、亲和力、凝聚力。"三宽三力"为企业植入了强大的融合基因，使联合重组具备了牢固的企业文化根基。

正因为有了这套文化理念，多年来中国建材一路向前，实现了由小到大、由弱到强的快速发展，从"草根央企"迅速成为世界500强企业。文化是企业之魂，解决的是大家从哪里来、到哪里去、在一起干什么的问题。打江山靠的是战略和执行力，守江山靠的则是一流的管理和优秀的企业文化、核心价值观，我将其总结为"文化定江山"。

企业家精神也是企业文化重要的组成部分。过去我们常讲企业家精神是冒险精神和创新精神，但现在我们认为企业家精神应是创新精神和坚守精神。20

> 企业心语

世纪 30 年代,上海滩是冒险家的乐园。改革开放后,创新创业的机会很多,而且机会成本不高,所以冒险被当作企业家的特质。但实际上,企业家精神不应含有冒险精神,管理大师德鲁克认为,企业家的主要任务是把握机遇,而不是甘冒风险。孔子讲"知者不惑,仁者不忧,勇者不惧",但同时也说,"暴虎冯河,死而无悔者,吾不与也。必也临事而惧,好谋而成者也"。做企业从来不应盲目冒险。

2015 年 6 月 25 日,一尊大型孔子塑像在曲阜正式揭幕落成①,这座塑像庄严、自信、祥和。我在现场时,内心受到强烈的震撼,感动得热泪盈眶。《论语》里讲,如果祭祀先辈和神灵,我们就得心念着先辈和神灵,而不能只当个仪式走走过场。我们看孔子的塑像就得把它当成至圣先师本人,而不是一件艺术品,如果怀着这样的感情站在塑像下,我们就会泪流满面。

西方有很多大思想家和先贤,他们仰望星空,优点是注重求证、逻辑清晰和态度严谨,缺点是过于教条、缺少辩证。中国的先贤则往往从治国理政、为人处事的角度出发,从日常的观察和思考出发,研究人的心灵和行为,优点是他们的思想有很强的管理和教化作用,能够对心灵产生指引,缺点是缺少严密的逻辑和系统的归纳。我们今天的任务就是古为今用、中西合璧,这才是应有的态度。

曾有媒体报道,1988 年有 75 位诺贝尔奖得主在巴黎集会呼吁,人类如果要在 21 世纪生存下去,就必须回到 2500 年前,去孔子那里汲取智慧。2012 年,时任联合国秘书长潘基文在参加一次国际雕塑展时说,孔子的雕塑让他回忆起了自己的童年。他在儒家传统中长大,儒家思想对他一生的发展产生了重大的影响。② 儒家思想教导我们修身、齐家、治国、平天下,时至今日,这番话依然是真理。我想,如果用一个字概括孔子的核心思想就是"仁"——仁者爱人;如果用一个字概括孔子的处事原则就是"恕"——己所不欲,勿施于人。

---

① 2015 年 6 月 25 日,京沪高铁曲阜东站广场孔子像落成仪式隆重举行。孔子塑像由全国政协委员、中国美术馆馆长、中国美术家协会副主席、中国雕塑院院长、著名雕塑家吴为山设计。
② 《吴为山雕塑联合国办特展　潘基文:表现全人类灵魂》,《扬子晚报》2012 年 9 月 8 日。

今天我们已经进入了全球化、高科技时代，人类一天创造的财富可能比孔子时代一年创造的财富还多，人类却感到空前的不安，恐怖主义、局部战争、贫富差距、环境污染、经济危机等交织在一起。此时，我们需要静心聆听孔子的心声，用先贤的哲理净化浮躁的心灵和蒙尘的记忆。让我们再读《论语》，重拾古老而纯朴的价值观，找到心灵的栖息地，从容而淡定地走向未来。

# 03

# 怎样进行深度工作[①]

麻省理工学院的计算机科学博士卡尔·纽波特所著的《深度工作——如何有效使用每一点脑力》这本书很值得一读,该书对深度工作的概念和如何做到深度工作进行了深入浅出的论述,介绍了一些深度学习和深度思考的方法。我想结合书中的一些观点和我们工作生活中的实际,谈谈怎样进行深度工作。

## 深度工作的意义

什么是深度工作?纽波特认为,深度工作是在无干扰的状态下专注进行的职业活动,从而使人的认识能力达到极限。他认为,深度工作能够创造新价值、提升技能,而且难以复制。我们常讲的心无旁骛和专心致志,就是深度工作的状态。与深度工作相对应,纽波特也提出"浮浅工作"的概念,他认为,浮浅工作是对认知要求不高的事务性工作,这类工作往往在受干扰的情况下开展,浮浅工作通常不会创造太多的价值,而且容易复制。

深度工作能创造更高价值,其成果难以复制,深度工作才能使人有所建树和获得成功。纽波特认为,具备深度工作能力的人才日益稀缺,而深度工作的价值在社会经济中日益提升。因此,培养深度工作这项技能,将其内化为工作

---

[①] 2017年8月,国资委新闻中心的国资小新微信公众号开设了"管理新思"专栏,向作者约稿,这篇文章是作者以互联网、知识信息大爆炸为背景,深刻分析了专注、深度工作的必要性。本文原载于国资小新微信公众号2017年8月12日。

生活核心的人，将会取得成功。在现代社会，无论是经济生活还是技术进步，都是一个十分复杂的系统，不管我们从事什么工作，都需要静下心来，深度学习、深度思考、深度工作。

当前，我们大力提倡工匠精神，我觉得工匠精神的核心就是深度工作。工匠精神是一丝不苟、见微知著、持之以恒，而这些特点正是深度工作所必需的。我常想，我国古代一些巧夺天工的建筑艺术，不仅需要精密的计算和设计，还需要精益求精的建造。那个时代虽然科技并不发达，但工匠们凭着比较单一的知识和经验，全神贯注地去做，把工作做到了极致。在当代社会，陈景润破解哥德巴赫猜想、屠呦呦发现青蒿素、袁隆平培育新稻种靠的都是深度工作。我们今天提倡深度工作，对于重拾和筑牢我国的工匠精神至关重要。

## 为什么工作会浮浅化？

为什么我们的工作越来越浮浅？为什么我们的专注力越来越不够？为什么我们做的事情越来越平庸？这既有客观的原因，也有我们主观上的原因。客观上，有知识大爆炸、工作生活节奏的加快、人才复合化的取向，以及最主要的互联网占用时间的影响；主观上，我们缺乏对深度工作的认识，缺少对深度学习、深度思考和深度工作的实践。我们甚至已经习惯了浮浅的工作，还常常把浮浅的工作状态当成自己"日理万机"的一种成功的工作状态。

### 客观原因

知识大爆炸使得我们被淹没在知识碎片的海洋里，如果我们不进行专业知识的选择，就会使得大量的时间用于浮浅地了解方方面面的信息，什么都懂点儿，什么都不精，大家都浮在表面，无法深入。工作生活节奏的加快，也使我们疲于应付，我们每天都有做不完的事，但做得越多，反而成功和出彩的事越少。现在社会也讲究通才，创造出不少"万金油"式的干部，实际上知识系统越复杂，越需要专才，合理的人才结构中应该绝大部分是专才，少部分是通才。

互联网促进了信息和知识的传递，也促进了人与人之间的沟通和交流，引发了一场社会和经济变革，但是互联网社交也占用人们大量的时间，尤其是一些浮浅和重复信息，常常使人不胜烦扰。微信等手机应用使互联网社交更便利，让人们的大脑和习惯逐渐被"手机化"了，往往手机不能离手，无论在开会还是听课，大家都旁若无人地看着手机。

**主观原因**

我们对于深度工作的意义缺乏认识，人们在脑海里没有深度工作和浮浅工作的概念，大多只有工作忙和不忙的概念。比如，我们总挂在嘴边上的"五加二""白加黑"，实际是强调工作的时间，并没有强调工作效率和效果。事实上，深度工作并不一定是长时间工作。深度工作往往取决于深度学习和深度思考，这三者相互联系：没有深度学习就没有深度思考，没有深度思考就不会有深度工作。不管深度学习、深度思考还是深度工作都需要进行认真的规划，大多数人并没有像每天规划健康运动量那样来规划深度学习、深度思考和深度工作。在自我认知上，不少人认为工作忙、工作累就是工作在状态，其实这些忙和累往往是因为大量地重复着浮浅工作。

## 怎样进行深度工作？

围绕怎样进行深度工作，纽波特介绍了不少方法，我想结合我们的实际谈几点简单的做法，就是合理使用手机，规划深度学习、深度思考和深度工作的时间，设定具有挑战性的工作目标，学会快乐生活、放松身心。

**合理使用手机**

这是要进行深度工作最难的一关，但又是必须过的一关。因为对许多人来讲，时常、不间断地看手机已经成为一种习惯，如同吸烟、喝酒一样上了瘾，要戒掉谈何容易？我觉得可以规划使用手机的时间，比如每天早餐前后处理手机信息、浏览新闻，上班前可以处理一次，午餐后处理一次，下午下班前处理一次，晚上睡觉前再看一次，每次时间在15分钟以内。其实即使这样，每天也有一个多小时的时间用在手机上了，这样的好处是把使用手机的时间集中化了，而不是时不时地看一下。因为大脑有延迟记忆的功能，如果总有新的信息进入，大脑就会被这些纷乱的信息干扰，无法摆脱，所以要想深度工作，就必须对使用手机进行一定的限制。

现在人们常把及时回复信息作为一种美德，对延迟回信常有微词，其实大家可以理智地想一下，如果每个人都在秒回信息、都像过去的话务员一样终日盯着手机，还能做工作吗？尤其是在参加会议和重要接待时，要把手机放在办公室，这样我们才能集中精力开会和谈事。试想一个会议如果参会者都把手机放在桌上或接待客人时不时地翻看手机会是怎样的情景，大家觉得这样的人会很有效率地处理事情吗？恰恰相反，大家会觉得这些人很不专心、很不得体。

**规划深度学习、深度思考和深度工作的时间**

深度学习，应保证每天有 1~2 小时的阅读时间，最好在晚上九十点钟。深度学习也包括定期参加培训和一些研讨会、沙龙，认真倾听。学习有读者型和听者型，也可以是两者兼有，可根据自己的特点开展深度学习，但时间应该保证。

深度思考，可以在每天清晨醒来后进行 1~2 小时的思考，每个月选一个周末的一天作为"思考日"、每年选一整周作为"思考周"进行深度思考。无论是东方还是西方的一些知名企业家都有进行深度思考的习惯，像比尔·盖茨每年的思考周、稻盛和夫定期的面壁思考等。

深度工作，就是要专心致志地投入工作，在深度工作时不应处理杂事，要静下心来才能把工作做好，不受打扰和保持专注力的工作是完成深度工作的核心。深度工作要在非常安静无打扰的环境中进行。J. K. 罗琳在写作《哈利·波特》时，曾一度因家里环境嘈杂而写不下去，她干脆在爱丁堡一家五星级饭店每天花费 1000 英镑租了一间大套间完成最后的写作，她认为无人打扰和美丽的环境让她产生了很多创作的灵感。正常时候，每天上、下午至少要保证各有 2 小时处于深度工作的状态，当然如果要完成一项特定的任务，可能深度工作的时间会更长些。即使是深度工作，我也赞成合理地规划时间，而不必一次工作时间过长，更不要经常通宵熬夜，因为人的耐受力有限，过长时间和过累工作是不可持续的。

### 设定具有挑战性的工作目标

保持深度工作的状态，就要给自己设定具有挑战性的工作目标。人无压力轻飘飘，对于许多人来讲，其实都有一些需要深度工作才能完成的重要任务，对于这些任务，大家首先要把心态放平，不要急躁。俗话说，"心急吃不了热豆腐"，要把重要工作做个详细的规划，也就是我们常讲的任务计划书，把工作任务量化。对于需要长时间的大目标，要将其分解成若干个阶段任务；对于需要大家协作完成的目标，应将其分解到个人。也可以把每天的工作时间和进展做成记录板，量化的记录会让人更专注工作。但深度工作也不能设定不可能完成的目标，不能使自我压力太大，因为在极度压力下，人会失去信心，这样反而不利于进行深度工作。总之，深度工作建立在清晰的工作目标和恰当的工作任务之上。

### 学会快乐生活、放松身心

记得IBM的总裁讲过，人们是为生活而工作，而不是为工作而生活。而我常想，在现代社会生活中，工作和生活密不可分，工作的成功会带来快乐的生活，而快乐的生活又激发人们勤奋地工作。我有一次给年轻的企业家们讲了工作和生活的关系，一家公司据此把"激情工作、快乐生活"当成企业的文化理念。确实，深度工作的目的在于创造价值而使生活更加幸福和快乐，而幸福快乐的生活又给深度工作提供精神上的支持。要用快乐生活定期让大脑从深度学习、深度思考和深度工作中解脱出来，让大脑的压力彻底转移和释放。大脑放松的方式可以是和家人一起做简单的家务、和朋友一起爬山郊游，可以是看演出、健身和娱乐，也可以是一个人独处发呆。当然，一年一度的休假应该保证，休假时要从社会人转换为自然人，要全然放松把身心融入大自然。不少人只把休假当成一种福利，实际上休假客观上让人远离工作，心情和身体都得到了很好的调整，大脑只有好好放松，才能进行深度工作。

深度工作是科学和有效率的工作，深度工作培养人对于工作的专注和痴迷感。但深度工作绝不是让人成为苦行僧和工作狂，而是通过深度工作创造的价值实现更美好的生活。还有一点是当我们大脑处于放松状态时，潜意识往往是比较活跃的，潜意识虽然不会为我们如何做事提供方法，但往往会对我们工作中的一些疏漏给予重要的提醒，这对深度工作也不无意义。我们平常总讲学习方法和工作方法，我们也总讲要会学习、会思考、会工作、会生活，这大概指的就是深度学习、深度思考、深度工作和快乐生活。深度工作会带来令人惊喜的成功，既会让我们对工作充满兴趣，也会增加我们对人生和生活的热爱。

# 04

## 解读《隐形冠军》[①]

德国是一个奇迹,在欧洲国家深陷债务危机的时候,它却一枝独秀。德国为什么能够渡过这次危机?它靠的是什么?众所周知,就是德国制造。但是在强大的德国制造的背后又是什么?赫尔曼·西蒙写的《隐形冠军》里就有答案。德国实际上是靠隐形冠军来支撑强大的制造业、渡过危机。

**隐形冠军是什么样的企业?**

所谓"隐形冠军",通常是指一些企业在世界市场上排在前三名;营业额一般在50亿欧元之内;这些企业往往鲜为人知,其知名度还远不能和世界500强企业相比。按照这三个定义,西蒙在世界上一共找到了2734家隐形冠军,德国有1307家,美国有366家,日本有220家,中国有68家。西蒙得出了很多非常宝贵的结论,引发了人们大量的思考,这对我们做企业有很大的启示。他认为隐形冠军的核心是两大支柱:第一个支柱是技术,第二个支柱是国际市场。其实隐形冠军倡导的是专业主义,就是专注,即聚焦深耕一项窄而深的业务,而不是宽而浅地去做。因为我们设定目标的时候,不能既要做百米赛跑的冠军,又要做马拉松的冠军,如果同时设定这两个目标,很可能哪一项也取得

---

[①] 2017年11月11日,电视节目《总裁读书会》播出了"宋志平深度解读《隐形冠军》,剖析德国强大制造的秘密"。本文根据《总裁读书会》视频分享摘录整理。

不了冠军，一定要突出其中一项。但是做一项狭窄的业务，势必营业额就不高，那企业如何获得长足的发展呢？第二个支柱是国际市场，也就是要把一项业务做得很精。

在《总裁读书会》节目上解读《隐形冠军》

## 读《隐形冠军》有什么意义？

### 对于我国目前经济发展趋势的意义

我国提出大力发展实体经济，美国讲要回归实业，欧洲叫再工业化，突出的都是实业、实体经济。第二产业是第三产业的根，如果没有第二产业、没有制造业，就不存在制造服务业，第三产业也会受到很大的打击。所以，我们要大力地发展实体经济，不要脱实向虚。过去德国的制造业一度被人诟病，在1887年英国曾出台《商品标记法》，所有德国产品都要标上"德国制造"字样，以示和英国产品的区别。[①] 日本产品在美国也曾有类似遭遇，丰田汽车在美国曾是质量低下的象征。美国曾有一幅漫画，画中几个人在推抛锚的丰田汽车，画的下部写着 Made in Japan（日本制造）。所以后来德国和日本奋发图强，

---

① 新华网：《"德国制造"——从劣等标签到品质保证》，人民网，http://finance.people.com.cn/n/2012/0824/c70846-18829249.html。

> 企业心语

发挥工匠精神，最终在世界制造业中，无论其质量，还是技术，都称得上世界一流。同时，当年的德国和日本，服务业都不如美国发达，美国的第三产业占比约为80%，但德国大概只有不到70%，所以德国当年也受到诟病，人们认为其制造业发达，但是服务业不发达。德国总理默克尔对英国前首相布莱尔说过一句我认为意味深长的话，她说："我们至少还在做东西。"①

中国也是这样。中国是制造大国，但作为制造大国还有一个隐忧，就是很多企业为跨国公司做代工是因为成本低。但是随着经济的发展，中国企业现在的成本不低了，墨西哥等国企业的成本可能更低。这样的话，很多需要代工的跨国公司就会离开我们，如果我们自己不能培育强大的制造业，就不能从制造大国迈向制造强国。这就是我们的隐忧，这就是我们为什么要研究这本书。因为这本书告诉我们如何提高质量、培育品牌、建立忠诚的客户关系。

**对怎样做企业的意义**

做企业，美国人的做法是大规模、快速度，利用上市融资，迅速占领市场。德国人做企业是慢工出细活，相对保守，一点一点地往前做，把技术做到极致。我觉得我们应该两者都要学习。我们一方面要把资本市场和产品市场结合起来，另一方面又要把产品市场做到极致。那怎么做到极致呢？这本书就告诉我们应该怎样做企业。有人说我是世界500强企业的董事长，为什么要研究中小企业、研究隐形冠军，这是大家常提的问题。其实，今天的企业普遍遇到了这样的问题，就是要不要专业化、归核化，要不要瘦身健体、突出主业。其实对于小企业而言，《隐形冠军》这本书告诉我们如何做"专"业务，如何拓展国际市场；对于大企业来讲，这本书告诉我们如何瘦身健体、突出主业，如何分摊业务形成若干个隐形冠军。无论对小企业，还是对大企业，这本书都非常有意义。

**对中国建材的特殊意义**

中国建材这家企业比较专业化，做的都是建筑材料，没有去挣快钱、热钱，40多年来一直在做建筑材料这一个主业。但是，即使在建筑材料里，还有

---

① 安峥：《"我们至少还在做东西"》，《解放日报》2013年5月27日。

水泥、玻璃、新型建材、新材料,这么多产品,公司该怎么做?中国建材把业务细分了,做水泥的只做水泥,做玻璃的只做玻璃,做新型建材的只做新型建材,大家分得很清楚。也就是我总讲的,中国建材相当于体委,每一个业务板块相当于乒乓球队、篮球队、排球队、足球队,必须是单打冠军,不要做多面手、万金油。如果每个项目都想当冠军,那我们不但当不了冠军,甚至连亚军也拿不到。所以,中国建材按照这样的思路来构筑自己的业务平台。

中国建材现在也有几个隐形冠军。北新建材就是其中之一,做石膏板做到全球第一。北京、上海等全国各地的最著名的项目工程大多用的是北新建材的石膏板。更重要的是,北新建材的石膏板售价高过跨国公司品牌产品的20%。

中国巨石①是第二个隐形冠军。中国巨石的总部在浙江省桐乡市。西蒙在书中讲到,很多隐形冠军的总部实际上是在小城镇,德国很多大公司总部都在小城镇。我们这家公司恰恰是在一个县级市,却做成世界最大的玻璃纤维公司,市场占有率全球最高,效益也非常好。

所以根据书里面的标准,中国建材其实已经有两个像样的隐形冠军了。我们还要再打造几个,现在还有几个好的产品,要打造成像北新建材、中国巨石这样的隐形冠军,未来使中国建材成为隐形冠军的集合体,集团既能保证营业额,又能保证利润。

《隐形冠军》的内容很多,它的第一版有十一章,第三版有十五章。但是我们读书要学会从厚读到薄,读来读去,实际上还是它。隐形冠军概念主要包括三方面:一是全球市场;二是企业规模不能与世界500强企业相比,但也是世界级的中小企业;三是不刻意地去做宣传、打广告,而是扎扎实实几十年如一日地做企业。这其实就是这本书的核心思想。

我相信不管是对做企业,做经济工作、文化工作等,这本书都是很有建设性的、很让人受益的。

---

① 中国巨石股份有限公司,以下简称中国巨石。

企业心语

# 05

## 时下应读一下德鲁克这本书[1]

2020年春季,随着我国新型冠状病毒肺炎疫情(以下简称新冠疫情)防控进入"下半场",企业家们也在思考下一步的战略和方向,在常态化疫情防控中加快推进生产生活秩序全面恢复,在这个时候,我推荐大家读一下德鲁克的《创新与企业家精神》这本书。

### 创新型经济

在经济学里有个康德拉季耶夫长周期理论,意思是说经济每50年是一个周期。按照这个理论,第二次世界大战后,欧洲在1945—1965年经历了20年繁荣,之后开始出现衰退;而美国的情况却相反,在1965—1985年,美国出现了经济持续繁荣,就业人数从约7000万人增加到约1.1亿人。德鲁克经过研究发现,创造这个奇迹的是企业家创新,是美国的创新型经济取代了管制型经济,这也是德鲁克写《创新与企业家精神》这本书的原因。或许,像他1954年写的《管理的实践》把管理提升为学科一样,他也想把创新提升为一门学科。

一提到创新,大家可能立刻就会想到高科技。确实,每次重大的科技发明都会带来众多的创新,但德鲁克认为高科技对创新的贡献率只有1/4,而3/4

---

[1] 2020年的新型冠状病毒肺炎疫情对企业影响颇大,作者推荐读德鲁克这本《创新与企业家精神》,他认为在后疫情时代,需要创新和企业家精神带我们走出低谷、再创繁荣。

的贡献来源于中科技、低科技、零科技,他指出,像麦当劳公司并没有太多的科技,但这种连锁经营的商业模式创新创造了巨大价值。创新的核心是创造价值,是为客户创造价值,通过这个过程达到充分就业和经济繁荣。

我们的邻居日本,在经历"失去的20年"后,使其走出低谷的也是创新型经济,在今天,日本很多企业都完成了产业转型,在全球十几个重要产业领域中,排在前三名的均有日本企业。

对比我国经济的发展,我们也会发现同样的规律。如果我们把邓小平视察南方谈话的1992年作为我国社会主义市场经济开端的话,到2012年的20年间,我国经济经历了高速发展的阶段。2012年开始,我国经济进入新常态调整期,在这个调整期,我们的对策也是大力发展"大众创新、万众创业"的创新型经济。

正当我国抵御经济下行压力、全力转型升级之际,一场突如其来的新冠疫情正面袭击了我国经济和企业。在整个抗疫和复产过程中,我们发现创新型经济成为中流砥柱,而且疫情又催生了我国创新型经济的发展,可以预料的是,后疫情时代一定是一个创新型经济时代。

## 有目的的创新

德鲁克认为创新来源于实践,而不是哪些人的灵光乍现,他认为创新方法可以学习。同时,他提倡有目的的创新,反对盲目的创新,他认为有目的的创新可以降低90%的风险。他也提倡创新要研究别人的经验教训,像爱迪生做灯泡,事实上,在他做灯泡之前,别人已经完成了90%的工作,即使这样,爱迪生还是做了约6000次试验才把灯泡做出来。

在我们的创新实践中,确实有不少企业做了一些盲目的创新,不但没有为企业创造价值,反而让企业遭受巨大损失。我给大家讲管理课时,不少学员对于有目的的创新难以接受,认为创新就是要甘冒失败的风险。但德鲁克认为,甘冒风险不应是企业家的选项,回避风险、重视机遇才是企业明智的选择。

德鲁克还认为,创新的成功要有良好的管理做保障。他仍以爱迪生举例,爱迪生是个天才发明家，也很吸引投资人，但他认为企业就是技术加资金而忽视管理，结果被投资人踢出了局。我以前和中关村创业板公司 CEO 交流时，希望他们做科技型企业，把技术做成商品，不要动不动就开工厂，因为开工厂搞管理不见得是技术人员的长项。

德鲁克不仅重视中小企业创新，还重视大企业创新，但他认为很多重大创新确实不是大企业做成的。汽车时代来临，铁路公司一股脑儿都去做汽车，却是福特汽车公司把汽车造了出来；飞机时代来临，汽车公司又都去造飞机，但飞机最后是由麦克唐纳-道格拉斯公司和波音公司做了出来。他也列举了 3M 公司和强生公司等大企业一路不断创新发展的例子，他认为大企业不创新的说法是错误的。在这个问题上他和诺贝尔奖获得者费尔普斯的观点不同，费尔普斯在他的《大繁荣——大众创新如何带来国家繁荣》一书中认为只有中小企业创新，大企业不创新。德鲁克对于持续性创新很重视，他说不少人觉得 10 年后自己公司 90% 的收入来源于新产品，而事实上 10 年后公司 90% 的收入却仍来源于老产品。他也主张做新产品、开发创新的团队应另起炉灶，这倒是和克里斯坦森在 1997 年写的《创新者的窘境——大公司面对突破性技术时引发的失败》中的说法相同。我认为，德鲁克这些创新观点对我们很有指导意义。

### 迎接企业家时代

何谓企业家？熊彼特在 1911 年问世的《经济发展理论》一书中说企业家是创新和冒险的人，而时隔 70 多年后德鲁克在《创新与企业家精神》一书中却说，企业家是创新并创造了价值的人，他不认为企业家应甘冒风险，而是要善于捕捉机遇。其实，熊彼特和德鲁克都没有错误，只是熊彼特那个时代是工业革命时代，机会很多，成功率也高，敢于冒险就容易成功；而到了 1985 年，西方国家工业化已经基本完成，这个时候的创新就必须要进行有目的的创新。这有点儿像改革开放初期企业家成功主要靠胆商，而现在却主要靠智商。

德鲁克还对大家进行忠告，他认为高福利社会坐吃山空，不可持续，只有企业家社会才是一个创造财富的社会，只有有财富才能有社会福利。2009 年欧洲的主权债务危机验证了德鲁克的判断。

我国现有注册公司制企业 3000 多万户，还有 7000 多万户个体工商户，有上亿个经济体，大企业顶天立地，中小微企业铺天盖地，有海量的企业家。习近平总书记说："市场活力来自于人，特别是来自于企业家，来自于企业家精神。"[①] 可以说，我国已经进入企业家时代，企业家精神也是我们战胜包括新冠疫情在内的各种风险的法宝，我们应该对此充满信心。

---

[①] 2014 年 11 月 9 日，在亚太经合组织工商领导人峰会上，习近平总书记提及企业家精神。

> 企业心语

# 06

# 重新思考价格策略[1]

长期以来,我们在企业经营中比较重视两件事情:一是产品的销量,二是产品的成本。对于产品的价格,往往认为是市场客观决定的,企业只能适应却无法左右。赫尔曼·西蒙在《定价制胜——大师的定价经验与实践之路》一书中却讲了另一番道理,在他看来,企业在价格制定上不应是被动地适应,而应掌握定价的主动权,他不赞成用降价扩张市场份额,降价扩量的经营思路无异于自杀。他认为在经济下行、产能过剩的情况下,理智的做法是由市场竞争各方主动减产保价,他的这些观点值得我们深思。

## 低价竞争会导致行业垮掉

我国国产婴幼儿奶粉行业过去是不错的,也有过几个比较好的品牌。但曾几何时,国产奶粉厂商大打价格战,压低价格收购奶农的牛奶,导致后来发生了奶制品污染事件。此事件固然是奶农违法以及奶粉厂商负责人违背企业家道德良心所致,但客观上讲,不正确的价格导向也是悲剧发生的一大诱因。

当时奶粉价格本来就不高,但为了迎合消费者低价的心理,国产奶粉厂商采用低价策略,使得奶粉价格一降再降。奶粉厂商把降价压力转嫁给奶农,奶

---

[1] 2018年年初,《中国企业家》杂志特邀作者开设专栏,他对价格策略有着深入思考与独到见解,提出要重新思考价格策略以保护行业和市场的健康运转。本文原载于《中国企业家》2018年第6期。

农却生产不出那样低价的牛奶，使得一些奶农铤而走险。当时有些地方官员就说，恶性的低价竞争是"逼良为娼"的原因。

任何产品都有成本，过去常讲"一分钱一分货"，一味搞低价竞争是不理智的行为，价格竞争是把"双刃剑"，不仅会损害企业自身的利益，也会损害消费者的利益。

现实中，由于低价恶性竞争给行业带来恶劣影响，甚至导致全行业垮掉的例子并不少。这使我们认识到，任何行业都应该有一个稳定合理的价格，让厂商有利润，才能保证产品货真价实。

**为市场份额大幅降价并不明智**

西蒙在书中讲到，许多企业把销售额作为销售员的考核指标，他认为这样的考核体系会让销售员压价来促进销售。因此他提出把销售价格和销量结合起来进行考核的办法，甚至销售价格应作为首要目标。

我年轻时从事过销售工作，那时生产和销售在工厂是"两张皮"，管生产的一味追求超产，管销售的则要保证不能压库，产品都要销出去，当时销售员采用的办法是降价和赊销，往往使企业蒙受不必要的损失。

西蒙认为，绝大多数企业里的厂长和经理都十分重视市场份额，而对产品价格往往不重视。多数企业领导者把市场竞争理解为扩大市场份额的竞争，把牺牲市场份额当成奇耻大辱，常常为了抢占市场份额而不惜大幅降价，但降价竞争会遭到竞争者的反抗，并不能增加实质的销量，而徒然降低价格，很多企业也因此亏损。在世界500强企业中，日本企业相对利润率是最低的，日本企业的竞争文化是由于其狭小的国土市场形成的，他们把市场份额看得十分重要。

关于可否用低价策略来赢得竞争的成功，西蒙在书中列举了宜家家居和阿尔迪超市的例子，他认为企业除非有像宜家家居这种极具特色的产品或者像阿尔迪超市这种能取得供应商极低价格的经营方式才能取得低价优势，现实中能做到低价格高盈利的企业少之又少，合理稳定的价格是绝大多数企业盈利的基础。企业的目的应该是持续地盈利，只有盈利的企业才能健康地运营和发展。

企业长期处于低价格和低利润水平不光会严重影响投资人的信心和员工的情绪，也会影响企业的技术创新投入，影响产品质量和服务质量。以前我在北新建材当厂长时，就提出"质量上上、价格中上"的定价原则，这个原则一直在企业沿用。我在中国建材的国际工程公司中提出"优质、优技、优服、优价、优利"的五优策略，用好的质量、技术和服务赢得好的价格和利润，反之亦然。

### 过剩时代应该减产保价

在经济危机和过剩时代，不少企业采取了降价扩量的竞争策略。西蒙认为，这样的策略往往使企业雪上加霜，本来这个时候市场就萎缩，如果企业还一味扩量销售是完全逆市场的操作。他以一个产品为例，如果减量20%，企业利润会下降15%；而如果降价5%，企业利润则会减少60%。因此，理智的做法是竞争各方尽量理智地减产，在降价上则要慎之又慎，用减产保价的行业自律渡过难关。

企业在经营中有"量本利"模型，讲的是在市场价格一定的情况下，多销售可以降低单位固定成本摊销，从而取得利润。但在过剩时代，销量受到限制，多生产的产品堆放在库里或积压在经销商那里，不但不能降低单位固定成本，还会占用大量流动资金，因此"量本利"的策略就失效了。这个时候就要用"价本利"的经营策略，在维持销量的情况下，通过稳定价格和降低成本来获得利润。中国建材的水泥业务这些年就是通过稳价、降本的"价本利"策略取得了不错的效益。

在过剩时代，解决问题的根本办法是去产能，也就是我们常讲的供给侧结构性改革。像在20世纪90年代，日本水泥销量约1.2亿吨，泡沫经济破灭后，水泥销量只有约4600万吨，几乎降低了2/3。当时在日本通产省的主导下，日本的水泥企业由23家整合为3家，之后这3家水泥企业按照比例拆除过剩的工厂，通过这些措施，日本每吨水泥的价格一直稳定在100美元左右，水泥企业的效益也很好。在美国也一样，金融危机发生后，水泥销量从约1.2亿吨下滑至约7500万吨，各家水泥企业采取了减产保价的策略，每吨水泥的价格也一直维持在100美元左右。而越南、埃及等国出现产能过剩后，水泥企业大打价格战，每吨水泥的价格从前几年的100多美元的高价位，下降到目前只有约30美元的低价位，整个行业出现了大规模的亏损。这正反两方面的经验和教训值得我们认真反思。

| 企业心语

# 07

## 超越规模，活出质量[1]

做企业都想做大做强，都想基业长青成为百年老店，但一位80岁高龄的英国物理学家杰弗里·韦斯特写了一本书《规模——复杂世界的简单法则》，向我们展示了我们不愿面对的一面，企业和生物一样都不会一直保持线性增长，为我们分析企业成长提供了新视角。从小老鼠到大象，大多数哺乳动物一生心跳数只有约15亿次，人的终极寿命约为125岁，企业也遵从类似的规律。全世界有约1亿家企业，能生存100年的也不过4500家，成为百年老店的概率只有约0.0045%。企业在成长过程中会随着成熟和规模的扩张而增加管制，但增加管制又会使企业丧失初创时的活力。像老人害怕感冒一样，各种风险都可能会导致这些貌似强大的巨无霸企业轰然倒下。

韦斯特说，目前美国上市公司的半衰期只有10.5年，也就是说美国有一半上市公司的存活期只有10年左右。这些退出企业的消亡方式不见得都是破产倒闭，大多数是被收购兼并了。10年前我们很难预料像诺基亚和摩托罗拉这样的公司会黯然倒下，也很难想象像GE（通用电气公司）这样的巨头有一天不得不苟延残喘。华为[2]享誉全球令国人为之骄傲，但它的领袖任正非也坚持认为华为总有一天要倒下。我认为这并不是任正非的伟大谦虚，也不是一种未

---

① 2019年1月，作者在春节期间精读了英国物理学家杰弗里·韦斯特的著作《规模——复杂世界的简单法则》，从中国大企业发展理念更新的高度，深入浅出地审视了企业规模适度、如何从大到优等时代命题。本文原载于国资小新公众号2019年2月10日。
② 华为技术有限公司，以下简称华为公司或华为。

雨绸缪的警觉，而是他对企业有生有死的洞悉。企业终有生存极限，这既挑战了我们"大到不会倒"的逻辑，也挑战了我们期盼基业长青的愿望，使我们认识到，企业的衰落看起来源自一些过失，实际上和人一样，在经历了美好的少年、青年时代后也会步入中年、老年期。企业消亡并不一定是对失误的惩罚，而是企业的宿命。当年吉姆·柯林斯在《基业长青》里选择作为例证的标杆企业已经有不少消亡了，而托马斯·彼得斯在《追求卓越》中列举的案例企业绝大多数都已失败，麦肯锡公司研究显示，1958年在标准普尔500强企业榜单上榜时间最长的企业可达61年，而现在最长的只有18年，1955年的《财富》世界500强企业到2014年也只剩61家，这些冷峻的数字真的让人难以接受，但我们要有勇气直面事实——企业难以做到基业长青。

这些分析着实让人震惊，因为一直以来我们都将让企业永续发展作为目标，但韦斯特的统计数据和亚线性分析却让我们警觉要客观面对忠告，企业和我们一样在一天天变老。我在国药集团做董事长时曾对大家说，我们制药的方向是让人长生不老、返老还童，大家都笑了，没有人相信我们能生产出这样的药来，我们今天能制的药也是头痛医头、脚痛医脚的药。我们的理性目标是希望能在有生之年活出质量，能健健康康地走向百年，所以，能安然面对死亡，把心态放平，快乐生活可能更好。我也顺着这个想法去看企业，企业不一定真能做到永续发展，也不一定非要做成巨无霸，而是要在过程中做好自己。企业的规模是把"双刃剑"，企业做得得心应手、规模适度才是最好，因此，做企业的目标也要完成从大到优的转变。

## 从崇拜规模到规模适度

韦斯特在《规模——复杂世界的简单法则》中讲述了新陈代谢率和规模承受力对成长的限制：为什么任何树木都不会无限长高？为什么动物不可能无限长大？为什么人的寿命终将有限？一切生物都不可能永远保持线性增长，企业的规模也不可能无限增大。他还对公司的规模极限进行了计算。他认为，公司的最大资产额是5000亿美元。他认为科幻片里的那些巨无霸动物在自然界不可能存在，因为其腿骨根本无法承担超常的体重。还记得以前读郭士纳的《谁

# 企业心语

说大象不能跳舞？》，郭士纳对效率低下的巨无霸企业 IBM 进行改革，确实是一个让大象跳起舞来的精彩故事，但我也确实认真观察过大象的舞姿，在聪明的驯兽师指导下，大象虽然十分努力，但形体太大，难免有几分笨拙。《规模——复杂世界的简单法则》这本书中也提到了大象，大象两只大耳朵增加了身体的散热面积，但相应的其他能力反而会变小。一只蚂蚁可以拖动多只蚂蚁，一个人只能背动一个人，而一匹马难得驮动一匹马。这就是规模的代价。

从工业革命到现在，我们一直崇拜企业规模，也坚信企业的规模效益。改革开放初期，我们总是对西方大企业的营业额着迷，成为世界 500 强企业也一直是中国企业追求的目标，直到 2018 年我国世界 500 强企业已经达到 120 家[1]，直逼美国，但到这个时候，我们才觉得有些茫然。中国本身就有硕大无比的市场，再加上中国产品在国际上的成本优势，今天对中国的优秀企业来讲，做大并非难事，但规模越大代价越高，"大"真的值得我们这样追求吗？

事实上，这些年我们对企业的认识也在不断深化，从最初的做大做强、后来的做强做大，到做大做强做优，再到今天的做强做优做大，这些看似类似的说法，不仅展示了中国文字的博大精深，更体现了我们对企业目标的深度思考。过去我们企业家相见总是问有多少员工、多少销售收入、多少产量，今天我们问得比较多的是赚了多少钱、负债率是多少，关注点的转变表明了中国企业发展理念的进步。

2017 年我在电视节目《总裁读书会》上分享了德国管理学家赫尔曼·西蒙的著作《隐形冠军》。西蒙说德国工业之所以强大是靠千余家营业额在 50 亿欧元以下的隐形冠军，他对隐形冠军的定义是规模不大、在窄而深的市场中位居前三名，而且往往鲜被社会所知的企业。隐形冠军展示的小而美的生存优势是耐人寻味的。所以我认为，今后我们不一定再刻意追求企业规模了，或者说那个追求规模的时代已经过去了。我们也不应继续用规模作为比较的规则，大而不倒和大到不倒的逻辑可能有根本的错误，企业应该追求适当的规模。其

---

[1] 截至 2019 年 12 月，我国世界 500 强企业已经达到 129 家，历史上首次超过美国（121 家）。

实，大企业有三五千亿元的营业额、中等企业有三五百亿元的营业额就可以了，不见得都要把目标锁定在超万亿元上。企业越大，管理成本越高、风险越多，一旦倒下对社会的危害也会越大。

**从企业合并到企业分家**

今天大多数大企业都是经过重组合并而发展起来的。合并不光做大了规模，而且减少了恶性竞争，但合并起来的企业无论在文化融合和管理效率上都会存在问题，合并失败的案例也不在少数。20世纪80年代我读过一本日本人写的书《企业分家》，主张企业要想有活力就要无限地分家，尽量缩小核算单位。现在关于合并和分家也时常困扰着我们。有一句老话：合久必分、分久必合。做企业莫非也是如此？

大企业要能小，小企业要能大。与企业命运相对应的是人生命的延续方式和大家庭的解体过程，其实生命是不能通过个体而持久的，它是通过一代代繁衍而延续的，从这个意义上看，生命本来就是永恒的。企业也一样，投资新公司发展新业务就是延续生命的方法，而老公司和老业务该退出时就要退出，这就叫吐故纳新。前面讲到美国上市公司的半衰期，它正是用退出的方式维持了上市群体的健康，如果谁都不退出，一大堆僵尸企业，市场怎么会好起来呢？像《家》《春》《秋》里写的那样，中国的旧式大家庭到了民国时期，就失去了活力，大家长总想将家庭成员聚拢在一起过，年轻的小夫妻总想分开各过各的，这也曾是一个时代的看点，但最终家还是要分的。

中国建材就是一家一路重组合并成长起来的公司。中国建材是如何处理合和分的关系的，这也是令许多人感兴趣的问题。我们实施"格子化"管理，把合和分进行有机处理，比如专业化就是确保每个子公司都是极其专业的公司，做水泥的只做水泥，做玻璃的只做玻璃，而且还按区域进一步分割，像水泥就按区域划分成九个完全独立的公司。从企业纵向延续看也很有特点，如中国建材作为产业投资公司，持有中国建材股份有限公司44%的股权，而中国建材股份有限公司持有北新建材35%的股权，中国建材在北新建材的国有股只有25%。正是这种看似松散的企业组织却使企业保持了活力，北新建材也发展成世界一流的新型建材企业。

现在国资委搞投资公司试点，这倒是个企业分家的好机会，最好的模式是投资公司分别投入不同的专业公司，这些专业公司独立经营，但规模不宜过大，过大就会增加成本和丧失市场活力。其实，中央企业大多数是进行了企业分家的，像中国建筑集团有限公司就有八个局，每个局都是独立的竞争体，在这方面我曾和中国建筑集团有限公司的领导讨论过分家后的协同问题，他认为正是分灶吃饭，甚至不惜付出内部竞争的代价，使企业获得了竞争力和快速发展。总之，历史已经证明，吃大锅饭是无法激发积极性的。

## 从大企业病到"三精"管理

随着企业规模增大，就会出现大企业病。这是企业发展中绕不过的坎，也鲜有企业能解决好，这也是许多大企业轰然倒下的内因。我将大企业病概括为"机构臃肿、人浮于事、效率低下、士气低沉、投资混乱、管理失控"这六种现象，或兼而有之，或全部有之。其实，得大企业病的不光是国有企业，跨国公司和民营企业中也有不少有大企业病且相当严重。企业要想规模适度、健康发展要做些节制，为了防止大企业病，我们也要在学会做加法之外，学会做减法。

这几年国资委要求中央企业进行瘦身健体、提质增效，要求中央企业把层级压缩到4级以内，企业户数压减20%，并对资产负债率提出压减目标，这些措施遏制了企业的扩张速度，减弱了大企业病的程度，使中央企业运行质量进一步健康化。2018年在金融去杠杆过程中，中央企业安然无恙并取得很好的业绩，其实是和这几年中央企业持续进行瘦身健体分不开的。而反观这几年一些民营企业却借助影子银行和银行表外业务举债发展，2018年下半年就遭遇了资金上的难题。有不少民营企业总结认为，主要问题出在了发展速度超过了自身可承受能力。2018年这场教训对企业来讲是极其深刻的。

在企业发展过程中，中国建材曾是个资不抵债、年收入只有20亿元的"草根央企"，这些年靠资本运营和联合重组发展壮大起来，但也出现了杠杆偏高和企业户数偏多的问题，这几年在国资委指导下进行了有效压减，企业层级由 7 级减为 4 级，企业户数减少了 25%，资产负债率下降了 10 个百分点，正是这些压减，使得企业营业收入和利润均快速增长，在国资委中央企业业绩考核中连续获评 A 级。

从长期着眼，中国建材从 2018 年开始着力推行"三精"管理，核心内容是组织精健化、管理精细化、经营精益化。组织精健化就是减机构、减层级、减冗员；管理精细化就是降成本、提质量、增品种；经营精益化就是价本利、零库存、集采集销。除了"三精"管理，中国建材集团还实施一系列整合优化措施，开展发展战略、总部机构、二级平台、制度体系的"四大优化"和品牌文化、组织板块、水泥业务、国际工程业务、产融、产研的"六大整合"，进一步提高了企业的竞争力和盈利水平。其实，企业的自发过程往往是个扩张和膨胀的过程，而只有持续强化企业管理才是精健和优化的过程。我 2017 年对企业发展提出要在稳健中求进步、发展中求质量、变革中求创新，也是基于对企业这些年高歌猛进后如何发展的再思考。

做企业到了一定阶段，我们或许应该超越规模最大和基业长青，而是去追求活得更好、活出质量，在发展过程中实现企业存在的真正意义。

## 企业心语

# 08

## 破除谷仓效应[①]

目前我国大型企业集团已经步入做强做优、迈向世界一流的新阶段，但集团化发展的质量问题还很突出。为什么一些大型企业会"集"而不"团"？为什么企业部门之间互相掣肘？为什么集团下属企业会在市场上恶性竞争？这一类令人困惑的问题还时有发生。英国《金融时报》专栏作家吉莲·邰蒂对这些问题进行了深入思考，在《谷仓效应》一书中，她将社会组织中的一些各自为政、缺乏协调的小组织叫作谷仓，把这些小组织之间的不合作行为称为谷仓效应，她破除谷仓效应的建议引起了各国大公司管理层的重视。我国正进入大企业时代，如何避免谷仓林立，如何破除谷仓效应，对我国企业提高内部协同能力和外部市场竞争力十分重要。

### 什么是谷仓效应？

现代社会是个专业细分的社会，在企业里也是如此。企业中有各个不同的部门，又有不同的分公司、子公司和所属工厂。亚当·斯密已经认识到分工可以带来巨大的效率。但分工是以协调成本的增加为代价的，在大企业的时代大规模的协调成本才会凸显出来。分工使组织内形成了一个个小单元，这些小单元往往自成体系，对外比较封闭，这就是所谓谷仓，而谷仓之间沟通上的鸿

---

[①] 2018年3月，《中国企业家》专栏刊发作者署名文章《破除谷仓效应》，他提出在大企业时代，中国企业要通过建立强大的企业合作文化破除谷仓效应，加强企业内部协同能力。本文原载于《中国企业家》2018年第5期。

沟、谷仓之间的纷争就是谷仓效应。谷仓效应影响人们的全局观，削弱企业的整体效益，甚至会引发组织溃散。

谷仓效应有点儿像我们常讲的山头主义和本位主义，后者更关注传统的行为动机和权力平衡，而谷仓效应则是从现代信息经济学角度对大企业病的诊治提出了新的视角。在企业里用谷仓效应能够更形象、更好地说明许多此类问题。比如谷仓只有垂直性管理，而没有水平性协同。即使垂直性管理，也常因看不清谷仓内部情况而忽视问题，一旦打开谷仓发现问题，已悔之晚矣。试想，如果一个大型企业集团的各个组织单元都是在一个个封闭的谷仓里运作，外面看不到里面，里面也看不到外面，坚固而高高的谷仓隔离了内外联系。在谷仓里，每个人只知自己在做什么，而不知别人在做什么，我们就很难把自己的工作和全局的工作连接起来，在组织环境快速变化的情况下，这样各自为政往往会造成资源的巨大浪费和巨大的风险。

现实中谷仓效应的实例令人痛心警醒。日本索尼公司曾是一家声名赫赫的卓越企业。但近年来因为分工过于精细，部门协调性和技术横向应用性差，形成了一个个谷仓。后来在随身听等产品开发上，几个独立的开发部门推出了互不相关的创新产品，引起了市场认知混乱，再加上其他大企业病和外部竞争，索尼公司从此走上了下坡路。我国的一些集团企业下面也有不少谷仓企业，不但在国内市场上自相残杀，甚至在"走出去"的过程中，跑到国际市场上互相压价、恶性竞争，带来非常不好的影响，造成了国家和企业巨大的经济损失。

## 为什么会有谷仓效应？

**谷仓效应的形成有其客观性，这就是细致的分工**。现代大型企业的规模使我们很难想象，如果不进行深入细致的分工，如何才能稳定和高效地运转。但是现实中往往是分工容易合作难，如何做到分工不分家却是一件难事。由于分工所致，制度上缺乏协调性，对跨越部门的问题无人负责，人们心理上也习惯于在自己的小谷仓思考问题，形成了那种人人自扫门前雪、岂管他人瓦上霜的心理。企业丧失了主动感知和快速调整的能力，就会染上大企业病。既然分工无法避免，我们的问题就是如何处理好科学分工与良好合作的关系。

**谷仓效应有观念和制度上的成因**。从主观上，我们习惯分解目标，对部门和下属企业逐一考核，但过于重视每个单元的绩效，就容易忽视单元间的协同和合作。内部竞争机制确实会提高各单元效率，但也会导致单元之间互相封锁信息和技术，进而影响了整体效益。组织信息壁垒的出现和共享机制的破坏，会带来效率损失和风险增加。在"9·11事件"之前，美国不少情报机构曾分别获得了一些重要情报，但由于部门封闭和缺乏信息整合，本来可以制止的事件还是发生了。

**谷仓效应还有社会和心理上的成因**。利益是最普遍持久的人类行为动机。一旦利益被分割局限起来，人们往往很难跳出自己的利益和圈子去看问题，主动承担分外的责任。人们总是习惯于从内部看问题，而不习惯从外部看问题，更不习惯系统地看问题，心理上就会形成一个个谷仓。谷仓效应限制了人们的视野和主动性，使人们对许多重大隐忧和危机视而不见。在2008年金融危机前，市场普遍觉得经济一片繁荣，经济学家们也对当时的银行体系信赖有加，但影子银行被忽视了。结果影子银行占用资金达到正规银行的一半，却缺乏监管，导致了那场影响全球的金融危机。

### 如何破除谷仓效应？

**破除谷仓效应首先是解决认识问题**。要从战略层面认识谷仓存在的客观性和谷仓效应的危害性。各级干部在企业工作中既要看到部门的局部利益，又要看到企业的整体利益，树立为全局利益甘愿牺牲局部的大局观。企业的管理层要强化统一的战略认同。特别是要精简机构、整合优化，将谷仓林立作为大企业病的突出症状之一加以重点防范。

**防范谷仓效应要在企业制度层面精心设计**。在战略布局和组织设计中，要取得集团统一管控与所属单元自治活力的最佳平衡。要通过强化垂直纽带和关键部位确保集团必要的战略控制和信息掌握；各单元间要归并联合相关业务，减少部门间过度分工，通过部门业务适度交叉和分工合作体制建设来减少复杂度，增加协同性；还要通过加强横向协同机制和信息共享平台建设，减少信息壁垒和消极竞争。管理学家法约尔就曾经提出，分属不同管理路径的平行部门跨越管理路径、直接协商解决的跳板原则，以提高效率减少决策压力。在考核机制中也要注意克服谷仓效应。增加协同指标，在部门绩效之外，加上协同贡献，增加各部门之间协作意愿。走进大企业时代的中国企业面临着提高集团化发展水平的共同挑战。中国建材是一路重组发展起来的企业，高速的集团化发展路径，使得企业有不少谷仓，所以始终高度重视整合优化工作。2017年中国建材用了一整年的时间加大整合优化力度，破除谷仓效应，增加协同效应，取得了很好的效果。

**破除谷仓效应的最佳办法是建立强大的企业合作文化。**在工作上要加强沟通，破除思维上的谷仓效应，强化团队精神。像脸书（Facebook）公司采用开放式办公和开放式网上沟通，使大家融合度大大增强。大型企业集团要重点加强管理层的团队意识。通过团队学习、人员交流、机制建设，强化各单元的文化纽带。中国建材每年举办所属企业干部培训班，增加了所属企业干部们之间的交流和友谊，同学微信群的建立对于破除谷仓效应是十分有效的。另外，通过干部的适当流动，让一些干部"换换谷仓"，也有利于大家转换角度，增加企业协同。

# 09

# 如何避免企业衰落[1]

《再造卓越》是吉姆·柯林斯[2]管理经典三部曲的最后一部，前面两部分别是《基业长青》和《从优秀到卓越》。在《基业长青》中柯林斯选取了 18 个公司，讲述它们如何成为百年老店、长盛不衰的成功故事。《从优秀到卓越》则回答了平庸的公司怎样变成卓越的公司。

2008 年金融危机后，美国的雷曼兄弟、房利美等大公司轰然倒下，陷入破产或被收购的绝境，柯林斯对于这些曾经最卓越的公司为何会衰落很感兴趣，因此在《基业长青》中挑选了 11 家经历过从辉煌到衰落的公司进行研究，被视为高瞻远瞩的惠普公司、默克公司和摩托罗拉公司也在列。在对 11 家公司进行深入剖析后，柯林斯创作并推出了《再造卓越》这本经典作品。

这本书讲了什么呢？简单地说，它是一本研究失败的书，托尔斯泰在《安娜·卡列尼娜》的开篇写道："幸福的家庭都是相似的，不幸的家庭各有各的不幸。"企业也是如此，失败是由各种原因造成的。《再造卓越》讲述的正是这 11 家公司的"黑暗史"——它们遇到了什么问题，为什么会倒下。当然其中一些公司不曾放弃尝试逆转衰落的局面，那么它们失败之后能不能翻盘，如何翻盘？

企业的衰落和东山再起有规律可循，强者恒强并非世间法则，即使世界上

---

[1] 2018 年 8 月 25 日，电视节目《总裁读书会》播出了"宋志平讲《再造卓越》：企业为什么衰落，衰落后如何东山再起"。本文根据《总裁读书会》视频分享摘录整理。
[2] 吉姆·柯林斯，著名的管理专家及畅销书作家，影响中国管理的十五人之一。

最好的企业都可能会衰落。这警示企业要在发展过程中的每一个时刻认真审视自己，以便提前发现危机、提高应变能力；当危机到来时决不放弃，制定措施解决危机，重新振作，避免衰落。从这个意义上来讲，《再造卓越》并不是一本消极的书，相反它是一本很积极的书，传达给企业一种振奋人心的信念——"即使再困难的时刻，都应该昂起正义的头颅"。

在《总裁读书会》节目上解读《再造卓越》，提醒大家不能盲目扩张

## 企业衰落的五个阶段

对于企业的衰落，柯林斯提出会经历五个阶段。

**第一阶段是狂妄自大**。一家企业在获得一些成功后，如果不能对成功有正确的认识，忽视了成功是多种因素构成的，而单纯地认为是因为神一样的领导做出了英明的决策，这家企业难免会狂妄自大、目空一切，放弃最初的价值观和管理准则。我在获得 2012 中国经济年度人物时，郭鹤年[①]老先生在颁奖典礼上讲的一段话对我很有启发，他说："我们常讲失败是成功之母，实际上成功也是失败之母，企业一旦成功就要特别地小心，因为失败往往紧随其后。"

---

① 郭鹤年，马来西亚杰出企业家，2012 年获得中国经济年度人物终身成就奖。

**第二阶段是盲目扩张**。企业取得一定成功后，觉得无所不能，什么业务都想试一把，就容易出现盲目扩张。惠普创始人戴维·帕卡德提出的帕卡德定律包含三点：一是企业的衰败，往往是因为扩张过程中人才成长速度跟不上企业成长速度，招募不到足够多的优秀人才，使得很多岗位上没有称职的员工；二是企业的衰败并不是因为没有机遇，而是机遇太多、选择太多，分散资源和精力去做各种与核心业务不相关的事情；三是企业的衰败并不一定是因为不创新，而可能是技术创新战线和产业链拉得过长，导致顾此失彼，找不到重点和关键，最后归于失败。盲目扩张并不只是企业自身原因造成的，企业还会受到来自资本市场、竞争对手等外部的压力。资本市场总是希望企业的业绩越来越好、不断攀高，实际上企业不见得能做到，只能靠不停扩张、增加业务收入支撑股价，总有一天会支撑不下去而倒下。当然也不排除有个人英雄主义者，制定了要做到世界第一的目标，因此盲目地扩张。

**第三阶段是漠视危机**。企业在盲目扩张的阶段把摊子铺得过大后，危机就会逐步显现。但有些领导者会把遇到的问题归结为金融压力、市场不好等客观因素，像鸵鸟一样遇到危险时把头埋到沙子里，逃避问题，认为熬一熬就过去了，天塌下来高个子会顶着。这就是漠视危机，不积极主动地处理危机，会使得企业的状况进一步恶化。

**第四阶段是寻求救命稻草**。危机出现了，怎么解决呢？企业管理层往往采取一些不切实际的招数，慌乱中寻求一根救命稻草，比如请一名"空降兵"紧急救场、外聘一名能力高超的首席执行官来解决困难，或者通过进行重大重组、修正企业的财务报表等方法来救命。其实这个时候恰恰需要的是回归企业发展最初的核心价值观和管理原则，好好地想一想当年是怎么成功的。

**第五阶段是被人遗忘或濒临死亡**。企业到这个阶段已经是缴械投降、完全放弃的状态，最终会悄无声息地死亡或被人遗忘。

企业的衰落过程可能走过全部五个阶段，也可能只经历了其中几个阶段。这五个阶段走完，有的企业用了三十年，甚至更长的时间；但有的企业只用了几年，甚至更短的时间，像雷曼兄弟公司几乎就是一夜之间倒下的。正所谓要爬上一个山头，可能需要十天的时间，但是从山上掉下来，只需要十秒钟。

任何企业都可能倒下，即使是卓越企业也不例外，但企业衰落可以避免，只要没有深陷第五阶段，企业仍可能起死回生。如果能在衰落的前三个阶段发现问题并及时采取措施，企业还有救，还能奋起扭转乾坤；在深陷第四个阶段的时候，企业不借助外力，选择秉承核心价值观，也可以利用自身的力量拯救自己；但如果已经到了第五个阶段，企业就没得救了。

## 企业如何避免衰落，再造卓越？

当企业面临危险时，领导者该如何应对？书中列举的几个从不放弃的案例可以给中国企业带来一些启迪。其中一个是 IBM①，在 1993 年郭士纳刚刚接手时，IBM 的亏损高达 160 亿美元，正面临着被拆分的危险。郭士纳执掌 IBM 之后，低调地进行了一系列调整，带领这家公司重返卓越，成为全球最赚钱的公司之一。后来他将自己领导 IBM 这样一家巨型公司扭亏为盈的经历写成自传《谁说大象不能跳舞？》，意思是即使 IBM 这样的巨无霸企业也能转变为务实而灵活的企业，就像大象也能跳起舞来。此外，柯林斯还列举了同样经历过从衰败到崛起过程的纽柯钢铁公司②等例子。

总结来看，企业要想避免衰落、再造卓越，要做到四点：一是规模做大以后要有忧患意识，严防机构臃肿、人浮于事、士气低迷、效率低下、投资混乱、管理失控的"大企业病"；二是在扩张时要突出主业，要有取舍，不做与企业战略和自身能力不匹配的业务；三是出现危机时不能掉以轻心，要全力应对，防止风险点和出血点扩大；四是解决问题时不能存有"病急乱投医"的侥幸心理，要对症下药，有效解决。

在读过《基业长青》和《从优秀到卓越》之后，我想我们更应该读一读《再造卓越》这本书，从改革开放到现在，中国经历了高速增长的阶段，很多企业长成了巨无霸，如何避免大企业的衰落，如何在衰落中东山再起，对我国

---

① 国际商用机器公司（IBM）是全球最大的信息技术和业务解决方案公司，2019 年位列《财富》世界 500 强企业榜单第 114 位。
② 纽柯钢铁公司（Nucor Corporation）是美国第二大钢铁生产商，2019 年位列《财富》世界 500 强企业榜单第 496 位。

| 企业心语

的企业来讲非常重要。虽然书中的例子多是美国的大企业，但是对于正在崛起的中小企业，也是很有现实意义的。在企业的发展过程中，先人后事、突出主营业务、风险管控等原理都是相通的，所以这本书不只是写给卓越企业的警示，对每一个做企业的人其实都是一种提醒。

## 做企业重要的是三句话

受这本书的影响，我经常讲其实做企业重要的是三句话。

**一是稳健中求进步**。这句话出自李嘉诚 90 岁退休的时候给员工的一封告别信。现在我们强调要坚持"稳中求进"的工作总基调，进步的前提是稳健，当然也不能只有稳健，止步不前。企业不能不发展，但发展时要密切关注风险。企业最大的矛盾是什么呢？就是要在把握风险和实现发展之间求得平衡，做到平和进取、行稳致远。

**二是发展中求质量**。现在我国经济从高速增长进入高质量发展阶段，企业不能只满足于造出产品，还要把产品做到最好；不能只求速度、规模，还要求质量、效益。关于企业在发展中要如何坚持质量第一、客户至上的原则，这本书里举了很多例子，比如诺思通公司[①]的倒金字塔结构，将客户和一线的销售人员放到顶端，而将领导放在底层。

**三是变革中求创新**。全球正在经历新一轮的科技和产业革命，互联网、大数据、基因工程、新材料等领域的创新层出不穷。企业如果一成不变地经营一定会失败，必须要抢抓发展机遇，求新求变，循序渐进地进行变革，筑牢企业核心竞争力的基石，努力实现赶超。

相信不管是对大企业还是中小企业，对企业家还是普通的企业干部，这三句话都是非常重要的。

---

[①] 诺思通公司（Nordstrom），创立于 1901 年，是美国高档百货连锁公司。

# 10

## 谈谈我的《经营方略》[1]

非常高兴又在中国企业大讲堂和大家见面。今天的活动让我想起 2008 年金融危机时，当时企业压力很大，我把员工集中起来进行读书学习，当时讲了一句话"外边雷声隆隆，屋里书声琅琅"。我们把读书活动与抗击新冠疫情、战胜困难等主题结合在一起举办，相信将成为一道风景线，若干年后大家回想起来会觉得，我们在这样的情况下一起读书非常有意义。

姚洋院长、陈春花老师、王文京先生都是读书人，也是我的好朋友，非常高兴和大家一起进行交流。在这里我推荐《经营方略》，这本书是 2019 年 8 月出版的。下面我从三个方面和大家分享。

### 《经营方略》的由来

我做了 40 年企业，2019 年年底因年龄离任后，在中国上市公司协会和中国企业改革与发展研究会两个协会做会长。大家可能会很好奇，做企业的怎么会写起书来？其实这么多年，我在做企业的同时，一直都很喜欢读书，可以说是做了 40 年企业，读了 40 年书。从 2010 年开始，结合过去企业管理的经验和体会，我从不同角度陆续出版了十几本书。我也常想，和陈春花老师写书的专业性相比，我哪里会写书，其实我的很多书是总结性的，有点儿像写日记一样。《经营方略》

---

[1] 2020 年 6 月 23 日，中国企业改革与发展研究会、《总裁读书会》、北京大学国家发展研究院 BiMBA 商学院主办的"第四届中国企业领袖读享盛典暨中国企业大讲堂（第四期）""云"上会圆满举行。本文根据作者在此发表的演讲整理。

| 企业心语

有三版：第一版是2013年出版的，主要讲述了关于企业经营管理的内容；第二版是2016年出版的，增加了关于企业改革方面的内容，包括党的十八大后推进混合所有制等改革经验；第三版是2019年出版的，是升级版，增加了关于高质量发展的内容。可以说，《经营方略》这本书是经过慢慢积淀而成的。

这是一本什么书呢？实际上它不是写出来的，而是做出来的。这么多年来，我一直在做企业，在这么漫长的时间里，我写过不少东西，算起来也有上千万的文字量，后来从这些文字里摘录出30多万字，形成了《经营方略》。这本书更像是一本关于企业经营的手记，优点是原汁原味，在原有基础上没有进行改编，而是把相关内容真实地呈现给读者，让大家看到在过去处理相关事情时我是如何思考的。

在企业持续做40年的人并不多，把40年的企业经历用文字记录下来的人也不多，再把这些文字整理汇总出来也是比较难的，所以这本书有些特别。这些年我写的关于企业管理的十几本书中，我最喜欢的还是《经营方略》。

### 《经营方略》的核心观点

这本书是有主题的，经营方略是大主题，主要内容细分为六部分，分别是战略与目标、改革与机制、整合与创新、经营与管理、团队与组织、文化与愿景。全书共有290节，基本涵盖了做企业会遇到的各类问题，大家可在其中了解当时遇到这类问题我是怎么想的。下面我向大家介绍《经营方略》中有关企业管理的几个核心观点。

#### 关于战略

这部分主要讲目标，目标是战略重点。企业首先要锁定目标，很多企业的主要问题是缺少清晰的目标，如果把目标确定好，战略就做对了一半。瑞·达利欧在《原则》中也提到，做企业的原则有四点：一是先设定目标，二是找到需要解决的问题，三是确定解决问题的方法，四是坚定地把事情做成。《经营方略》中我也提倡大家先确定目标，再缺什么找什么。

#### 关于管理

关于管理有两项内容，一项是"三精管理"。很多人问我企业到底怎么做，举例来说，中国建材所属企业有 1377 家，国药集团也有六七百家，面对这么多企业，集团总部到底该怎么做？我说用"三精管理"，即组织精健化、管理精细化、经营精益化，都突出一个"精"字，这是我多年来在中国建材和国药集团的企业管理中提炼的一种管理方法。

另一项是"从管理到经营"。改革开放初期，中国企业的管理水平与西方企业有较大差距，最初我们学习日本的企业管理。一眨眼 40 多年过去了，今天中国的企业管理已经达到一定水平，如今我们面对的是市场变化、技术变化、商业模式变化等不确定性，在这种情况下，更多的是要进行选择，在不确定的情况下做出正确的选择。我常讲"管理是正确地做事，经营是做正确的事"，管理更多的是关注企业里人、机、物、料的关系，是看得见、摸得着的，要求眼睛向内；而经营是面对不确定性，眼睛向外做出选择。企业家首先应该是个经营者，比如在新冠疫情期间到底该如何决策，这是经营者面临最大的问题。作为企业家，一定要知道自己的主要职责是什么，可以把管理下移，让管理层做好日常管理等工作，而我们的主要精力要放在不确定情况下如何做出正确的选择、做正确的事情。

**关于创新**

我比较赞成集成创新。现在我们强调自主创新，自主创新实际上是原始创新和独立创新，做起来比较难。模仿创新也不可持续。因此，在创新方面，我们既要有原始创新和独立创新，也要借鉴别人的技术，就是常讲的集成创新，这是当前阶段比较适合我们企业的创新模式。同时我提倡企业要进行有效、有目的的创新。创新的风险很大，尤其是盲目创新风险更大。德鲁克在《创新与企业家精神》中提醒我们，创新一定要讲究目的，有目的的创新可以使风险减少 90%。我相信他的结论，企业要用已有技术做出更好的产品，要具有鲜明的企业特点。

比如面对新冠疫情，大家都非常关注疫苗研发的进展。我过去工作过的国药集团旗下的中国生物技术股份有限公司在这次疫情中发挥了重要作用。中国生物旗下的武汉研究所和北京研究所选择了灭活疫苗研究路线，因为一方面，大家认为灭活疫苗技术是经典的，中国的灭活疫苗技术也是目前世界上领先的；另一方面，灭活疫苗可以进行大规模生产，研究疫苗不是为了写论文，而是要进入市场，让老百姓都能使用，我国人口众多，疫苗必须要实现技术上安全可靠，同时又能规模量化生产。企业创新和科学家创新不完全一样，需要考虑市场、效益，没有效益的创新是无法持续的。

**关于改革**

国有企业要改革，方向是市场化，民营企业也要改革，方向是规范化，但国有企业和民营企业共同的改革是内部机制改革。什么是内部机制改革？就是要在内部建立起企业效益和员工利益之间正相关的关系。企业有好的机制，就有活力。企业的持续发展依靠广大干部员工的积极性，而大家的积极性要靠机制调动。

**以人为中心**

做企业不能只看到厂房、设备，更要看到活生生的人。我在北新建材工作时提出，没有比"员工对企业有信心"更重要的事，没有比"客户对企业有信心"更重要的事，后来企业上市后又加了一句，没有比"投资者对企业有信心"更重要的事，其实讲的都是人。做企业归根结底是为了人，要充分调动人的积极性，为人服务、为人创造财富，不能只见树木不见森林。

**包容发展**

做企业要赚钱，还要竞争，但是竞争究竟和环境是什么关系呢？我主张做企业要"共生共赢、达己达人"，即便是竞争，也要主张竞合，进行优质优价的竞争，创造良好的市场生态，而不是搞恶性杀价竞争。过去中国建材在行业中发挥引领作用，促进了整个行业良性发展，行业价格相对稳定，大家都有良好效益。这样，企业才有更多的资本进行创新、环保等投入，因为这些工作需要大量的资金。

## 疫情下企业如何做好经营

当前，全球的新冠疫情还没有结束，美国等国家的疫情尤为严重。疫情的发生给社会带来一系列问题，对企业的生产经营造成很大影响。大家心理压力都非常大，但光有压力还不行，到底该如何应对？在这个特殊时期，我也想将书中的一些观点向大家分享。

疫情期间线上直播，办公室成了工作室

**关于困难**

《经营方略》中第 360 页专门讲到对待困难怎么看。一是要客观、积极正面地看，不是仅看问题和困难，更要认识以下几点：困难是客观的，你困难，我困难，大家都困难；最困难的时候，往往困难就快过去了，不要怨天尤人；困难还得靠我们去克服，要积极化解困难。总之，我们要用一种积极、客观的心态看待困难。二是要用发展的眼光看，今天遇到的很多困难总会过去。三是要用辩证的方法看，我们既要看到困难，也要看到有利的方面。

**关于如何"危"中寻"机"**

有关新机和新局的问题，《经营方略》中第 31 页讲到"机"从"危"中来，这是我在 2008 年金融危机时写的，今天看来还很有意义，在危机时我们还要看到机遇。每次大危机，都有一些企业倒下，也有一些企业崛起。一场危机，对于一些人来讲是灾难，但对于另一些人却是机会，我们应该看看危机里蕴藏着哪些机会，抓住这样的机会。

**关于做好本土市场**

《经营方略》中第 62 页讲了做好本土市场与国际化的关系。最近中央提出要构建以国内市场为主体、国内国际互促双循环的新格局。和其他国家相比，中国企业坐拥一个 14 亿人的巨大市场，又积极开拓国际市场，是坐一望一，没有哪个国家的企业能有这么得天独厚的条件。现在我们虽然在全球化、出口方面遇到一些困难，但是在积极开拓本土市场的同时也不能放弃国际市场。中国作为世界制造中心的地位还要巩固和加强，只是需要做部分产品结构的调整，比如一些产品需要从低端向中高端转型，一些中高端产品还要进一步提升。中国的制造能力很强，但我们对外贸也有一定的依赖，所以一方面要做好本土市场，另一方面也要做好国际市场，实现双循环。

### 关于如何战胜疫情

《经营方略》书中第449页讲到困难中我们总要向前迈一步。遇到困难，大家心里都没底，网上的各种消息很多，但企业不能简单地听这些，还是要有自己的定力，种好自己的一亩三分地，要明确明天做些什么，解决"吃饭"的问题。做企业不能只是坐而论道，还要把精力放在工作上，工作上总还得向前迈一步。我在企业工作40年，每次做决策的时候都会有人议论，其实有些人是怕担责任，可是如果谁都不想担责任，那怎么决策呢？这些年我对大家讲得最多的一句话是："我们还要向前再迈一步，每年总要做点儿事情吧。"面对疫情也是如此，我们不能怨天尤人。秦朔的一篇文章讲到我们的敌人不是病毒，也不是其他国家，我们的敌人是我们自己，关键是我们能不能按照既定的方向前进，讲得非常好，确实是这样。对于企业来说，做事一定要坚定不移地往前走，再困难也得迈开步子前进。

### 关于"书呆子"精神

最后一个观点和这次读书会有关系。疫情期间也是我们读书的好时机，《经营方略》中第381页讲了企业里要多一点"书呆子"精神，讲了读书对做企业的意义。我喜欢读书，做企业的40年里一直坚持阅读，最早读的《我读管理经典》浓缩了管理的基本逻辑和概念，而且很通俗，适合企业干部阅读。这么多年我读了不少的书，我体会到读书对于企业家的重要性，读书可以让人静下来，经营企业也需要静下来深入思考；读书不仅能增长知识，还能让我们提升涵养、练好心境。除了读书之外，我还建议大家动动手，把自己做企业的经验和体会记录下来，进行归纳总结，也可以把这些经验写成书，或者请学校的老师们帮忙归纳。我总觉得中国企业家的传承不应该从零开始，而应该使更多的管理经验和体会由上一代人教给下一代人，这点非常重要。

## 第三部分
# 沉思录

01 | 从管理到经营
02 | 企业的逻辑是成长的逻辑
03 | 我做企业担心的几件事
04 | 谈"三精管理"
05 | 谈企业机制改革
06 | 机制革命和企业家精神
07 | 国企转型升级的四个路径
08 | 以企业家精神激发市场活力
09 | 优秀的企业家首先应该是思想家
10 | 企业的品格
11 | 企业的格局与能力
12 | 企业需要什么样的管理研究
13 | 做企业为什么要培训
14 | 打造"一带一路"新优势
15 | 疫情之下看中央企业的责任和担当

40多年来，我日思夜想的都是企业问题。企业家和企业的意义何在？是这些问题中最重要的一个。

最近几年我们的发展目标和经营环境发生了迅速而深刻的变化，《从管理到经营》这篇文章想指出我们必须超越传统的管理思维，迎接不确定的挑战。《企业的逻辑是成长的逻辑》这篇文章分析了企业处于当下的发展阶段，更要注重质量和效益。

《我做企业担心的几件事》是我卸任中国建材集团董事长后，于2020年春节期间写的一篇文章，做了几十年的企业，早就把企业当成了自己的孩子，虽然退休了，心里还总是惦念着。这篇文章，我从企业的战略选择、创新转型、数字化管理、大企业病、市场竞争几个方面提出了自己的担心，也给出了应对建议，希望化担心为信心，面对不确定的大环境，企业能稳定、健康、高质量地发展。

2018年，根据多年企业管理实践，我把管理策略总结为"三精管理"模式，也就是"组织精健化、管理精细化、经营精益化"，目的是建立更精干高效的组织结构、成本领先的生产管理体系和效益优先的经营管理体系。《谈"三精管理"》探讨了这一模式。

《谈企业机制改革》《机制革命和企业家精神》和《国企转型升级的四个路径》这几篇文章分别探讨了国企改革和转型升级中的核心问题，即如何通过混改实现机制革命、打造共享平台，如何摆脱迷思，沿着治理、业务、技术、市场四条路，走向高端化、智能化、绿色化、国际化。

《以企业家精神激发市场活力》和《优秀的企业家首先应该是思想家》这两篇文章响应中央号召，探索中国企业家精神的内涵，呼吁中国企业家以创新、坚守、兼济天下的精神肩负起时代重任，为时代注入新的发展理念。

企业也是社会组织。《企业的品格》和《企业的格局与能力》就是讲企业要有胸怀和格局，要有道德感和责任感。这既是企业发展理念更新的结果，也是企业从大到伟大的必然选择。

《企业需要什么样的管理研究》和《做企业为什么要培训》分别从管理学研究者、教学者和学习者的角度，指出我们应该如何进行管理研究和教育，以及企业学习管理的重要性。

中国建材积极响应"一带一路"的国家战略，并全程参与、见证沿线国家的发展变化。在《打造"一带一路"新优势》这篇文章中，我用实例讲述了中国建材"走出去"的经验和做法。我们提倡建立互利共赢的经商文化，秉承为当地经济发展做贡献、与当地企业密切合作、与当地人民友好相处的"三原则"也受到了当地政府和人民的欢迎。

2020年的春天，受新冠疫情影响，我取消了很多活动，《疫情之下看中央企业的责任和担当》论述了中央企业在疫情突然来袭之时，面对经济社会遭受的严重冲击，主动承担起社会责任，成为抗击疫情的保障者、生产复原的带动者、经济振兴的引领者。

以上这些短篇反映了世界潮流的变化，更重要的是反映了经过改革开放这40多年，我们对企业本质有了更深刻的理解。

# 01

## 从管理到经营[①]

会经营是企业的看家本领。从工业革命开始，在人口和需求增长的持续牵引下，企业一直面对的最大问题，就是怎样更多、更好地提供产品，怎样提高劳动者的技能和效率，由此开启了企业管理时代。从科学管理之父泰勒的工时研究到马斯洛的组织行为研究，整个工业时代是一个以管理著称的时代。但是面对今天快速发展的新技术革命和需求变化，如果只依赖管理，企业很有可能会停滞不前，甚至倒闭。因为在这个时代，大量的技术和经验已经嵌入智能化的机器，作业员工的数量大大减少，传统管理的效能在减弱。在这样一个时代，企业要盈利，面对的最大的问题是创新、市场和环境的不确定性，而要解决这些问题需要的是企业的经营能力。尤其是企业"一把手"，更要把工作重心从繁杂的日常管理工作转向企业的核心经营工作，身份也由管理者转变为经营者。

### 经营和管理有何不同？

经营是面对企业外经营环境中不确定的东西，更多的是做决定和选择，目标是盈利。而管理则面对企业内具体的人、机、物、料，更多的是方法和制度，目标是提高效率。经营者的使命主要是赚钱，而管理者的使命主要是降低

---

[①] 面对新技术革命的变化和过剩的市场，做一个会经营的管理者尤为重要。在这篇文章中，作者深入剖析经营的重要性，并提出从管理到经营的有效路径。本文原载于《中国企业家》2018 年第 8 期。

成本。从某种意义上说，管理是经营活动的一个子项，其重点在解决成本问题，成本降低会增加利润，但如果经营出现失误，即使管理能做到零成本，企业也不见得会盈利。

管理学家法约尔将企业的全部活动分为技术活动、商业活动、财务活动、安全活动、会计活动、管理活动这六种，并提出计划、组织、指挥、协调、控制作为企业行政管理的主要内容。泰勒提出例外原则，指出企业的高级管理人员把一般的日常事务授权给下级管理人员去处理，而自己只保留对例外事项即重要事项的决策和监督权。虽然他们已经意识到超出管理的技术、投资决策等经营问题，但在早期工业阶段，大都是卖方市场，技术相对低下，员工人数众多，在那种情况下，管理就是主要矛盾，只要能提高劳动效率、降低成本、保证质量，企业就可以生存和发展。而随着技术提升、竞争加剧，企业的不确定性越来越高，今天要经营好企业，不光需要好的管理，更需要好的经营。今天的经营者需要在不确定中做出选择：选择技术路线，选择市场策略，选择价格策略，选择商业模式等，经营能力变得极为重要。世界上有杰出管理经验的企业因为一个经营失误就轰然倒下的例子屡见不鲜。大家熟知的摩托罗拉就是这样，著名的"六西格玛管理"就是它创造的，但当年投资铱星电话的一个经营失误使它一蹶不振。

拿水泥行业举个例子，20年前我国处于城市化和工业化早期，水泥产能只有3亿吨，处于市场紧缺阶段。而那时的技术也很落后，有看火工、烧窑工等，一个日产5000吨水泥的工厂需要2000人左右，所以在那样的条件下，做好管理几乎就是企业活动的全部内容，那时的口号叫"眼睛向内，苦练内功"。而现在，整个市场是过剩市场，生产线也进入智能化时代，一条日产5000吨的生产线只需要50人左右，现场管理工作大大减少了，而且企业间由于技术同质化，运营成本十分接近。因此，现在做企业的主要任务是面向市场，发现需求，选择销售策略，创新技术，细分产品，为顾客创造价值，从而占领市场、取得利润。

## 从管理到经营

既然我们认识到企业的重心正在由管理转向经营，就应该加大对经营工作的研究，重新定义企业的中心工作。但现实中，大多数企业领导层都是从基层管理岗位上来的管理者，他们理解企业的工作就是管理工作，多年专注于此，要让大家转向思考不确定性的经营思维模式并非易事，但这又是一个非要转的弯子。

回想我当厂长时，企业开会的内容大多数是管理内容，大修理、质量控制、现场管理等，而现在开月度经营会主要围绕市场、价格、创新商业模式等，几乎很少谈到管理的内容，大量的管理工作下移，企业高层专注于企业经营工作，不是管理不重要，而是经营更重要。

现在商学院给 MBA 学员上课，主要讲的是管理内容，因为近百年来企业的重点工作就是管理工作，而且管理工作也容易归纳，便于教学。但 EMBA 应更多地给大家上些经营课，今天是个创新创业时代，EMBA 的学员希望学到经营企业的本领，他们需要创业和赚钱的本领，而目前以管理内容为主的教学教不会经营。马云说商学院教不出企业家，张瑞敏认为越学越不行，关键就在这里。现在，商学院开始设置启发和研讨课，增聘成功企业家做实践教授，我觉得这是个进步。我也建议 MBA 课程设计上也可以多一些经营的内容，开放思维，提高学员学习和应变能力，增强其选择判断的能力和整合资源的能力等。

## 企业领导者首先是经营者

企业要聚焦经营，企业领导者首先是经营者，必须是经营的行家里手。

经营能力是企业家的核心能力。做企业的"一把手"，既不是当官的，也不是传统的管理者，应该首先是经营者，经营者就是要赚到钱。赚到钱的不见得都是好的经营者，但赚不到钱的一定不是好的经营者。企业是经济组织，是营利组织，不会赚钱的人不能做企业的"一把手"。作为"一把手"可以把管理工作大部分授权下去，但对经营层面要了如指掌，如市场工作，不能只听销售人员汇报，要真正在市场一线。"一把手"要坐镇经营，关心盈利。

我碰到过这样的企业负责人，讲起管理来云山雾罩，但一问到企业效益就吞吞吐吐，原因就是企业不赚钱；也有人一说话都是"大概""也许"，无法用数字说话，如果心中无数，怎样做企业的领导者？以前有个企业的"一把

| 企业心语

手"问我：北新建材上市后每年都赚钱吗？我说：是呀，不赚钱怎么行呢？我后来知道此人管理的上市公司很少有年头在赚钱。不会经营，长期亏损的企业往往会形成亏损文化——不在乎，觉得亏损了很正常。带有这种亏损文化的管理者不能做"一把手"。

企业领导者要修炼自身的经营能力，也要认真地学习经营之道，更要眼睛向外，紧盯环境的变化，勇于创新。这么多年，我在中国建材的会议上，无论是年会，还是月度经营会，都是和干部们谈经营之道，也就是赚钱之道，我常对干部们讲，我们的每次会都是 EMBA 的高级课程。正是因为这样，经过多年的训练打磨，中国建材培养出了一大批经营者。在中国建材的各个业务板块的"一把手"，80% 的工作内容是经营，20% 的工作内容是管理，不是管理不重要，而是因为作为一个成熟的企业，管理的基本功都应该有了，大量管理工作已经由基层的员工承担起来了，而经营工作却是基层员工无法替代的。中国建材的水泥厂、玻璃厂、石膏板厂都管理得井井有条，每个企业都有分管领导，管理工作交给他们就行了，我不提倡企业"一把手"一天到晚泡在车间里，"一把手"要眼睛向外，把企业经营做好，让企业赚到钱。

# 02

## 企业的逻辑是成长的逻辑[①]

2009年6月,刚到国药集团任董事长时,我发表了任职演讲,核心是"企业的逻辑是成长的逻辑"。当时的国药集团规模偏小,首先要把规模做大。我提出国药集团力争进入世界500强的目标,想要实现这个目标,不能靠传统的发展模式,而要启动资本运营和联合重组这两个"轮子"。5年后,这家公司的年销售收入从当初的400亿元一跃超过2000亿元,成为中国医药行业里唯一的世界500强企业[②]。中国建材也是同样,2003年的年销售收入只有20多亿元,2013年已超过了2500亿元,连续四年蝉联世界500强[③]。有位哈佛大学的学者把中国建材集团和国药集团的成长方式命名为"Growth in China",即"中国式成长"。

什么是企业的"中国式成长"?成长的逻辑是什么?我觉得,企业就像一棵树,在不同的阶段会经历不同的成长,也会有不同的需求:先生存,需要肥沃的土壤;再长高,需要更多的阳光和雨露;再长粗,要具备抵抗风雨的能力;最后枝繁叶茂、硕果累累,长成参天大树。

企业一般也会先经历快速成长期,之后进入稳定期与成熟期,最后成为"百年老店"。成长是企业的根本,战略制定、管理提升、技术创新、改革发展

---

[①] 企业的成长逻辑有一定的内在规律,作者在文章中指出,目前中国的企业正面临着如何从大企业时代过渡到强企业时代的问题。本文从2014年11月出版的《我的企业观》一书中摘录。
[②] 2019年,国药集团营业收入近5000亿元,位列《财富》世界500强企业榜单第169位。
[③] 2019年,中国建材集团营业收入3887亿元,位列《财富》世界500强企业榜单第203位。

等，都要服务于企业的成长需求，它们最终的目标也都是成长。企业的逻辑就是企业由小到大、由弱到强、由强到优的成长逻辑。"中国式成长"恰恰是这一逻辑的外在体现。

企业的发展是分阶段的，成长期最重要的是迅速做大，这符合市场经济和现代工业的最基本规律，有了规模才可能产出更好的效益，就像要增产1万斤粮食，种1万亩地比100亩地要更容易实现这个目标。尤其在国际竞争中，如果我们连"大"这个实现规模效益的基础都没有，连"望其项背"的资格都没有，又何谈与那些跨国公司对标，甚至赶超它们呢？

常有人讲，企业做大容易，做强难。但我想说的是，做大也不容易。像中国建材，10年间从步履艰难、资不抵债的状态发展成为全球第二大建材产业集团，我们在这个过程中，付出了巨大的努力。

企业成长应是一个自然过程，是协调均衡地有机成长，而不能单纯求大，拔苗助长。做大对企业来说是基础，但却不能将此作为目的，不能"贪大"，否则很可能会不顾规律，走上盲目扩张之路。前几年，中国企业有过一轮疯狂的"跑马圈地"运动，不少巨无霸企业都轰然倒塌了。

问题出在哪里呢？就在于企业一味地追求规模，为大而大，忽视了内在素质和核心竞争力的提升。企业如果不能做强，宁可不要做大，大而不强是很危险的。形象一点儿说，如果是狮子，长大是福分；如果是绵羊，越大就越危险。所以，企业进一步成长的目标就是做强，要在自主创新能力、资源配置能力、风险管控能力、人才队伍建设等方面居领先地位，成为强者。

在做强的基础上，企业的发展目标还要增加一项新的内容——做优，即实现经营业绩优、公司治理优、布局结构优与社会形象优。其中首要的就是经营业绩优。企业归根结底还是要盈利，做大也好，做强也好，最后都要归结到业绩优，因此要格外注重企业各项效益指标的健康及可持续性，不断防控各种财务风险，提升企业的盈利能力。

从做大、做强到做优，反映了企业在不同成长阶段的不同战略重点。这其中既有继承关系，也有发展关系，是一个连续成长的过程与逻辑。这就像邓小平讲的"台阶式"发展思路：我国的经济发展，总要力争隔几年上一个台阶。

过几年有一个飞跃，跳一个台阶，跳了以后，发现问题及时调整一下，再前进。①

很难说在企业的成长过程中，哪个阶段更重要。做大、做强、做优都很重要，关键要看企业处在什么发展阶段。过去，我们是以大小论英雄，拿着望远镜寻求速度和规模；现在，我们是以素质论英雄，要拿起放大镜，注重质量和效益。

总的来说，虽然中国已经进入了大企业时代，但离"强企业时代"还有相当长的一段路要走。以至于经常有人提醒我们，中国的世界500强企业，不过是"大而不强"的企业：有规模，但缺少竞争力。

与全球众多世界级企业相比，中国企业在国际竞争力、创新能力、盈利能力等方面，还存在不小的差距，我们应该虚心向国外的优秀企业学习。与此同时，我们也要保持自信心。应该看到，与发达国家的百年企业相比，中国的企业尚处在起步阶段，有差距是正常的。我们没必要妄自菲薄，还是要放平心态，立足自身，埋头苦干，一步步实现赶超。

系统来看，企业成长的逻辑还要服从社会经济发展逻辑和行业变化逻辑。比如，在社会化阶段，企业的成长目标要更多地关注社会利益、环境利益。再比如，在国家产业结构调整的背景下，企业的成长方式要以国家产业政策为导向，不断推动产业提质、增效、升级。作为大企业，在一定程度上要引领行业发展，成为中小企业的"领头羊"。

企业的成长逻辑是企业的内在规律。企业做大需要魄力，做强、做优需要活力和耐力。企业的发展，只要遵循成长的逻辑，不断破解成长的难题，锲而不舍地努力，就一定会有成功的那一天。

---

① 《邓小平文选（第3卷）》，人民出版社，1993，第376–377页。

企业心语

# 03

## 我做企业担心的几件事[①]

我在企业工作整整 40 年，做了 30 多年大型企业的经营管理工作，其中做中央企业领导 18 年。有一次，我在给一所商学院的 EMBA 项目做培训时，有学员向我提了个问题："这么多年，让您担心的是什么事？"其实类似的问题，哈佛商学院的鲍沃教授也曾问过我，这也是我经常思考的问题。

### 担心自己想错了

"担心自己想错了"，这是 2009 年我回答鲍沃教授提问时给出的答案。他当时问我："让您晚上睡不好觉的问题是什么？"我不假思索地说："怕自己想错了。"当时我正在国内整合水泥，处在一个比较艰难的阶段。那时自己压力很大，社会上对我整合水泥的质疑声也很大，再加上世界金融危机让中国建材的股价一落千丈。那时我确实睡不好，常想自己是不是想错了，或者说水泥整合要做，但适不适合中国建材这家实力相对弱小的企业来做。这个问题实际是战略问题，理论上似乎好讲，甚至可以有多个选择；但现实中，如果做了选择，就很难有退路。整合水泥这件事虽然后来被证明做对了，但整个过程中各种担心一直伴随着我。

因此，做正确的选择是企业家的首要任务，战略选择这个问题"纸上谈

---

[①] 2020 年的春节，作者再次思考和梳理这些年做企业的心得，在这篇文章中表达了对企业在战略选择不专、无数字意识、盲目创新、大企业病、恶性竞争等方面的担心并给出建议。

兵"容易，战场上真刀真枪地去干就没那么简单了。尽管企业里有战略规划部门，也有董事会，但最后的决定在领导者的方寸之间，出了问题也很难推卸给别人。好在这么多年，无论北新建材、中国建材还是国药集团，我主持做出的决策还没出现过大的失误，每个决策都经过我的深思熟虑。我常讲，决策的事并不像文学作品中那样坚决和果断，有时候最后一分钟还在犹豫，也有的决策是想了很长时间在最后关头取消了。

中国建筑材料集团公司揭牌意味着企业发展战略的重大转变

我们老讲，做企业要如履薄冰、如临深渊、战战兢兢地经营，这是企业家做决策时应有的心态。所以这些年来，我在企业里是越做越"胆小"，在充满不确定性的今天，我们做的决定也充满了不确定。这有点儿像在大海里航行，即使方向正确，但还要时时注意暗礁，还要随时和恶劣的风暴拼搏。

我也常说要"做好主业"，这里面有两层意思，一是熟悉主业，容易判断；二是业务不要过于分散。我主张要专业化做业务，只有具备相当实力的企业才适合做多元化业务。"选业务"是企业的一件难事，有的企业能成功，往往在于选对了一项业务，而不少企业的失败往往是由于始终没有选对业务。在选业务上，我常给年轻人讲"四问"和"四不做"，这反映了我对业务选择的慎重。"四问"是要问自身是否有优势、市场是否有空间、商业模式是否能复制、

企业心语

与资本市场是否能对接；而"四不做"是指产能过剩的项目不做、不赚钱的项目不做、不熟悉的项目不做、有法律风险的项目不做。做企业，有些错误可以犯，犯了可能还有改正的机会；而有些错误不能犯，是那种一生一世的错误，犯了不会再有改正的机会，而战略选择错误就是这种错误。做正确的事、做正确的选择是十分不容易的事情，常让人陷入迷思，但又必须要做出选择，这就是做企业，尤其是企业家的难事。

以前有位美国管理专家去承德避暑山庄，他了解了乾隆所题"四知书屋"中"知微、知彰、知柔、知刚"的含义之后说，"你们不用跟美国人学管理了，你们老祖宗的这八个字里都有了"。其实，成都的武侯祠里那副知名对联中的"不审势即宽严皆误"，也是讲了战略的事情，而这又是最困难的一点。

### 担心干部们心里没"数"

企业的经营状况是靠业绩反映的，而业绩是以数字来表达的，企业又是由多层级和多家数组成，所以这些数据就至关重要。企业的干部，无论是国有企业还是民营企业的管理人员，过去不少人对数字不敏感，喜欢定性说问题，不大会定量讲，有的人对生产经营数字常发生数量级的错误，这常让我担心。其实不光我们，有一次我去日本，席间一位日本企业家说道："宋总，您知道我们日本中小企业为什么倒闭这么多吗？是因为企业管理者不识数，不知账上还有多少钱，只顾花销，支票一空头就倒闭了。"

我较早认识到这个问题，以前在北新建材当厂长时就极其重视企业里的经营数字和财务数字。那时，工厂产供销报表的数字如果有错误，我往往一眼就能看出来，干部们常讲，宋总的数字概念真厉害。由于我们的文化传统，不少干部是不习惯用数字进行思考和管理的，常常讲一大堆的道理，但一问数字就傻眼，张口结舌回答不上来。尤其企业上市后，都要做季报，上市公司就更加重视企业的数字化管理，因此一些精于数字的财务人员被放到了重要的管理岗位，但有的财务人员又不见得懂行业、市场和技术，因为企业的利润归根结底是挣出来的，不是算出来的，这也让我十分担心。

到中国建材后，集团所属企业多了，我觉得对整个企业进行数字化的管理就尤为重要。集团每个月的月度会,都是先让各单位负责人报经营数字,这样的报数型月度会坚持十几年了。一方面是让大家了解各单位真正的经营情况,另一方面是逼着干部将经营数字入脑入心。企业的干部们只有做到心里有数,才能进行数字化管理,而只有数字化反复对标,企业的各项指标才能循序渐进,这也是个规律。这几年,以数字化为手段推进组织精健化、管理精细化、经营精益化的"三精管理",使得中国建材在集约化管理和高质量发展方面有了实质性的提高。

我主张企业的干部们要做好自己的经营,不喜欢大家整天去听那些悲观经济学家做"黑天鹅""灰犀牛"之类的演讲,我喜欢干部们能讲清自己企业的经营数字 KPI(关键绩效指标)、能讲清楚行业上下游情况和市场情况,讲事情时应能回答"是"还是"不是"以及"是多少",不能总讲"大概""也许""可能"之类的。做企业本本分分做好自己的事就行,能做到好年景多赚点儿,差年景少亏点儿就可以了。企业里有些干部特别热衷对社会宏观发表议论,而对企业的事情却不甚了解。企业是微观经济,需要聚焦和细致,做企业就是要对具体的工作聚焦了再聚焦,要做那种能把企业的事说清楚的"痴迷者",不做不着边际、大而化之、喜欢议论的干部。

## 担心做盲目创新

熊比特曾说,企业家的特征是创新和冒险;后来德鲁克说,企业家的特质是识别机遇,冒险不应是企业家的选项,他认为企业家是创新并创造了财富的人。

提到创新,谁都知道企业不创新会死,但在创新过程中死掉的企业确实也不少。企业是营利组织,不是兴趣小组,创新必须要赚钱。因而我希望企业进行有效的创新,把握好创新的机遇,正确采用适合自己的创新模式;创新不要动不动就追求高科技,其实中科技、低科技、零科技也都可以创新,像今天的许多互联网商业平台,大多是零科技的商业模式创新。我不是反对高科技,因为毕竟能做高科技的只是极少数,而且高科技也有高投入和高风险的一面。

这些年,我看到不少本来做得不错的企业在盲目创新中倒下了,有的对新业务领域并不熟悉就盲目进入，有的"一窝蜂"式地进入同一新业务，不光新业务没做成，往往把老业务也拖垮了。所以，我对盲目创新很担心，有的干部对我说："咱们做石墨烯吧。"我说："石墨烯是单层碳原子物质，我们目前还做不来，我们把超细石墨粉先做好吧。"回过头来看，那些盲目开展石墨烯业务的企业没有几家存活的。

当然，要求企业的每个创新都成功也不大现实，除非不创新或在自己行业里进行专业创新的企业，风险会大大降低。市场上的风投公司常讲他们的成功率有10%就可以，但企业不同于风投，企业创新的成功率应超过70%，这恰恰是企业创新的难度和特点。企业的创新成功与否，往往不以科技高低论，而应以最后是否赚钱论。以前摩托罗拉曾搞过铱星电话，技术不能算不高，但后来亏了本，严重影响了公司后续的经营。对于企业而言，赚了钱的技术才是好技术，赚了钱的创新才是好创新。

创新不能搞运动，创新和技术进步靠整个工业水平的提高，离不开企业间的配套支持。40年前，我们造汽车希望国产化，当时连烤漆都做不好；而现在特斯拉在上海造电动汽车，我们当年就可以完成全部部件的国产化。就拿我们常讲的芯片来讲，其实芯片要各种半导体工业的配套，这就需要一个相当长的过程。创新是个慢工，需要扎扎实实、埋头苦干，不能拔苗助长。

## 担心得大企业病

企业的逻辑是成长的逻辑，但企业随着成长又会遇到一个新的问题，那就是大企业病，这是我十分担心的问题。西方人把这叫作"帕金森定律"，就是组织会自动形成无效率的宝塔式结构。

确实是这样，企业开始时往往规模不大，业务也相对单一，这时企业的活力比较强。但随着企业的发展，规模越来越大，层级和机构越来越多，人员也越来越多，这时就会滋生大企业病。以前北新建材的工厂在试生产时，人员只有800名左右，到我当厂长时人员居然到了2200名，其实，工厂的生产线并没有增加一条，然而人员扩充了一倍多。我当厂长后的第一件事就是关闭新增员工的门，同时注销了工厂开办的30多个不赚钱的小公司，用了好几年时间，通过企业发展新业务和员工的再培训消化富余的员工。我提出"创造2000个员工就业的岗位"的口号，也是没有办法的办法。

2016年，中国建筑材料集团有限公司与中国中材集团有限公司"两材"重组后，我们实施了大规模的精减，集团总部的职能部门从27个减为10个，人员从275名减为150名，二级企业从33家合并为12家，企业层级从7级减为4级，清理撤销了500多家公司，也减掉了不少冗员。

"两材"重组改变了中国建材行业和世界建材行业的格局

我以前插队时做过农业技术员，学过给果树剪枝，基本逻辑是果树不修剪就会疯长，而疯长的枝叶就会耗费大量的水分和养料，因而通过剪枝控制果树疯长，让果树把更多的养分用于结果上。其实企业也是一样的，中国建材"三精管理"中的第一精就是组织精健化，就是我们讲的"三减"，即减层级、减机构、减冗员，企业是一边发展，一边"剪枝"，也就是说，组织精健化应该贯穿于企业发展的始终。

在企业建设中，我主张"先进简约"，就是把资金用于企业技术装备水平的提高上，在这方面一定要先进；我反对做一些非经营性投资，我不主张厂长的办公室搞大班台、布置金鱼缸等。中国建材再大的工厂也只会有个两三层的小办公楼，几百家工厂一概如此。2002—2012年的10年间，中国建材就在北京紫竹院南路的一个小办楼里办公，在香港上市的股份公司也只是租了别人的一层办公楼办公。那时，中国建材的办公楼是中央企业里最小的，经常有客人在楼下打电话说"找不到中国建材大厦"，我说，"你往下看、往小里看"。我也常对下面的干部们说，欧洲一些世界500强企业的办公楼都是红砖小楼。中国建材正是在这栋小楼里，从一家年销售收入仅有20亿元、规模很小的公司发展成为世界500强企业。2013年，中国建材搬入新兴桥附近的一栋新办公楼，办公条件大大改善。我望着那栋25层高的办公楼，不由想起了帕金森定律里讲的"金字塔"，所以我跟干部们讲要克服大企业病，也把中国建材未来的发展目标调整为高质量的稳健发展。

其实，也有不少民营企业在发展中陷入大企业病的泥沼。当年美国世界通信公司和安然公司都曾是辉煌一时的企业，却顷刻间倒下了，做企业没有强者恒强的道理。英国物理学家杰弗里·韦斯特在他写的《规模——复杂世界的简单法则》一书中讲了一个重要逻辑：企业随着规模的扩张，效能会下降，当扩张到一定规模，企业内部就会支离破碎，一遇到风吹草动就会轰然倒下。韦斯特给大企业病找到了理论解释。

### 担心市场恶性竞争

市场经济是竞争经济，但竞争有好竞争也有坏竞争，良性竞争是好竞争，而恶性竞争是坏竞争。这些年我在做企业的过程中，对市场中时不时发生恶性竞争常感到头痛。

市场经济是过剩经济，也就是无论哪种产品都会做到过剩，产品的价格会随着过剩而降低，用价格信号调节产业的投向。这是理想的市场自由竞争的原理。但在现实中很难做到理性竞争，在投资上也有不少盲目的行为。恶性竞争者往往做三件事：一是过剩的领域还要投资，总相信自己能打垮别人；二是为了抢占市场不惜赔本竞争；三是走"劣质低价"的路线，假冒伪劣以低价进行竞争。本来是一个稳定的市场，一下子就被个别恶性竞争者搞得一塌糊涂。

以前我在北新建材当厂长时，当时北新建材的石膏板销得不错，价格也很好，跨国公司跑来竞争，把产品放在北新建材的厂门口销售，每个月压一次价，半年下来把价格压掉了一半，目的是让北新建材关门，抢占中国石膏板的市场。后来打来打去，那些跨国公司在中国的企业吃不住劲倒下了。最后，北新建材靠优质优价挺了过来。我在做水泥的过程中也是这样，水泥是个"短腿"产品，而且也是过剩产业，但总有些地方和企业不断新增产能，把原来靠错峰生产形成的略为稳定的市场搅乱，使得这些区域价格降得很低，后果是投资者血本无归，地方政府也没有税收。

不能把自由竞争理论当成教条，现在一些人认为只要竞争就是对的，也有些企业做销售的干部比狠斗勇、搞恶性竞争。其实，即使在西方发达市场经济国家，不光有《反垄断法》，还有《反不正当竞争法》，反对低价的倾销式竞争。我在做企业的过程中比较重视"市场竞合"和"优质优价"的经营思路，市场中的同行之间不光要进行竞争，还要有合作，不刻意去挖别人的墙脚，不去做红海竞争而是要蓝海竞合。其实在中国水泥行业里，中国建材不光是最大的水泥供应商，还是最大的技术装备服务商，中国建材也是把最好最新的技术和装备提供给同行，这符合中国建材的竞合策略。

在优质优价方面，我认为质量有成本，所以好的产品价格高些客户是能接受的。当年我从北新建材离开时，给北新建材的年轻人留下了"质量上上、价格中上"的八字经营方针，北新建材到现在一直坚持，由于它的产品质量一贯地好、服务一贯地好，这些年全国著名的项目均采用了它的龙牌石膏板。中国建材"两材"重组后，我给中材国际[①]这家做全球水泥技术装备的企业制定了"五优"经营方针，即"优质、优技、优服、优价、优利"，不再靠拼价格进行竞争，即使和跨国公司之间，我们也主张大家合作、联合开发第三方市场，不吃独食，这种包容性经营取得了良好的效果。

在企业的经营方法上，以前讲得比较多的是"量本利"，即加大销量可以降低产品的单位固定费用，从而降低产品单位成本；但在过剩市场的情况下，企业无法加大销量，多生产意味着加大库存，不但不能降低成本，还会增加资

---

① 中国中材国际工程股份有限公司，本书中简称中材国际。

| 企业心语

金占用。因此，中国建材推行"价本利"的经营方法，就是稳价降本的经营，这些年取得了良好的经济效益。我做过 10 年销售工作，我觉得销售工作不能一味地靠降价和赊账，而是要靠质量和服务，尤其是为客户多做些特殊的增值服务。我也特别反对自己的销售人员去压价销售，因为作为行业领先企业如果带头打价格战，整个行业的未来将不堪设想。我认为，要想达到"投资有回报、企业有效益、职工有收入、政府有税收、环境有改善"这样的综合目标，必须改善我们的市场竞争理念。

# 04

## 谈"三精管理"[①]

在企业管理中,我还是比较喜欢日本企业的工法式管理,像5S、TQC、零库存等,即把管理做成一定的模式,再对标复制,大家都照着这个来做。我在北新建材做了10年厂长,那时候正值企业学习日式管理的时期,我也去日本多次学习和研究日式管理,形成了一些心得体会。2012年我到中国建材出任"一把手",也把这些管理思路在集团企业进行实践和总结。

中国建材是一个以制造业为主的产业集团,又是经过大规模重组而发展起来的,管理基础比较薄弱,多年来,集团相继开展了"三五整合""八大工法""六星企业"等不少管理活动。2018年,根据这些年企业的管理实践概括出了"三精管理"的模式,中国建材深度开展"三精管理",取得了良好效益,"三精管理"也获得了2019年全国企业管理现代化创新成果一等奖。

"三精管理"的内容有组织精健化、管理精细化和经营精益化,是一套针对企业组织、管理、经营的管理模式,也可以认为是一套大工法,让企业的干部们十分清楚企业管理的主要工作和要求,企业管理有依循、有边界,企业就会稳健地发展。下面我谈谈"三精管理"的主要内容。

### 组织精健化

企业组织自发的过程往往是个盲目成长的过程。在整个发展过程中,要不

---

① 作者希望通过"三精管理",让企业能够把更多的精力放在精细化管理方面,通过提高效益让企业获得更好的业绩。

停地"剪枝",来确保企业的经济效益和稳健成长。而在组织精健化中,治理规范化、职能层级化、平台专业化、机构精干化这几点比较重要。

### 治理规范化

企业是营利组织,是通过委托代理制度实施的,构成企业的所有者和经营者,所有者投资形成企业,但所有者只对企业负有出资的有限责任,企业有独立的法人财产权,并以此担负债务债权等民事责任。因此,企业是根据公司法来进行规范运作的,有股东会、董事会、经理层,通过规范治理而达到所有权和经营权分离、决策权和执行权分离,进而形成有效的公司治理。明确股东会、董事会、经理层的责权利是现代公司治理的核心。一些公司一天到晚打乱仗,就是因为责任不清而造成的。有的股东认为企业是自己出资的,就去操纵董事会,掏空公司资产;有的董事会形同虚设,起不到决策机构作用;有的经理层执行力差,经营管理不力,这些都是企业失败的重要原因。因而,企业治理是根儿上的事,是企业规范化的基础,企业有规范的治理结构、高瞻远瞩的董事会和精干高效的管理团队,是企业经营发展的根基。企业内部机制也是公司治理的重要内容。所谓机制,就是企业效益和所有者、经营者、劳动者的利益关系。以前比较重视股东的利益,今后的改革目标是要建设股东、经营者、劳动者共享的企业平台。

### 职能层级化

企业的层级应该由职能而定,一般来说,我们都是按投资决策中心、利润中心、成本中心来进行层级划分的。比如中国建材集团是决策中心,南方水泥是利润中心,而南方水泥所属的每个工厂是成本中心。集团母公司是决策中心,所有投资决策都要由这个层面来决定,下边的企业规模再大都不应该有投资决策权。所谓企业管理混乱,往往乱在行权乱、投资乱上,前者是企业没有一个权力中心,都在发号施令;后者是总部投资失控,层层都在投资,管好行权和投资是做企业的原则立场。利润中心主要是做好市场开拓、产品定价和集采集销。而作为成本中心的工厂,则主要是加强管理、提高质量、降低成本。如果按这样去做,企业的层级应该是三级,对于大的集团投资公司要下设上市公司,这样的企业可以分为四级。现在不少企业的层级超过五级,也有个别的超过十级，这种局面必须改变。

**平台专业化**

这是指利润平台，比如中国建材所属南方水泥、北新建材、中国巨石等，这些平台原则上都要专业化：南方水泥只做水泥，北新建材只做石膏板，中国巨石只做玻璃纤维，而不是搞个"南方建材"，让它水泥、石膏板、玻璃纤维都做，只有这样，这些专业平台才能有市场竞争力。所以这么多年，中国建材培养了一批专业队，其中不少都成了行业的隐形冠军。

**机构精干化**

在企业经营过程中，有种自发的倾向就是机构不断增多和人员不断扩张，这样企业就很容易得"大企业病"，一旦得了"大企业病"就很难恢复。2016年，中国建材顺利实施了"两材"重组，重组后集团进行了总部职能部门精减，压减企业户数，减少大量冗员，使企业真正做到了瘦身健体。

## 管理精细化

企业管理是企业的基本功，也是个老话题。企业管理在第二次世界大战后的美国和英国形成热潮，20世纪60年代后在日本扎根，我国企业管理热潮出现在改革开放后的20世纪八九十年代，精细化管理也是这个管理热潮留给我们的重要经验。在精细化管理中，我们要始终围绕成本和质量这两个基本点，即使是在今天，不管企业有多高的技术，如果忘记了这两个基本点，那么仍然会失败。有关管理精细化的内容，我想着重讲以下几点：管理数字化、成本对标化、质量贯标化、"两金"最小化。

**管理数字化**

企业绩效是用数字组成的，要了解企业的现状必须要了解企业的这些数字，要改进企业的管理也要紧盯这些数字，而要衡量企业的业绩还要用数字说话。这么多年，我有感于企业各级干部不大习惯用数字思考问题，大多是靠定性来讲，总认为那些枯燥的数字是财务人员的事。但我认为数字是管理的工具，不掌握数字就无法管理。因此这十几年来，我要求各级企业负责人必须用数字说话。在中国建材的月度会上，都是先由几十位经理报自己企业的关键经

> 企业心语

营数字 KPI，这些数字有些时候也会随着经营任务的侧重有所变动，但基本上都是企业里最基本的数字。像现在，中国建材每个月要求报"5＋10"KPI，即"价格、成本、单位销售费用、单位管理费用、销量＋应收账款、其他应收款、预付账款、存货、货币资金、有息负债、资本开支、资本负债率、压减法人个数、员工人数"。这些 KPI，有的是企业经营情况，有的是财务指标，有的是当期管理任务。让大家倒背这些管理的基本 KPI，一方面是让干部们了解自己企业的经营状态和目标完成情况，另一方面也倒逼干部们用数字进行管理。

### 成本对标化

成本控制有好多办法，但我比较喜欢用对标法。因为在成本控制上总有做得最好的企业，我们大家都和它对标就好了，就会清楚地看到自己的不足，反复对标就能提高自己的水平，这是一种数量化管理方法，很是有效。像在水泥厂，我们就开展"六对标"，即对煤耗、电耗、油耗、球耗、砖耗、吨修理费这六项成本指标进行对标，在每个工厂的控制室，都列有各项先进指标、平均指标及自己企业指标的对照表，让大家一目了然，看到差距和目标。当然，企业间还有经营指标的对标，比如库存、应收账款等，这些也都是企业压低成本的内容。日本的管理工法中，丰田汽车公司的零库存和辅导员制对中国建材的成本控制均起到了重要作用。

### 质量贯标化

我们的质量管理是从学习日本企业的 TQC 和 PDCA 循环开始的，当然这些也是日本向美国学来的，不过日本企业坚持得很认真，直到现在还在坚持做。我们到 20 世纪 90 年代，普遍开始了 ISO 9000 的质量体系认证，中国建材所属企业也都完成了认证。到 2004 年，我国企业开始引入美国的 PEM（卓越绩效模式），PEM 是一套起源于美国的企业卓越绩效评价模式，它不是质量标准，而是衡量质量管理和企业绩效的一个综合评价标准，它包括领导、战略、客户、知识、责任、过程、绩效七个维度的评价，总分 1000 分，是当前西方发达国家企业提高企业质量管理和绩效水平的重要衡量工具。中国建材所属北新建材 2018 年通过了这个标准的认证，2019 年获得中国质量奖。我在北新建材当厂长时，就提出"质量一贯地好、服务一贯地好""质量上上、价格中上"

的经营方针；到中国建材提出了"优质、优技、优服、优价、优利"的"五优"经营路线，质量优是"五优"的前提。做好质量工作是个长期、细致的工作，不光要有责任心，还要全员参与；不光要做好 TQC 和 TQM，还要做好 ISO 9000 和 PEM 的认证和贯标。我始终认为，质量活动是个系统工程，只有贯彻系统的质量标准才能做好。

"两金"最小化

资金是企业的血液，这些血液必须快速流动起来，资金状况也反映了企业经营管理状况。在企业经营方面，企业的资产负债表、损益表和现金流量表至关重要，而现金流量表又是重中之重，要维持好的现金流量，除了有好的价格和市场外，"两金"（企业库存资金和应收账款的简称）占用也是很重要的因素。在企业管理中，企业领导者对"两金"占用必须心里有数，而压缩"两金"占用也是企业精细化管理的重要内容。企业经营过程中常常由于市场等各种问题有大量的积压产品和原燃材料库存，大量地占用了资金。日本丰田公司的零库存管理模式值得我们学习，丰田汽车厂里各种零配件只有两小时的库存量，而产成品汽车也是按订单生产。所以，在中国建材不允许水泥厂购买过多的煤炭，也不允许库存太多的熟料，都要求不超过一个星期的贮量，如果市场不旺，宁肯停下来，也不要生产大量存货。应收账款也是一样，企业要尽量做到"一手交钱、一手交货"的零应收账款，像北新建材这些年的应收账款几乎为零，也有几个片区的水泥厂没有应收账款。"两金"不光占用了大量资金，这些资金产生了一定的财务费用，同时应收账款还有相当大的资金风险。一些企业看起来损益表还不错，但如果看现金流量表却是现金入不敷出，一个重要原因就是有大量库存和应收账款。形成大量"两金"和市场有一定关系，但主要和企业负责人对于市场把控和企业的精细化管理不够有关，当然也和企业销售人员的销售理念和不称职有关。

## 经营精益化

管理精细化主要是降低成本、提高质量，而经营精益化主要是做好选择、提高效益。如果把经营也作为管理的一项内容的话，那么经营是更加重视绩效的管理。经营精益化是指,即使经营活动是面对不确定进行的选择,也要稳扎稳打,不能盲目选择。我想围绕着业务归核化、创新有效化、市场细分化、定价合理化讲讲我的想法。

业务归核化

企业都要有个主业,要围绕主业形成核心业务,非核心业务原则上都应该去掉。这些年做企业,我意识到,任何企业都只能有限发展,任何企业都不是无所不能的。所以我一直主张要专业化,像中小企业,我主张采用"窄而深"的业务模式,打造行业的隐形冠军;像大型企业,业务也尽量不超过三项,力争在每项业务中都能做到行业的前三名。如果企业业务分散,像个"大杂烩",自己说不清是做什么的,说不清有什么核心专长,这样的企业肯定不能长久,因为任何企业的能力、物力、财力都是有限的。

创新有效化

今天是个创新时代,但创新又是一件有风险的事情,我们总是讲"不创新等死,创新找死"。怎么正确把握创新的度呢?我提出要进行有效的创新,而不要进行盲目的创新。企业的创新活动一定要在自己熟悉的业务中进行,一定要选择合适的机遇、合适的创新模式,还要量入为出。企业创新也不一定都要选高科技,中科技、低科技、零科技都可以创新,像淘宝网等互联网商业平台都是没有太多科技含量的商业模式创新。高科技是高投入高风险,周期也长,不是一般企业能投得起的。我比较赞成做跟自己业务相关的集成创新,像中国建材的电子薄玻璃、风机发电叶片等,这些产品是市场需要的,中国建材又有一定的基础,通过集成创新,很快获得成功并取得效益,这就是有效的创新。但有些创新是高难度的,比如石墨烯的制作,我是学化学的,我知道石墨烯是指单原子层碳材料,我觉得以我们目前的能力很难做到,所以中国建材把目标放在高纯石墨粉的制备上,取得了成功,反观那些"吹泡泡"的石墨烯企业倒闭了不少。其实,传统产业中需要创新的业务不少,像北新建材的石膏板,工人们发明了一种新的发泡工艺,每年就节约成本 2 亿元;像最新的智能化水泥生产线,用工从 300 人减少到 50 人,吨熟料耗煤从 115 千克降到 85 千克,这是多么大的经济效益。所以,我认为企业的创新要紧紧围绕着企业的需要和发展进行，最终要为企业创造良好的效益。

### 市场细分化

现在我国大多数行业都产能过剩，面临着这种压力，不少企业希望转行，但转行也是不容易的，因为不过剩的行业不多，企业进入一个完全不熟悉的行业风险也很大。以前沃尔沃集团觉得汽车行业竞争压力大，就转去开发航空发动机业务，结果新业务不成功，汽车业务也做得更差了。其实，没有落后的产业，只有落后的技术和落后的企业。对大多企业来讲，应该是转型不转行，在一个竞争激烈的行业，通过市场细分，开发新产品，也会有效益逆势而升的企业。大家常说法国的面包好吃，其实法国的面粉有100多种，同样，日本的特种水泥也有100多种。像北新建材做石膏板，开发出了净醛石膏板、相变石膏板、万能石膏板等，不光赢得了市场，还取得了很好的经济效益。所以，企业用市场细分、产品多样化就可以在过剩的行业里找到自己的生存方式，而过早离开主业，进入不熟悉的新行业，成功率不是很高。

### 定价合理化

产品价格是企业的生命线，企业必须认真对待。不少人认为产品价格是由市场决定的，是客观的，企业只能适应。但事实是，市场价格往往是由卖方进行恶性竞争而形成的不合理的低价。在产品过剩和行业下行的情况下，企业之间常大打价格战，结果价格大幅下降，全行业亏损，没有一个胜利者。过去我们在经营教科书里学到的"量本利"一直指导着我们，常规理解就是多销售可以降低单位产品的固定成本进而取得利润；但"量本利"也告诉我们，如果售价低于盈亏点，销得越多亏损越多，况且，由于竞争者也报复性降价，这种降价只能对企业雪上加霜。所以在过剩和行业下行的情况下，企业理性的做法是适当减量，而不是大幅降价。中国建材提出了"价本利"的经营方针，用稳价保量降本，甚至稳价减量降本。我主张在市场竞争中提倡"优质优价"，中国建材从来不做恶性的价格竞争。也正是因为这种理念，不但使得中国建材在行业过剩和下行压力下能够取得良好的效益，而且使整个行业得以健康运行。

| 企业心语

# 05

# 谈企业机制改革[①]

国有企业改革的方向是市场化，主要工作是三件事，就是体制改革、制度改革、机制改革。

在体制改革上，国务院国有资产监督管理委员会已经成立 17 年了[②]，党的十八大以后，又进而提出了管资本为主，设立国有资本的投资公司和运营公司，大力推进混合所有制，这种"国家出资人代表管资本、投资公司管股权、混合所有制企业市场化经营"的三层运营结构就把国有经济和市场如何接轨的体制建立起来了。

在制度改革上，早在 1994 年，我国推进现代企业制度试点，就提出了"产权清晰、权责明确、政企分开、管理科学"的十六字方针。随着《中华人民共和国公司法》（以下简称《公司法》）的实施和国有企业公司化改造，应该说，制度改革已基本完成。当然这之中，"政企分开"这个既是观念又是制度上的综合性问题，仍有待继续深化改革。

在机制改革上，迄今为止我们可以说是半市场化，企业机制是我们当初改革的出发点。历经 30 多年的企业改革，机制问题仍然是我们改革的难点，也是制约企业活力的重要原因。企业机制难以改革，反映了我们对企业公司治理和分配制度认识上的滞后。只有解决这些认识问题，并加大企业机制改革探索

---

[①] "没有机制，神仙也做不好企业；有了机制，做企业不需要神仙。"这是作者常讲的一句话，在这篇文章中，他给出了企业机制改革目的的答案。
[②] 国务院国有资产监督管理委员会成立于 2003 年。

和实践的步伐,才能提高企业活力。

### 公司是谁的?

回答这个问题好像很简单,但实际上并不简单。根据《中华人民共和国个人独资企业法》和《中华人民共和国合伙企业法》注册的企业,出资者要对企业承担无限责任,可以说企业归属出资者;但根据《公司法》注册的股份公司和有限公司,出资者只承担出资所限的有限责任,公司具备独立的法人财产权,并独立承担相应的法律责任,在公司设立时就完成了投资权和经营权的分离。投资者作为股东享有《公司法》下的股东权利,但股东并不能超越股东的权利,否则就要承担无限责任。公司的董事会是股东会选举产生的,董事会要对公司负责,每位董事要负的责任是无限责任。

因而,股东不能越俎代庖,要把董事会该有的权利放给董事会,否则要对公司负无限责任。这说起来很难理解,尤其是我们常理上总认为公司是股东的,而有些股东也是凭着这个常理侵占公司利益,甚至掏空公司。公司的有限性,决定了公司的独立性,保护了股东只承担有限责任,同时也限制了股东只拥有《公司法》下规定的股东的权利。西方法律把股东超越股东权利对公司的行使控制叫作"刺破面纱",股东"刺破面纱"必须对公司的诉讼承担无限责任。所以,从这个角度来看,所有者拥有的是公司的股权,并不是拥有公司,公司是社会的,是独立的。

### 资本是什么?

这个问题也不简单。长期以来,我们把现金、固定资产、知识产权当作资本,把人力资本排除在资本以外,当作劳动成本。在工业化早期,人力主要是劳动力属性,所以在企业中被作为成本。但随着管理时代和科技时代的到来,人们的能力、经验、技术、知识都成了企业资本的组成部分,往往这些人力资本比资产资本还要重要,虽然我们还没能把这些资本量化记入资产负债表里,但我们可以根据这些人力资本的贡献来进行合理分配。在实践中,越是创新强度大、技术含量高的企业,人力资本越高;越是传统的产业,资产资本就越高,人力资本也会向着高科技和创新型企业流动。

## 什么是机制?

这个问题我早在 2014 年就认真思考过,给出了一个定义。机制就是企业效益与经营者、员工利益之间的正相关关系,企业效益好,经营者、员工收入就高;企业效益差,经营者、员工收入就低,这就是有机制。如果企业效益与经营者、员工利益之间没关系,企业就没有机制。改革开放初期,国有企业内部是"吃大锅饭",干多干少一个样,干和不干一个样,极大地挫伤了干部员工的积极性,因此那时我们提出劳动制度、分配制度、人事制度三项制度改革。三项制度改革是为了提高效率,我常把它称作"老三样","老三样"的分配制度主要是贯彻"多劳多得",用提高奖金收入来进行激励。

30 多年过去了,现在进入一个财富时代,过去"老三样"已不能适应现在的形势。因此,今天我们倡导的机制是"新三样",即员工持股、管理层股票计划、超额利润分红权。"新三样"按照"多贡献多得"的原则,是为了体现公平。山东烟台万华曾是一家小型的国有企业,但这些年来,他们在上市改造中引入了员工持股机制,并在创新中引入了科技分红机制,使企业的规模和效益都得到了跨越式发展。2018 年收入达到 640 亿元,利润达到 160 亿元,被称为中国化工企业的"巴斯夫"。

## 民营企业一定有机制吗?

这好像不是个问题,大家认为民营企业是天然的市场机制,自然而然就有好的内部机制。但事实并不如此。企业的机制不是体制和制度必然决定的,它属于治理范畴,取决于企业所有者的开明程度。华为的任正非早年经营十分困难,后来选择"财散人聚"的全员持股计划,华为就轰轰烈烈发展起来了。所以我常讲,袁隆平的成功是因为选到了一颗稻种,而任正非的成功是因为选到了一个好机制。但并不是每个民营企业都有好的内部机制。著名经济学家张五常在他的《佃农理论》里讲的就是土地所有者和佃户的分成制,这也是机制,因为佃户可以多劳多得。其实机制并不是新的发明,在清代晋商中,当时年终分红就是东家一份、掌柜的和账房先生一份、伙计们一份，这种分配机制，产生了那些有名的晋商票号。所以，我也对很多民营企业家讲，一定要重视机制，也就是说不要认为机制改革这件事只有国有企业才有。

### 企业的目的是什么？

美国商业组织商业圆桌会议（Business Roundtable）1975年发表的宣言认为，企业的目的是让股东利益最大化，并在1997年再度重申了这个原则，因而，这个原则一直指导着当代企业治理和分配机制。直到2019年，美国大型企业联合会（The Conference Board）发表声明称，企业要惠及利益相关者和劳动者，让社会更美好，一个美好的社会比股东利益更重要。这场企业目的的回归是因为企业以股东利益最大化的原则忽略了企业劳动者利益，减少了中产阶级，加大了两极分化，以至于有的上市公司只顾眼前效益和市值，忽视了企业的技术研发投入和长期发展。企业的目的到底是什么？我觉得应该是惠及股东、劳动者、社会利益相关者，也就是说企业应该是个共享平台。要达到股东愿意投资、劳动者能够分享财富、社会能满意，也就是我们常讲的"投资有回报、企业有效益、员工有收入、政府有税收、环境有改善"这样的综合目标，才能把企业机制改革做到位。

## 企业心语

# 06

## 机制革命和企业家精神[①]

据媒体报道，2017年华为公司收入突破了6000亿元，即将成为继苹果公司和三星公司之后的又一个收入超千亿美元的世界级信息和通信技术企业，让人非常振奋。华为是中国制造业进入新时代的一颗耀眼的明星，为我们中国企业实现高质量发展和打造具有全球竞争力的世界一流企业树立了榜样。探究成就华为的关键因素，主要有两点，就是机制革命和企业家精神。

企业改革过去指的是国有企业市场化过程的变革，而今天不管是国有企业还是民营企业都面临着改革，国有企业改革的焦点仍是继续适应市场化要求，而民营企业改革的焦点则是股份制改造和规范化运营，但两者都有共同的重点，就是建设充满活力的企业内部机制。企业的所有制结构和机制之间的关系并不是充分必要条件，即使所有制结构完全市场化了也不等于企业就有了好的机制。

企业家精神是中国经济的原动力，企业家通过引领机制革命带来高质量的发展。党的十九大报告中讲到激发和保护企业家精神，企业家和企业家精神是全社会的稀有资源，应该鼓励和保护。

对国有企业而言，混合所有制改革是热点，其核心是通过与非公资本的合作引入市场化机制，不能为混而混，要在混合所有制企业引入管理层激励机

---

[①] 2018年新年伊始，作者看到华为2017年靓丽的业绩，撰文分析其成绩背后的原因，指出华为的持续、快速发展，得益于良好的企业机制。本文原载于《国资报告》2018年第1期。

制、员工持股和发扬企业家精神，建立起内部机制。我们搞国企改革，归根结底是为了发挥企业干部与员工的积极性和创造热情，提高企业的活力和竞争力，从而实现国有资本的做强做优做大。因而建设充满活力的企业内部机制应该是国有企业改革的着力点和落脚点。

### 机制革命

企业机制是调动企业各动力要素向企业目标前进的内在过程。企业的干部员工的利益和企业效益之间有正相关的关系就是有机制，反之就是没有机制。企业机制是企业的原动力，无论企业是什么所有制，无论企业规模多大，有好机制的企业才能很好地发展，没有机制的企业很难生存。

改革开放初期，国有企业普遍缺少活力，市场竞争力差，企业效益低下，究其原因，就是企业内部市场化机制的缺失。国有企业的第一轮改革就是冲着"吃大锅饭"去的，从最初的放权让利和承包制，到后来建立现代企业制度，都是为了让企业成为市场主体、摆脱僵化的分配制度、提高企业的活力和竞争力。由于当时干部员工市场观念还没有建立起来，改革遇到了巨大阻力，破除铁饭碗、铁工资、铁交椅的"破三铁"工作十分困难。现在回过头再看，那一轮改革中，那些在机制改革上有所作为的企业大多获得了新生，而在机制改革上裹足不前的企业大多被市场无情地淘汰。国有企业改革这些年，企业的内部机制有了显著变化，如和工效挂钩的分配制度和对管理层的年薪考核制度，调动了国有企业干部和员工积极性，推动了国有企业快速发展。但随着中国经济的发展和国际化加快，国有企业的内部机制仍须进一步改革。

民营企业同样也要有好的内部机制。美国的企业大多是私营企业，洛杉矶电话黄页中的公司每10年就有80%消失了，私人企业若没有好的机制，同样会倒闭。华为的领导者任正非认为华为是那种"财散人聚"的机制，就是把财富更多地分给干部和员工，从而增加企业的凝聚力。不少人因为华为没上市而误以为华为是任正非的家族公司，事实上，任正非在华为只有1.01%的股权，华为的工会股份公司持有98.99%的股权。

华为是那种近乎全员持股的公司，但它把股权和能力、贡献和年功很好地结合起来，从而增加了企业的凝聚力、向心力和亲和力，提高了企业的创新力和竞争力。华为的成功是机制的成功，带给我们的启示是无论何种企业，都得进行机制革命。

围绕企业机制变革，现在很多企业重视职工用现金购买股权，实际上更应该看重的是人力资本，即干部员工的能力和贡献，在企业的内部机制设立上更多地采用股票增值权和超额利润分红权，让干部和员工分享企业价值，享有企业效益的分配权，结成荣辱与共的企业命运共同体，才能造就更多的像华为这样具有全球竞争力的世界一流企业。

**企业家精神**

华为的成功，除了好的机制，还有同样重要的一点，就是有任正非这位优秀的企业家。华为的经验表明，要想把企业做好，既要有好的企业机制，又要有一个好的企业家带头人，带动形成一支具有企业家精神的团队。

企业家这个词是舶来品，开始指让货物在流通过程中赚了钱的商人，后来由熊彼特和德鲁克定义为创新并创造财富的企业领导者，熊彼特说企业家是那种对成功充满渴望的人，这或许是对企业家精神最早的诠释。在马克思主义早期经典著作中几乎没有提到过企业家的概念，毛主席在新中国成立初期把民族工商业企业领导者叫"红色资本家"，应该是对企业家作用的一种早期肯定。

改革开放后，我国国有企业一批改革家出现，后来一大批乡镇企业家和民营企业家出现，企业家为改革开放和经济发展做出的突出贡献，开始为社会大众所认识。

2017年9月，中共中央、国务院发布了《关于营造企业家健康成长环境弘扬优秀企业家精神更好发挥企业家作用的意见》（中发〔2017〕25号），把企业家作为市场的主体，高度概括了企业家精神，第一次提出和肯定了我国国有企业家的历史地位和重要作用，并要求各级部门要尊重、爱护和培养企业家。这是一份完善我国社会主义市场经济理论的重要文献。党的十九大报告针对我国企业家的生存现状，提出"激发和保护企业家精神"的明确要求，极大地鼓舞了广大企业家干事创业的热情。

企业家既是时代形成的，也有自身极其鲜明的性格特点，他们是那种勇于创新、顽强拼搏的人，他们是企业的重要资源，常常可遇不可求。企业家也不是完人，不是常胜将军，像华为的任正非、阿里巴巴的马云，一路上都遇到过不少困难和坎坷，他们成功了，但不少企业家在征途中倒下了，所以我们对企业家应该倍加珍惜和呵护。事实证明，一个企业家辈出的时代是经济繁荣的时代，一个企业家辈出的国家是强大的国家。

企业家精神如果浓缩一下可以用六个字概括，即创新、坚守、责任。第一，创新是企业家的灵魂，今天是个高度竞争的社会，创新能力决定了企业的命运。纵观我国成功的企业家，他们有的进行了企业制度的创新，有的进行了商业模式的创新，有的进行了技术和产品的创新，创新是他们成功的重要前提。第二，企业家精神中另一个难能可贵的方面是坚守精神，做企业是一个艰苦而漫长的过程，非得久久为功。第三，企业家除了承担创造财富的经济责任外，还要勇于肩负社会责任，企业家的信条中应该把爱党爱国放在首位，企业家的品格应该含有保护环境、热心公益、关心员工和世界公民这些重要因素。

## 混合所有制带来了什么？

党的十八大提出混合所有制的概念；十八届三中全会通过《中共中央关于全面深化改革若干重大问题的决定》，进一步把混合所有制提高到我国基本经济制度的重要实现形式来认识，详细表述了在混合所有制企业中开展管理层激励、员工持股、职业经理人制度和发挥企业家作用的要求；党的十九大报告中再次强调要发展混合所有制。

混合所有制企业是指国有资本和非公资本交叉持股的企业，这既是我国公有制为主体、各种所有制共同发展的必然结果，也是国有企业和民营企业优势互补、互利共赢的一种历史进步，把发展混合所有制理解成"国进民退"或"国退民进"都有失偏颇，事实是混合所有制是一场国民共进，大力发展混合所有制是我国微观经济的一场伟大变革，意义十分深远。

混合所有制把国有企业的实力和民营企业的活力结合在一起，把国有企业的经济实力、规范管理和民营企业的市场活力、拼搏精神有机结合起来，形成

> 企业心语

了企业的市场竞争力，发展混合所有制企业的真正意义在于它比单纯的国有企业更容易引入市场机制和弘扬企业家精神。长期以来，一些国有企业担心搞混合所有制会有国有资产流失的嫌疑，而民营企业也担心搞混合所有制会被"公私合营"了。其实，混合所有制的核心是为企业引入市场机制，关键是转换企业内部机制，如果没有在引入市场化机制上下功夫，那这种混合就意义不大。

中国建材是一家高度"混合"的企业，在公司资本中，国有资本占1/3，社会资本占2/3。也正是这种混合所有制体制，使中国建材在15年内销售收入增长了150倍，成为世界最大的建材供应商。回顾中国建材的成长经历，会清晰地看到，中国建材在混合所有制改革过程中，积极引入市场机制并培育了一支企业家队伍，进而增强了市场活力和竞争实力。

目前，国有企业的大部分资产都进入了上市公司，国有上市公司往往是比较规范的混合所有制企业。这些国有上市公司总体上已经和市场融合，但仍需继续进行市场化改革，尤其是要建立适应市场的企业内部机制。在国有上市公司中，既要大力推进管理层激励机制、员工超额利润分红权机制，也要在一些科技企业开展骨干员工持股计划，还要为员工设立企业年金，让国有企业通过混合所有制的方式插上机制革命的翅膀，同时大力弘扬企业家精神，培养一大批有创新精神的企业家，这样才能从根本上提升企业的竞争力，才能培育出一批具有全球竞争力的世界一流企业。

# 07

# 国企转型升级的四个路径[①]

当前我国经济发展进入"新常态"。对于中国的企业尤其是传统制造企业来说，新常态下，传统的发展方式难以为继，转型升级任务艰巨、经营压力剧增。国资委领导在 2014 年年底的中央企业、地方国资委负责人会议上指出，在经济进入新常态的背景下，国有企业也进入爬坡过坎的阶段。新常态是检验企业战略定力、经营能力、管理水平、改革成效的一块试金石。

作为充分竞争领域的建材央企，中国建材抓住经济高速发展和行业结构调整的机遇，一路攻坚克难，一路改革创新，从一家"草根央企"迅速跻身世界 500 强，被国资委列为发展混合所有制经济和落实董事会职权的双试点单位。

新常态下，中国建材外有经济下行、行业转型的倒逼，内有做强做优、深化改革的迫切需要，已站在新的历史交汇口。企业改革要啃硬骨头。改革是个系统工程，是利益格局的重新调整，改革不是一件容易的事情，既要奔着问题去，又要讲究改革的有序性和改革的效果；既不能操之过急，又不能消极等待；既不能做激进派，也不能做落后派，只能做促进派。

面对新形势、新变化、新要求，我们唯有勇于应变，加快转变发展方式，坚持不懈地提质、增效、升级，坚定不移地改革、创新、转型，才能真正做到调速不减势，量增质更优，实现新起点上的新发展。下一步，我们将积极调整

---

① 面对新形势、新要求，作者指出国有企业要在管理模式、业务领域、技术结构、市场区域四个方面探索出新的路径以实现企业的健康持续发展。本文原载于《国资报告》2015 年第 7 期。

发展战略，围绕"做强做优、世界一流"的目标，坚定不移地转方式、调结构，全力推动管理模式、业务领域、技术结构、市场区域的"四个转变"，为实现企业健康可持续发展筑牢根基。

## 集团管理由产业母子管理型向投资股权管理型转变

随着市场越来越开放，产业界限逐步被打破，国有企业要从过去的行业和产业性质的公司逐步向投资型公司转变，监管也要交给市场和社会监管，大股东只进行股权管理。

集团管理模式的转变，就是要从重视投资规模向重视投资效益转变，从重视增量投入向进行存量结构调整转变，从重视基础原材料产业投入向重视发展战略性新兴产业转变，从重视企业内部管理指标向重视企业价值转变，把中国建材转变为功能完备、运作规范、投资稳健、业绩优秀的投资股权管理型集团公司。

**内部机制由行政化管理向市场化管理转变。**按照新的管理定位，集团层面要承担三大功能：一是完成国有资本保值增值功能，为国有股东创造高额回报，壮大国有经济实力，增强国有经济的活力、控制力、影响力、抗风险能力；二是落实国家战略规划功能，通过国有资本的有序流动，将国有资本更多投向有利于行业结构调整和转型升级的重要行业、关键领域及优势企业，优化国有资本布局；三是提升投资企业的国际竞争力功能，加快推动投资企业"走出去"步伐。对投资的企业，集团要严守股东身份，行使股东权利，致力于建立规范的公司治理结构，完善董事会的功能和职权，健全委托代理模式，有效保障公司的独立性，依法进行战略管控，而不是作为上级领导单位。

**二级公司由非上市公司向上市公司转变。**国家鼓励的混合所有制经济里包含中外合资企业、上市公司，也有和民营企业合作的有限公司或股份公司，其中证券化上市是混合所有制改革的主要方向之一。目前，中国建材集团拥有6家上市公司，下一步还要加快上市进度，所有二级公司都要实现证券化，即便是投资型公司也要上市。我们的目标是拥有8~10家上市公司，采取分拆方式上市，能打包装入的就上市，装不进去、没有效益的公司就卖掉。上市不仅是有效的融资手段，更是深化企业改革、完善公司治理结构的催化剂，能够解决股权激励和职业经理人的问题，更重要的是能够解决市场化机制和阳光监管的问题。比如A股上市公司每季度都要做季报，把自身置于阳光下，接受中国证券监督管理委员会、投资者和社会各界的监督，有利于现代企业制度的建立和规范制度的建设。

**效益目标由重视收入利润向重视市值转变**。上市公司应强化市值管理，让股权资本充分流动起来，努力达到公司价值创造最大化、价值实现最优化。2014年国务院发布《关于进一步促进资本市场健康发展的若干意见》（国发〔2014〕17号），首次提出"鼓励上市公司建立市值管理制度"。市值管理是上市公司实现实体经营与资本运营"双轮驱动"的重要方式，有助于推动经营目标的升级，建立以市值为导向的管理机制，有助于实现管理层与企业利益的捆绑，建立激励考核机制，让管理者更加关注企业的价值创造、股价提升和持续盈利能力，有助于更好地维护股东利益。未来，中国建材不仅要重视收入和利润，还要重视市值管理，把市值作为月度汇报会的重要分析指标。

## 业务从过于单一向适度多元化转变

欧洲、日本的工业发展都是从专业化走过来的，事实证明，业务过于单一无法应对行业发展的大周期。一个行业进入大周期后，业务会逐渐减少，甚至完全退出。例如，日本的水泥产量已从泡沫经济时代的1.2亿吨降到如今的4000万吨。中国建材现有三项主业，即建材产品及装备制造、相关工程技术研究与服务，建材贸易与物流，工业化房屋的研发、设计、制造与建设，这三大主业其实同属建材领域，相当于一个大主业，很难规避行业大周期。下一步，我们会结合国资委关于落实董事会职权试点工作的要求，朝着适度多元方向发展，建立风险对冲机制，构筑业务组合力。这样既可以确保企业不会因行业波动产生颠覆性风险，也可以获得稳定持续的收益。

**重新梳理现有业务**。将现有三项业务调整归纳为新三项，即建筑材料、新材料科研、设计、制造及物流贸易，新型房屋产业科研、设计、制造、开发与建设，成套装备科研、设计、制造及服务。以上市公司平台和产业链延伸为两大原则把目前的三大主业梳理好，彻底清理非主业的低效和无效资产，继续压

| 企业心语

缩企业层级和精简企业机构，增加集团企业之间产研结合，技、工、贸结合，产、供、销一体化，增加集团内部资源的集约化和协同性。

**加快开拓新业务领域。**中国建材落实中央企业董事会职权试点方案已获批，国资委同意增加两个拟发展业务，薄膜太阳能光伏、现代绿色农业和健康养生等产业目前都在我们的关注范围内。但坦率地讲，做这个选择很难。做企业最难的是两件事，一是选业务，二是选人，这两件事都有颠覆性，如果选择错误，后果会很严重，所以在业务选择方面必须慎之又慎。

山东德州凯盛浩丰的智慧农业硕果累累

### 技术由中高端向高端转变

2015年两会《政府工作报告》强调"保持中高速增长"和"迈向中高端水平"的双中高目标。从我国的工业水平来讲，也要向中高端迈进。但对建材行业来讲，水泥、玻璃、新型建材、玻璃纤维等装备技术都已经处于中高端水平，应该向高端迈进。

美国、欧洲国家这些年几乎没有新建水泥厂，拉法基集团、圣戈班集团等跨国公司都在购买我们的技术和装备，可以说我们拥有世界一流水平的最新技术。比如，集团企业开发的日产5000吨和1万吨智能化水泥生产线，0.2毫米厚的世界上最薄的电子玻璃，从合成到原丝再到碳化的 T700 碳纤维生产线，净零排放的燃煤技术的年产 5000 万平方米生产线，E6、E7 注册国际专利配方的年产 10 万吨玻纤池窑拉丝项目，6.5 兆瓦级碳纤维增强风电叶片、300 兆瓦级铜铟镓硒太阳能薄膜电池生产线，等等。有高端技术才会有高附加值，没有技术含量很难有市场话语权。下一步，中国建材将综合运用"互联网＋"、制造业服务化、产研结合、集成创新等模式，进一步提高企业的核心竞争力。

在蚌埠铜铟镓硒生产线上和大家讨论技术问题

**瞄准全产业链，推动产业链高端化**。现代企业之间的竞争已经不单体现在某种产品或某个细分市场上，而是逐渐扩大到整个产业链的竞争。我们要从全产业链的角度配置资源，调整不同价值区段的比例关系，加强企业间的产业协同，不断向产业链高端跃升，提升上下游产业链的整体价值。在传统建材领域，继续推进水泥的特种化、高标号化、商混化、制品化和玻璃的 Low–E 化、光伏化、电子化、智能化的"双四化"方向转型；主动推进建筑业高标号混凝土等行业标准提升，继续做实做好玻璃平台重组整合。在"三新"产业领域，加强规划指引，优化产业布局，大力发展新型建材、玻璃纤维及复合材料、薄膜太阳能电池、风机叶片、碳纤维等新材料，扩大产业规模；抓住城镇化和新农村建设机遇，大力推广新型房屋和加能源绿色小镇项目。在国际业务领域，

> 企业心语

大力发展 BNBM HOME（连锁超市）、"跨境电商+海外仓"、新型房屋三大业务，打造全球领先的建材综合服务商。

**推动全球化集成创新，占据技术制高点。**充分发挥中国建筑材料科学研究总院"中央研究院"的强磁场作用，推动技术创新、装备创新、信息化创新、生产服务创新、标准引领创新，着力建设大数据库和云计算中心，打造行业开放性创新平台和科技成果孵化平台。强化原始创新与集成创新的融合，坚持需求导向和产业化方向，推进产研结合深度发展，搭建科技成果转化引导基金平台，重点突破一批制约行业、企业发展的共性、关键性、基础性技术。同时，还要加大海外技术并购力度。中国建材是一家以收购见长的企业，下一步我们要加大全球化集成创新力度，对国外具有技术专长、人才优势的高端产业开展跨国收购，牢牢占据行业制高点，提升产业的国际竞争力。

## 市场领域从偏重国内市场向"一带一路"大市场转变

"一带一路"是中国发挥国际影响力、成为工业强国的战略载体和必由之路，为企业走出国门、拓展新的发展空间指明了方向。李克强总理在2015年《政府工作报告》中明确提出"促进冶金、建材等产业对外投资"，并多次指示加快水泥、玻璃成套装备走出去步伐。"一带一路"包含国内市场，国内市场是腹地，沿线16个重点国家是关注方向。中国建材将紧抓国际化机遇，积极推进装备"走出去"和国际产能合作，水泥、玻璃、新型建材及装备制造等业务要从以本土市场为主转向"一带一路"市场，努力实现由世界500强企业向跨国公司的转变。

**创新EPC（设计、采购、施工总承包）模式。**我们过去"走出去"做EPC，为建而建，拿到项目就做，做完项目就走人，很难在当地市场扎根。下一步，我们要在保证质量优异、技术领先、品牌知名的基础上，以项目为依托，把投资管理、远程监控、维修保养、零配件提供等都做起来，提供"一条龙"的全方位服务。最近，中国建材所属北京凯盛建材工程有限公司与阿尔及利亚签署了新型干法水泥生产线、浮法玻璃生产线两项工程总承包项目合同，集团在哈萨克斯坦也正谈判签订哈国第一条大型浮法玻璃生产线。

**打好产融结合"组合拳"**。走出去不能单打独斗，要在国家金融的支持下协同发展，与中国投资有限责任公司、丝路基金有限责任公司、亚洲基础设施投资银行、中国国新控股有限责任公司等国内主权基金开展合作，采用设立基金、合作投资、融资租赁、买方信贷等多种方式，与海外投标、企业投资结合起来，实现以股权投资带动工程承包、装备出口、运营管理和备品备件等后续服务，力争做到"凡建必营"。

**推动"中国标准"走出去**。装备走出去，不仅要突出质量和信用、强化管理和服务、加强产融结合，还有很重要的一点，就是带着标准走出去，让国外接受中国标准，建立中国的自主品牌和话语权，从中国制造到中国创造。

**重视海外并购**。创新不仅要靠自我创造，有时也要靠重组收购，以低成本的投资并购获取海外的先进技术、高端人才、品牌渠道。这也是西方企业"走出去"的重要方式。中国建材将积极稳妥地扩大投资建厂、海外并购力度，提高当地建材质量，提高企业整体技术水平和经营管理能力。目前，我们正在研究水泥等传统领域的海外收购事宜。

**坚持互利共赢的文化**。建立互利共赢的经商文化，秉承为当地经济发展做贡献、与当地企业密切合作、与当地人民友好相处的"三原则"，以开放包容的思想融入全球化经济，树立负责任的国际形象，推动当地经济和社会发展。在"走出去"的过程中，企业之间应当加强沟通交流，国内纵向联合、国外横向协作，探讨"走出去"的新途径、新方式，绝不能把中国的"过剩文化"搬到国外去。纵向联合，就是把工程公司、设计院、大型装备企业等产业链上下游纵向联合起来；横向协作，就是与国内大型集团加强合作，合理布局，有秩序地抱团"出海"。

| 企业心语

# 08

## 以企业家精神激发市场活力[①]

参加中央电视台财经频道《对话》,谈企业家精神是怎样炼成的

市场活力来自企业家,来自企业家精神。加快培育企业家队伍、大力弘扬企业家精神,对于全面提升我国企业核心竞争力、增强市场经济活力、加快经济结构调整、顺利实施"走出去"战略、推动经济稳中求进具有重要的现实意义。

### 何谓企业家精神?

企业家精神的内涵主要包括创新精神、坚守精神、兼济天下的精神等。

---

[①] 中国正处在经济转型、爬坡过坎的关键期,企业家作用和企业家精神更是弥足珍贵。作者通过这篇文章指出创新的时代更需要企业家精神。本文原载于《经济日报》2017年3月31日。

要理解企业家精神，首先需要明确"谁是企业家"。200多年前，法国人最早提出的企业家概念是指在流通过程中使货物增值的商人；后来，英国人又将其提升为使资源创造价值的企业主；熊彼特把企业家归纳为能进行破坏性创新的人；而德鲁克把企业家归结为所有具有创新精神的人。也就是说，企业家与企业的规模、所有制形式无关，富于创新意识、为社会创造价值的企业领导者就是企业家。

关于企业家的概念，长期以来社会上存在几个误解。一是国有企业里没有企业家。不少人把企业家等同于所有者，认为企业家是那些白手起家、经过奋斗把企业做大做强的人，而国有企业领导人员是被任命的，因此不能称作企业家。事实上，国有企业里那些具有改革创新意识的领导者同样是企业家，他们工作兢兢业业，为国家创造了巨大财富，维系着企业的发展，这是一群难能可贵的企业家。二是企业家是财富的拥有者。企业家是创造财富的人，但大富翁不见得都是企业家，如果没有任何创新，没有创造价值，再富有也不能算作企业家。三是企业家都是常胜将军。每个创业者都渴望成功，但做企业也常常会不断遭受失败。企业家是创业者里的成功者，但即使是企业家也不可能不遭遇挫折甚至失败，失败是成功之母，任何事物的发展都是循序渐进的螺旋式上升的过程。

企业家精神的内涵，我理解主要包括三点。

**第一，创新精神**。创新是企业家的灵魂，企业家是能用创新思维点亮企业的人，要勇于创新，关键时刻要敢于做出改变。熊彼特曾把企业家精神描绘为创新和冒险精神，认为企业家是一群对成功充满渴望的人。但德鲁克认为，企业家最大的特点是创新和把握机遇，冒险不应是企业家的选项。这个观点我很赞同。在过去供给不足的年代，机会成本不高，"敢吃螃蟹"的冒险者有可能成为企业家。而现在，市场竞争异常激烈，企业家应认真思考、评估和把控风险，识别并有效利用提升经济效率的各种机会，以创新的思想和技能推动企业发展。

**第二，坚守精神**。做企业非一朝一夕之功，企业家应把做企业作为终身事业，具备超强的毅力和耐力，一生做好一件事。做企业是个苦差事，要想深入了解一个企业以及企业的业务、产品、技术等，没有10年不行；要想做到彻底掌握，运用自如，可能需要20年；要做到极致，成为世界一流，可能需要30年。做企业的过程艰辛而漫长，有没有坚守精神，能不能耐得住寂寞、板凳甘坐十年冷，这往往是做企业、做技术能否成功的关键。德国工业靠众多"隐形冠军"企业造就了强大的竞争力，这些"隐形冠军"创业至今平均已有60年以上；日本的三得利公司靠三代人的不懈努力做出全球品牌第一的威士忌；中国建材的纸面石膏板和玻璃纤维也是靠40年的坚守才发展成为质量和规模在全球领先、世界一流的业务。

**第三，兼济天下的精神**。企业不是单纯的营利组织，所有的动机和出发点都是为了最终服务社会。作为企业家来说，应当有"先天下之忧而忧""摩顶放踵以利天下"的境界，把履行社会责任作为自觉追求，为社会大众创造更多财富，努力增进他人的幸福和利益，而不应是一群精致的利己主义者。企业家一般都有艰苦奋斗的历史，但如何看待成功后的荣誉和财富，往往是一个企业家能否终成正果的试金石。孟子讲"穷则独善其身，达则兼济天下"，企业家不仅是财富的创造者，更应该是关心社会、给予社会最大回馈的人。企业家对国家、对民族、对社会的责任和担当，是对企业家精神最大的升华。中国的企业家应把兼济天下的思想熔铸到企业家精神之中，努力完成从"独善其身"到"兼济天下"的跨越，具有社会责任感，有家国情怀，有兼济天下的思想。尤其是国有企业领导者，更要埋头苦干，淡泊名利。中国建材把社会责任作为首要目标，2016年实现销售收入2700亿元，社会贡献值近600亿元，其中缴税154亿元、支付银行利息160亿元、为25万名员工支付薪酬201亿元、创造利润81亿元。实现保值增值是国有企业的必尽之责，同时还要考虑能多缴多少税、多提供多少就业，使多少个家庭幸福安康、使多少个屋檐下有孩子的欢笑，这也是企业家精神。

## 创新的时代需要企业家精神

近代以来，中国企业的发展历程就是一个不断发掘、培育和弘扬企业家精神的历程，就是一个以企业家精神激发市场活力，推动经济发展、社会进步、国家富强的历程。从清末的洋务运动到民国时期实业救国的热潮，从新中国成立后社会主义工业体系的建立到改革开放后多种经济成分的共同发展，中国的企业家前赴后继，围绕实业报国、振兴中华这个核心主题，为我国工业发展不懈奋斗。

尤其是改革开放以来，中国的企业家群体迅速成长，他们虚心学习发达国家企业的成功经验，刻苦实践，不仅做出了一大批优秀企业，同时也逐渐形成了中国特色的企业家精神。今天，中国进入互联网和双创时代，企业家队伍渐成洪流。其中既包括国有企业领导者，也包括民营企业和合资企业等非公有制企业负责人，还包括职业经理人以及海量的中小微企业创新创业者。这支企业家队伍是国家强盛之所在、国民经济基础之所在。企业家强则经济强，企业家强则国家强。

当前我国经济进入新常态，要完成我国经济社会结构调整的艰巨任务，需要形成浩浩荡荡的创业大军和企业家队伍。20世纪60年代到80年代，企业家创新经济代替管理型经济，对于越过当时发达国家的康德拉季耶夫长周期衰退的陷阱，促进20世纪下半叶世界经济的繁荣发挥了重要作用。随着我国大众创业、万众创新的广泛开展，一个创新的时代正加速形成，并更加需要企业家精神。

其一，创新创业的理念深入人心，逐渐形成以创新为引领和支撑的经济体系和发展模式。其二，造就庞大的企业家队伍，能够以创新为动力带动广泛就业，解决行业结构调整、过剩产能退出等问题，从而平稳跨越经济转型的阵痛。其三，这个时代既能提供社会公平和福利的物质基础，又能坚持效率优先的原则，激发经济社会的活力和创造力；鼓励人们靠创新创业、靠脑力和体力劳动、靠资本积累和资本投入致富。企业家带领大量企业健康发展，为社会提供足够税收，支持经济发展和社会进步。其四，时代需要企业家引领我国企业"走出去"和推进"一带一路"建设。我国企业家具有"悍马"精神，他们努力拼搏、开拓进取，带着中国人勤劳节俭和亲诚惠容的精神为中国赢得了世界的尊重。其五，促进社会更加高效、更加公平、更加和谐。企业家是经济组织者和实践者，主张效率和效益，在推动社会民主法治进程、促进社会主义市场

# 企业心语

经济向纵深发展等方面能够发挥重要作用。企业家精神也是社会主义核心价值观的重要体现,弘扬企业家精神对于荡涤社会上的浮躁功利之气,厚植工匠文化,促进我国经济包容性增长都尤为重要。

## 激发和保护企业家精神

党的十八大以来,"发挥企业家作用""弘扬企业家精神""保护和激励企业家队伍"等内容多次出现在有关文件中。中央经济工作会议指出,"保护企业家精神,支持企业家专心创新创业";《政府工作报告》强调,"激发和保护企业家精神,使企业家安心经营、放心投资"。企业家精神是推动经济社会发展的重要力量和稀缺资源,激发和保护企业家精神应着力抓好以下几个方面。

**一是营造企业家干事创业的环境。**法制环境方面,优化社会主义法治环境,依法加强对守法经营企业家的保护,让企业家安身、安心、安业,稳定企业家的心理预期。竞争环境方面,确保各种所有制和各类企业公平竞争,任何企业都应享受同等的公民待遇,在税收、贷款、市场监管和政策扶持上不能厚此薄彼,形成各类企业和企业家同台竞技、你追我赶的良性态势。市场环境方面,要确保政策的稳定性,大力推动诚信社会建设,企业家也要增强诚信意识,规范经营。

**二是完善对企业家的务实服务。**政策扶持上,要支持企业家新锐稳定成长,加大对中期发展企业家的服务力度,鼓励成功企业家做强做优做大企业、参与国际竞争。政府部门要树立为企业家服务的意识,减少烦琐的审批程序,在服务企业和企业家方面要敢作为、多作为。资金投入上,要加大对创新企业的扶持力度。容错机制上,要营造宽容失败的良好氛围。创新是个试错过程,既要鼓励创新也要宽容失败。对企业家遇到困难时的"雪中送炭",比取得成绩时的"锦上添花"更宝贵。在发展上要让企业家量力而行,不要拔苗助长,在出现挫折时要帮助企业家分析原因、解决困难,鼓励企业家再展雄风。容错的关键在"容"字,要包容和宽容企业家的失误,要倾听企业家的呼声,要信任和理解企业家,要给企业家正能量、正激励,让企业家在创新创业中越挫越勇。

**三是加强对企业家的正确引导**。改革开放初期，中国企业家曾向哈默、艾柯卡、松下幸之助等国外知名企业家学习。随着中国经济的发展，我国涌现出一大批杰出企业家，提振了我国企业家的自信心，增强了我国企业对全球经济的影响力。中国的企业家应树立自己的文化自信，在虚心学习国外先进经验的同时，从中国传统文化和本土实践中汲取精华，带头践行爱国敬业、艰苦奋斗等精神特质，对中国特色企业家精神不断完善、大力弘扬、积极传承。对有成绩和做出突出贡献的企业家，也要引导他们谦虚谨慎、戒骄戒躁，加强学习和提高自身素质，把时间和精力更多地用于管理的精进和企业的发展上，不刻意去做社会上的"大咖""大腕"，不去泛明星化。

中国正处在经济转型、爬坡过坎的关键期，结构调整加快推进，新旧动能加速转换，企业家作用和企业家精神更是弥足珍贵。时代呼唤企业家精神。中国企业家应勇担使命、主动作为，以创新、坚守、兼济天下的精神，积极投身供给侧结构性改革和实体经济振兴，为促进经济社会可持续发展不懈奋斗。

## 09

## 优秀的企业家首先应该是思想家[1]

在企业发展过程中,存在一个普遍的现象:不少企业在壮大起来的同时,企业的精神却未同步成熟。我认为,企业要进一步做强做优,要真正成为行业领袖,最重要的是要有一流的企业思想。

我观察了全球的优秀企业,每一个行业内的佼佼者都是先进思想理念的引领者。做一流的企业需要一流的思想,有一流的思想才能引领一流的企业。

一流的思想,或者说企业价值观,不能只是企业家个人脑子里的,也不能只是管理团队脑子里的,而应该是整个企业所有人统一的思想。这就需要在企业内部进行有效沟通。那些大规模的企业,经营点分布在全国各地,许多人一年也见不到一次。如果没有共同的价值观,企业就成了一盘散沙,打不了硬仗,更不会持久。

一个有追求的企业,必须把企业上上下下的思想整合起来,统一起来。当然,传递、整合思想的前提是要有思想。如何形成一流的企业思想?我觉得,决定企业思想的,归根结底还是企业家。

改革开放以来,中国经济能如此快速发展,就是因为有一批优秀的企业和企业家发挥作用。做企业家要具备很多种特质,比如说要有远见、要善于组织各种资源、要有决断力等,但在我看来,最重要的还是要有思想。思想决定一切。

---

[1] 作者认为有思想的优秀企业家才能被尊重。中国企业和中国企业家的下一个目标不只是创造多少个世界500强企业,而是创造更多闪光的企业思想,能产生中国的艾柯卡、韦尔奇和稻盛和夫。本文原载于《企业观察报》2014年3月15日。

企业既是中国的经济基础，也是中国的社会基础，而企业家又是企业的带头人，所以企业家的境界和思想很重要。但是现在中国的企业家还远远没有意识到思想的重要性。

2012年的天津夏季达沃斯论坛上，全球大企业家云集。中国经济走向是全球关注的热点，所以中国企业也必然受到关注。但令人尴尬的是，这样一次盛会鲜有中国大企业家参加。当时有媒体发问：中国有70多家世界500强企业，但大企业家去哪儿了？也有海外学者认为，"中国有大企业，但难以产生大企业家"。他们认为，企业家不仅是做大企业，关键是要有独立的思想和人格。

对论坛上的这些发问，我们几乎无法接招。相比那些在类似博鳌亚洲论坛、《财富》全球论坛等受到世界媒体关注的活动上侃侃而谈的西方企业家们，中国企业家相去甚远。在这些论坛上，很多西方大企业家往往能结合会议主题侃侃而谈，他们站位很高，关心的大都是社会和经济层面的问题，比如全球气候变暖问题，也会谈及哲学和文化，可以说全是思想家。而中国的企业家则有一定局限性，演讲内容大都停留在具体操作层面。一般就讲做了多少产品、企业在世界排行多少，很难和国外大企业家融合在一起讨论深层次的问题。我想，不是我们的企业家与西方大企业家关注点不同，而是我们思考得不够。

现在中国企业做大了，甚至也不缺乏大企业家，但是中国企业家能不能站在全球视野的高度来指导行业？有没有这样的境界？能不能成为企业思想家？企业思想家的标准又是什么呢？

我认为，企业思想家应该是能够融会贯通经营哲学、文化体系构建、企业与社会关系等深层次问题的企业家。印度"IT之父"尼勒卡尼是典型代表。他的著作《与世界同步》中，研究的是印度国家经济和整个民族的走向，其对印度和中国的发展模式的分析也很有见地。

过去法国拉法基集团的水泥业务排在全球首位，绿色发展、可持续发展、社会责任等基本上也是由他们先提出来的。这就是他们的企业思想。一个企业要给全行业做出前瞻性指导，就需要具备思想引领能力。从一定程度上说，企业并不是因为大才受人尊重，而是因为有思想才受到尊重。而且，成功的商业模式可以复制，优秀的管理经验可以模仿，但唯独企业家特有的思维模式和灵感，是竞争者最难以复制的。

杰斯帕·昆得在《公司精神》这本书中讲到，在将来，建立稳固市场地位的过程，将成为塑造公司个性化特征及公司精神与灵魂的事业，最终将成就一个强大的公司。在此过程中，要建立共同的愿景目标以及对公司精神的忠实信仰。在未来的公司内，只有信奉者生存的空间，却没有彷徨犹豫者立足的余地。

诚哉斯言。中国企业和中国企业家的下一个目标，不只是创造更多世界500强企业，而是创造代表精神和灵魂的企业思想。

# 10

# 企业的品格[1]

企业是营利组织，但同时又是社会组织，所以企业既有经济性又有社会性。作为一个社会组织，企业要承担社会责任，要处理好社会中方方面面的关系，也只有被社会接受和支持的企业才能获得长远的发展。

和人一样，企业在成长过程中会形成自己的品格，而恰恰是这些企业的品格决定了其在社会中的认同度。企业的品格是企业在经营活动和社会交往中体现的品质、格局和作风，反映了企业的世界观、价值观和组织态度。企业的品格，也是集企业理念、文化和行为于一体的企业形象，企业在成长过程中要重视企业品格的养成。

在企业品格中，坚持那些和企业眼前利益无关，甚至会影响眼前利益的品格至关重要，我想其中有四项品格又是最主要的，那就是保护环境、热心公益、关心员工和世界公民。

## 保护环境

在企业品格中，保护环境应放在首位，大多数企业在运行中都会耗费能源和资源，都会对环境产生一定的负荷，但随着企业的增多，能源、资源和环境都会不堪重负。人类在 20 世纪 70 年代认识到能源和资源的不可持续性，提出

---

[1] 企业的品格决定着企业的品牌和形象，要想成为一家被社会认可、支持与尊敬的企业，作者认为企业要有一些品格的追求。本文原载于《中国发展观察》2017 年 12 月 18 日。

| 企业心语

中国建材在蒙古国投资建设的"草原上的水泥工厂"

了可持续发展的理念，核心是发展可撑得住的经济；但到20世纪90年代，人类发现了危及其发展的更大问题，就是气候变暖的问题，如果不控制温室气体的排放，人类将面临灭顶之灾。除了这些，企业的生产行为往往还会对土壤、水源和大气造成污染。

因此，一方面，当我们考虑企业经营和发展时，应该把环境保护放在首位，不重视环境的企业是得不到社会大众支持的。环境保护往往意味着增加投入，提高企业运行成本，但这些投入是必需的，如果环境保护工作没做好，其将造成的影响往往是重大的、不可逆的，带来无法衡量的经济和社会损失。另一方面，随着绿色发展成为共识，绿色低碳经济正在不断壮大，只有积极行动、参与环保的企业，才会有长久的未来。

建设美丽中国是我们的当务之急。如今，我国不少地区土壤、地表浅层水遭到污染，让人更难以适应的是严重的雾霾，这些污染也严重影响了人们的健康。过去我们常讲职业病，但今天环境带来的疾病已经覆盖了很多人群，怎样保护和恢复我们的绿水青山就成为企业的重要责任。

作为全球最大的建材制造商，中国建材秉持绿色发展的理念，将绿色发展与效益协调起来，通过大规模的联合重组、整合优化提高了产业集中度，随后又开展了大规模的技术改造，实施了关停并转，抑制了盲目新建、恶性竞争，带动行业平稳走入新常态，开创了过剩条件下迅速做大做强、减量发展的新路子。

中国建材将企业经营和发展要素按照环境、安全、质量、技术、成本顺序排列，不是说成本等其他要素不重要，而是环境最重要，如果环境保护不达标宁可关掉工厂。中国建材在生产中还掌握三个方针：一是工厂所用原料尽量采用城市和工业固体废弃物，二是生产过程中要做到零排放，三是生产的产品要绿色健康。中国建材大力发展水泥协同处置，利用水泥窑高温解决普通垃圾焚烧中产生的二噁英等有害物质的问题。

中国建材还大力发展工业余热利用、太阳能、风能等业务，发展加能源5.0新型房屋，通过节约能源和发展可再生能源减少碳排放。中国建材的企业是环境友好型企业，是花园中的工厂、森林中的工厂、草原中的工厂和湖水边的工厂。通过主动成为绿色发展的先行者，我们在建材领域打造了人与自然和谐互动的新型工业化环境，受到了地方政府和当地居民的欢迎和接纳。

## 热心公益

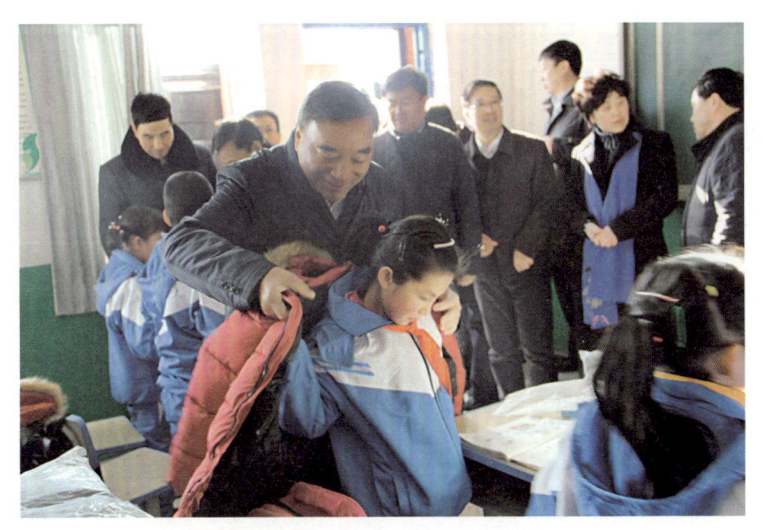

在宁夏固安的杨岭村小学捐助保暖的羽绒服

企业是营利组织，应该拿出一些财富支持公益事业，也要培养企业员工对社会的爱心。这些年，很多企业所做的公益事业是扶贫、抗险救灾和帮助弱势群体。西方把公益事业叫慈善事业，很多企业领导者都是慈善机构扶轮社会员并以此为荣。

我国是世界上最大的发展中国家。一方面，我国人民生活水平得到了极大的提高，另一方面，我国还有一些贫困地区和贫困人口，如何帮助这些地区的人民脱贫致富，也是企业的一项责任。中国建材帮扶安徽、云南、宁夏等省、自治区的五个贫困县，派驻村干部帮助贫困山村脱贫致富，不仅为贫困县架桥修路方便大家的出行，还利用互联网技术成立禾苞蛋网上专卖店，把贫困山区的蔬菜和土产销售给集团员工和市场客户。

中国是个大国，各种自然灾害时有发生，一方有难八方支援，这既是中华民族的传统美德，也是党和政府的号召，更是企业义不容辞的责任。2008年5·12汶川地震发生后，中国建材第一时间发起倡议，捐赠300套快装新型房屋，还在灾区捐建了万米医院，为灾区群众解决看病难的问题。此外，中国建材还投巨资为灾区重建了大型水泥厂。在2010年的玉树地震和2017年的九寨沟地震后，中国建材都派出了救援队，并帮助灾区人民灾后重建。

除了在这些贫困和发生自然灾害的地区以外，我们周围也有不少需要帮助的弱势群体，如孤儿、孤寡老人、艾滋病患者等，也需要社会大众的关心和帮助，企业和企业员工应该献上一片爱心。同时，这些爱心活动可以影响员工的人生观和价值观，企业员工会因此更珍视工作、热爱企业。

### 关心员工

企业中最宝贵的是员工，而不是机器和厂房。企业员工不是干活的机器，不能只是干活、吃饭、拿奖金，企业要成为员工的乐生平台，让大家在这个平台上充分发挥自己的聪明才智。有品格的企业应当善待员工，成为员工自我实现的有效工具。企业要注重员工的全面发展，加强对员工的学习培训；开展拓展训练，丰富员工的文化生活；关心员工的身心健康，使员工德、智、体全面发展。

重视员工发展可以为企业凝心聚力。中国建材之所以在短短数年间成为全球规模最大的建材企业，在多个领域引领世界建材行业的发展，在2008年金

与员工一起参加体育活动

融危机和经济新常态的挑战下持续稳步发展，不断发现、吸引、培养人才，形成一支优秀的人才队伍是关键。我们在联合重组过程中，尝试混合所有制，吸纳了一批优秀的民营企业家，将其成功转化为优秀的职业经理人。

企业首先应是学习型组织，要建立共同愿景，开展团队学习，进行互动式交流，提升组织的学习动力。中国建材每个月都会召开经营分析会进行内部交流，形成了团结向上的良好氛围。我们不断开展职业化培训，主动更新知识和技能。和其他投入相比，企业在人力资源方面的投入产出比是最高的。中国建材重视干部员工的再培训，把不少优秀干部送到著名大学学习。中国建材还在国家行政学院开设中青干部培训班，让中青年干部在这里增进知识和友谊，为今后的团结协作打下基础。

我们要努力去做员工信赖的企业。现在很多企业提倡员工的拓展训练，就是通过组织一些运动型活动，增加员工的适应力、耐受力和生存能力，比如沙漠徒步、爬山运动等，不仅锻炼了员工的身心，也培养了团队攻坚克难的精神，增强了企业的战斗力。

企业的文体活动也很重要，使员工保持精神愉悦，健康的身心必不可少。中国建材旗下的北新建材每年都组织企业文化节和运动会，让员工展现才华，促进和谐；组织管理层和员工的篮球比赛，密切干群关系。员工的身体健康也

## 企业心语

是重要的事情，要认真安排员工的带薪休假，保证员工的节假日休息，要定期组织员工进行体检，对员工的身体健康和家庭幸福负责。

企业还要创造舒适安全的工作环境。著名的霍桑实验结果表明，环境会影响员工的情绪和工作效率。我在北新建材做过10年厂长，几千人的厂没有发生过一起重大安全事故。回想这件事情，我认为除了安全工作抓得好外，生产环境好也是重要因素。那时全厂开展以"整理、整顿、清理、清扫、素养"为内容的5S精益生产活动，整个工厂干干净净，没有跑冒滴漏，员工们心情愉悦，也不容易出安全事故。

### 世界公民

对于世界公民一词有诸多不同解读，企业作为世界公民是套用联合国全球契约组织里的解释，即企业在全球化过程中，应遵守可持续发展等共同的原则。在中国企业通过"一带一路"走出去的过程中，我们带着"真、实、亲、诚"的文化，要树立为所在国经济发展做贡献的思想，要增强世界公民意识，遵守国际规则，遵守所在国的法律法规，尊重当地的习俗和宗教，重视企业的环保和安全，重视对当地员工的培训，热心对当地的公益事业，弘扬厚德载物、自强不息的民族精神等。

在中国建材为赞比亚援建的小学里和孩子们交流

中国建材在赞比亚投资建材产业园时，先是为当地打了100口水井，后来又出资150万美元捐建了一所医院和一所小学，还在世界艾滋病日向赞比亚艾滋病预防组织捐赠50万赞比亚克瓦查，受到了当地政府和人民的称赞。在巴布亚新几内亚，中国建材开设的建材连锁店每年都会为当地做公益事业，与当地居民十分融洽，被称为"民间大使"。

除了要做好公益事业之外，一个重要的事情是要与当地的企业合作，为当地培训员工，提高当地人员的技术和管理水平，实现合作双方的互利共赢。中国建材在土耳其建设大型水泥企业时，提出了"为当地经济做贡献、与当地企业合作、为当地人民服务"三原则，受到当地政府和企业的欢迎。赞比亚副总统听我讲述这三项原则时，高兴地说："这我就放心了，我们非常欢迎中资企业来赞比亚，但又担心挤垮本地企业，像中国建材这样和本地企业合作的企业，我们政府非常欢迎。"在合作培训之外，中国建材还安排当地员工来中国国内工厂学习培训，增加了当地员工对企业的热爱和归属感。

在"一带一路"国际产能合作中，有些人以为中国企业会把一些落后产能转移出去，实际上，中国"走出去"的都是中高端产能，都是把最好的技术拿出去，也只有这样才能降低成本拓展市场。中国建材在埃及建设的巨石玻璃纤维工业园就是用最先进的技术，效益非常好。埃及官员到浙江桐乡参观中国建材巨石玻璃纤维基地时说："你们是把最好的技术拿到埃及了。"中国建材还加大对环保的投入，在蒙古国投资的蒙欣水泥厂就建在风吹草低见牛羊的草原上，由于应用了严格的环保技术，水泥厂和美丽的草原相得益彰，形成了一道现代工业和自然风光完美结合的风景线，被誉为"草原中的水泥厂"。

伴随着中国进入新时代，中国企业登上世界舞台的机会越来越多，中国企业对自身的品格也应该有更高的要求。我们正和许多中国企业一道，瞄准全球一流企业，努力将自身打造成为全球领先的跨国公司和名副其实的世界公民企业。

> 企业心语

# 11

## 企业的格局与能力[①]

为什么同样的企业，有的迅速壮大，有的却裹足不前？有的遇到风雨后再现彩虹，有的却折戟沉沙？这是我们做企业的人常思考的事情，理由当然能找出好多条，但我觉得做企业的格局和能力可能是两个关键的因素，企业能否壮大取决于做企业的格局够不够大，而企业能否攻坚克难则取决于企业所蕴含的能力。

### 什么是企业的格局与能力？

**企业的格局，就是做企业的时空观**。企业的格局决定企业的发展和未来，对于企业非常重要。古语说，"不谋全局者，不足谋一域"。"全局"指的就是格局。企业的格局和企业家认知有关，反映在企业的发展战略上、企业的工作中和处理复杂问题的态度上。所以，格局又反映了人的认识论和方法论方面的问题。

**企业的能力，是指企业内在的素质**。管理能力、市场能力等属于企业生存必备、"应知应会"的一般能力。这里讲的企业能力主要是指卓越企业应有的特殊能力，这包括对机遇的捕捉能力、对相关资源的整合能力、不断构筑企业核心专长的创新能力、长期坚守耐受困苦的能力、绝地反击的复原能力。这五

---

① 做企业，既要有格局，也要有能力。作者认为中国企业在自我转型的关键阶段，要提升企业领导的认知格局，培养一些特殊能力，唯有如此，才能把握好历史机遇快速发展。本文原载于《企业管理》2017 年第 10 期。

种特殊能力要经过积累锻炼，才能够具备。

**格局和能力要相匹配**。格局和能力是一种相互制约、互相促进的关系，需要相互匹配。企业要发展首先需要有一定的格局，但若只有格局而没有能力，再好的格局也只是水中月、镜中花。因此，我们做企业时既要考虑到我们的格局够不够大，也要考虑我们有无完成大格局的相应能力。格局把企业内外部问题和资源联系起来，创造更多机会，牵引能力增长，因此格局调整会带来企业发展的突破。格局需要能力支撑，能力也会影响企业的视野和取舍，塑造企业格局。有格局和能力意识，把握好格局和能力的关系，企业才能把握机遇快速发展。

### 做企业如何构建格局？

企业格局与企业领导者的知识面、认识程度、视野、胸怀等有关，与企业战略和目标紧密相关，又与企业的历史沿革、文化特点和所在行业环境有关，与企业开展的工作、遇到的困难紧密相关。我们要围绕这些相关要素构建企业的格局。

**一是企业领导者认知的格局**。提高企业领导者的认知格局，就要求其"见多识广"，要了解市场情况、行业走势和技术发展，要"读万卷书，行万里路，交四方友"。成功的企业家，大都是在世界各地跑来跑去，在反复的对照、印证、思考中，提升认知格局。我也常敦促干部们多出去走走，多到同行企业交流，多去展会上看看，不然"坐井观天"，怎么能构建好格局呢？企业家必须有大格局，要洞察行业有哪些新变化、技术和商业模式上有哪些创新、企业面对哪些重大机遇，这些是别人无法代替的。

**二是企业的战略格局**。"种瓜得瓜，种豆得豆"，不同的战略格局就会带来不同的结果。做企业战略时，既要锁定目标，也要确定市场范围，应是明确目标后，缺什么找什么，而不是有什么做什么。小企业也可以有大格局，并不是小企业就一定是小市场。德国企业界的"隐形冠军"都是中小企业，却都是以国际市场为目标的。麦当劳和星巴克把汉堡和咖啡做到了全世界各个角落，这首先得益于有全球化的战略格局。大企业更要有大格局，中央企业大多是部委的公司改制来的，干部们有研究行业宏观形势的能力和面对全球、全国市场的视角，因而中央企业的发展就有更大的格局，这实际上是中央企业区别于许多地方国有企业最大的优势。中国建材就有一个大格局发展的故事，这些年我们不断调整企业战略目标，通过回归水泥业务，启动资本运作和联合重组两个轮子，从一家深陷债务危机的中小企业一步步发展成为世界500强企业。今天，我要求中国建材的干部格局要大，我们不光要做全球最大的制造商，还要做全球最大的综合技术服务商、建材工厂外包管理商；我们还制定了"10个建材工业园、10个海外仓、10个国际试验室、100个EPC项目、100个海外家居店、100个工厂外包管理业务"的"六个一"国际化发展目标，要把科技、管理、物流、工程服务和项目投资综合起来，打造"一带一路"建材工业体系，给全球利益相关者创造价值。

**三是企业工作的格局**。在企业工作中，怎样看待资源，怎样制定分配机制，怎样处理环保、安全和效益的关系，怎样面对竞争者等，也都是格局问题。中国建材主张"善用资源，服务建设"的理念，做水泥时把矿石做到全利用，同时原料大量采用工业废弃物，开发可再生能源材料，打造绿色建材。在企业内部，我们照顾好员工，创新机制，让员工与企业共同成长，使员工与股东利益共享。企业要以效益为中心，但涉及环境时就要以社会利益为重。中国建材以环境、安全、质量、技术、成本的次序来排列要素，不是说技术和成本不重要，而是环境和安全更重要。在行业里，企业间肯定有竞争，但企业利益孕育在行业繁荣之中，竞争者作为同业，也要合作，取长补短，不能搞恶性竞争。中国建材在行业里是一个友好者、整合者、行业秩序的主动维护者。在"走出去"的过程中，中国建材在"一带一路"沿线遵循"为当地经济做贡献、与当地企业友好合作、为当地人民做好服务"三个原则，受到热烈欢迎。我们的体会是，企业有格局，才能走得好、走得远。

**四是企业处理复杂问题的格局**。企业在市场的复杂系统中运作，经常会处于各种矛盾和困难的交织之中，因而往往考验着企业领导者处理复杂问题的能力。在处理复杂问题时也要有格局，首先是"战略上藐视，战术上重视"，要站在问题之上看问题，要站在问题之外看问题，要用历史的眼光和发展中的眼光看问题，要学会把复杂问题简单化，而不应把简单问题复杂化。处理复杂问题要拿得起、放得下，要有取有舍、当断则断、抓主要矛盾，不要纠纠缠缠、把问题长期化和僵持化，也不要眉毛胡子一把抓，要能纲举目张。经营企业遇到问题是难免的，关键是不要夸大问题，更不要以偏概全，要看到成绩和光明。一方面认真解决处理好问题，另一方面致力于发展，用发展解决问题。在小问题上花费过多精力去纠缠，不如腾出手来做些新业务，用新业务的成绩"以丰补歉"，这也是格局问题。"人不自信，谁人信之"，讲的也是格局的问题。格局越大，企业就越自信。中国建材就演绎了一个攻坚克难不断发展的故事。中国建材提出水泥业务、新材料业务和工程服务业务"三足鼎立"的发展模式，新材料业务异军突起，形成企业发展的一个新亮点。企业的故事一方面要讲得精彩，另一方面要能持续讲下去，企业家重要的工作是为企业谋好篇、布好局。现在中国企业到了一个需要转型和自我超越的关键阶段，如果要以中国建材的经验来提建议的话，我希望大家在思考企业战略、企业目标、企业管理、企业发展的时候，在遇到困难和问题的时候，更多从格局出发展开思考。

**做企业须培养哪些特殊能力？**

企业的能力，并不只是企业日常综合能力，管理能力、开拓市场能力这些都是企业应该具备的一般能力。我要强调的是企业非常重要的、特殊的一些能力，特别是当前经营环境变化，要适应新常态、引领新常态，更好地参与供给侧结构性改革，企业更应该具备这五项特殊能力。

**捕捉力**。捕捉力主要是指对机遇的捕捉能力，机遇来了能否跳起来抓住它。企业发展中失去机会是最大的失败，重大机遇有时10年左右才可能有一次。这就需要企业了解自身所处的环境，抓住千载难逢的历史机遇，并确定一个清晰的方向和战略。企业做什么、什么时候做是非常关键的，市场不可能总给我们机会，关键要看机遇来了我们能不能抓住它。怎么抓住它？第一，需要有心人去发现，企业领导者更需要有一双发现机遇的眼睛，因为很多机遇是不易被察觉的。作为企业家，要有清晰的方向感和对机会的敏锐感。第二，机会只留给那些有准备者，企业必须要有科学的规划和充足的准备，那些没有战略目标、盲目行动、准备不足的企业，注定会摔跟头。第三，持续地跟踪学习非常重要。我一直倡导企业要不停地学习，建立学习型组织。中国建材组织领导干部学习最新的管理思想和最新的经济形势；组织每月召开经营分析会，大家报报数、汇报经营心得，进行内部互动式学习；组织"走出去"学习，向跨国公司大企业去学习。如果不学习、不用心、不充分准备，就很难抓住稍纵即逝的机遇，很难把机遇与企业自身结合起来进行创新和发展。

**整合力**。做企业很重要的能力是把相关的资源整合起来，企业的发展不只在于有创造资源的能力，关键是有无整合资源的能力。中国建材重组了上千家民营企业，启动了内部深度管理整合，这一实践成果，荣获国家级企业管理现代化创新成果一等奖，并被写入哈佛大学商学院案例。其实在这些整合里最难的是精神和文化上的融入和认同。我常说，中国建材属于"移民企业"，先天有一定包容性，同时也有文化认同，我们进行了深入宣贯。2016年基于多年的整合经验，我们顺利完成了中国建筑材料集团有限公司和中国中材集团有限公司的重组，重组后企业实力大增，2017年9月两家H股上市公司又顺利启动了"复兴号"重组。"两材"的重组效应远超预期，实现了"1＋1＞2"的效果，企业效益大幅提升，重组元年2016年利润同比增长35%，2017年前8个月利润同比增长98%。中国建材就是这样一路整合过来，整合以后还要进行内部再整合，不断提高资源利用效率，提高核心竞争力。

**创新力**。对企业来说，竞争力的强弱很大程度上是由创新力决定的。一个企业从表面上看只是一组数字，如销售收入、利润等，再往里看，就是技术专长，也就是企业的创新能力。如果不能持续地创新，企业再大也没有竞争力，在成长中遇到巨大风险就会轰然倒塌，更不可能获得良好的经济效益。只有不断提高科技创新能力，提升企业核心竞争力，才能做到凡事比别人高一招、先一步。我常给大家讲，看中国建材，不光要看到它的实力，更要看到它的能力，尤其是它的创新能力。中国建材拥有26家国家级科研院所、3.8万名科技工作者、9000多项专利[1]，具有很强的技术创新能力，支撑了行业的技术进步

---

[1] 截至2019年12月，中国建材集团拥有12500多项有效专利。

和转型。比如我国水泥行业技术、装备水平已经从过去的"跟跑、并跑"进入现在的"领跑"阶段,靠的就是我们的创新。过去一条日产5000吨的水泥生产线需2500人,后来通过创新不断提升劳动生产率,逐渐减到1000人、500人、200人,现在我们的全智能水泥生产线仅需50人。再比如我们的石膏板,过去每平方米煤耗2.2千克、电耗1.2千瓦·时、使用石膏11千克,现在每平方米煤耗0.49千克、电耗0.4千瓦·时、使用石膏7千克,虽然每平方米售价从过去的12元降至现在的5~6元,但还有很好的利润。我们还大力培育发展光电玻璃、玻璃纤维、碳纤维、高分子膜材料、石墨基碳材料、人工晶体和特种工业陶瓷等十大高科技新材料,这些业务在技术领域已居于世界领先水平,有些业务规模已居于世界第一。创新力是企业的核心能力,企业的创新力强不强决定了企业的未来。

**承压力**。做企业不可能一帆风顺,也不可能一蹴而就,而是要长期坚守,要耐受住各种困苦,有时候常常拼到最后才会出现转机。企业会不停地遇到难题,关键要看遇到各种坎坷、灾难以后,企业能不能挺过来,优秀的企业要有很强的承压力,也可以叫定力。马云、马化腾、任正非等企业家,在企业发展过程中都遇到过非常大的困难和危机。面对困难要有平常心,我常讲,你困难大家都困难,困难不是哪家企业独有的,可能人家比你困难还大;任何困难都会过去,要用发展眼光看问题,不要被困难吓倒;面对困难要主动作为,不要怨天尤人。我做企业也遇到过很多问题和困难,当年接管北新建材、中国新型建筑材料集团时,它们都是经营非常困难的企业,后来都实现了绝地反击、强势起飞。所以我一直主张以积极正面的心态面对问题和困难。还有,企业做一项业务一般需要10年左右才算熟悉,20年左右才算巩固,30年左右才能达到世界一流水平。这期间也会遇到坚持不下去的时候,如果放弃了,中国建材今天就不会有6个产业规模居全球第一。无论是攻坚克难,还是坚守产业,都需要超强的承压力。

**复原力**。复原力是指企业的抗风险能力和企业受到打击后的恢复和再生能力。企业被击倒能否再爬起来,企业受了致命伤能否自我恢复,这也往往是一个企业能否持续发展成"百年老店"的关键。纵观许多企业在成长过程中都有过风险，或走过麦城，但有的企业就一蹶不振轰然倒下了，有些企业却可以置之死地而后生，有着超强的复原力。风险是客观的，企业不可能不遇到，而有没有抵御的能力，有没有免疫力、复原力很重要。特别是大企业，因为它承载着一个产业，乃至一个国家经济发展的格局。中国建材 2008 年遭遇金融危机，H 股股票从 39 港元跌到 1.4 港元，一些投机的基金对我们恶意做空，但我们不为所动，而是全力做好企业内部业务深度整合，外面雷声隆隆，里面书声琅琅，成了一道风景线。随着我国经济形势转好，企业也创出了优异的成绩，最终熬过了寒冬。企业要把风险和困难当作成长的过程，要保持一个良好的心境，用我们的生命力和赋予企业的希望来渡过难关，这是企业最重要的特质。

格局和能力决定企业的未来。企业在发展的每一个阶段都会迎来新的挑战。成功的企业总是把格局和能力建设考虑在先。现在中国企业一方面面对"一带一路"的历史机遇，另一方面面临国内供给侧结构性改革的重任，要想从大到伟大，要想成为一流的跨国企业和"百年老店"，需要我们的企业家有更大的格局和更强的能力！

# 12

## 企业需要什么样的管理研究[①]

《管理世界》杂志的"3·25 倡议"引发了管理学界的思考和讨论,这个讨论又远远超出了管理研究学术论文的范畴,涉及企业管理最深层的问题,即企业需要什么样的管理研究。作为一名长期扎根企业的管理者,我谈谈自己的看法,供大家参考。

### 管理研究要解决企业的问题

管理研究为何而来?管理研究应是从应对企业问题中来,为发现企业的问题、解决企业的问题而产生的。从工业革命开始,如何提高企业的效率,这个问题就是管理研究的起因。随着企业的发展,战略研究、投资研究、组织研究、创新研究等应运而生,所以管理研究始终是为了解决企业的问题。

我国的企业管理是随着我国改革开放发展起来的。改革开放初期,我国企业管理总体上比较粗放,生产水平也很落后。在整个 20 世纪 80 年代,我们的企业处于管理的学习阶段,我们开始学习西方的管理理论和日本的管理方法,主要针对的是现场管理、成本控制、质量改进等方面。到 20 世纪 90 年代,我们开始引入 MBA 教育,我国企业管理研究有了一定发展;伴随着国有企业的改革、民营企业的发展、上市公司的壮大,这一段的管理研究更多转向对企业

---

[①] 鉴于我国经济学、管理学研究中出现的过度"数学化""模型化"等倾向,《管理世界》于 2020 年 3 月 25 日在该期刊 2020 年第四期"编者按"发表文章,呼吁中国学者"研究中国问题、讲好中国故事",简称《管理世界》"3·25 倡议"。作者作为一名长期扎根企业的管理者,谈了自己的看法。

制度的探讨。自 2000 年以来，我国企业面对的主要是互联网、新技术革命、企业"走出去"、气候环境变化等问题，因此，这一段的管理研究紧紧围绕着企业创新、国际化、应对气候变化等问题展开。最近一段时间，新冠疫情在全球暴发，对企业产生了巨大压力和影响，管理学界又围绕如何应对突发公共卫生事件等为企业献计献策。

所以我想，企业的管理研究是实践的产物，它来源于企业，是为解决企业面对的问题而开展的。对于企业管理研究者来讲，我们要深入企业，了解企业的变化和企业的问题，针对企业的问题进行研究，帮助企业发现存在的问题并找出解决问题的方法，再将这些方法升华为管理的理论，进一步指导企业的工作。

我在企业工作了 40 年，其实大多是做管理工作。在工作中学习管理理论和知识给了我很大帮助，同时我自己也从一个管理的实践者变成了管理的研究者。我觉得随着企业面对环境的不确定性带来的变化，需要研究的问题越来越多。我从实践中得出结论，管理研究是帮助企业解决问题的，管理研究确实能帮助企业提高竞争力和促进企业的发展。

## 管理研究服务于企业管理者

管理研究着眼于解决企业的问题，指导企业经营发展，它的成果应该应用于企业，它的服务对象应是企业家和企业管理者。因而，无论是写论文还是著书立说，为什么、为了谁这个目标不能缺失。如果我们写的东西让做企业的人看不懂，"丈二和尚摸不着头脑"，这肯定是管理研究的失败。过去这些年，一些知名企业家批评现在的管理教育不解决问题，甚至学了还不如不学。我认为这些批评并不是对管理研究和教育本身的批评，而是对脱离企业实际和对象、束之高阁的管理研究和教育方式的批评。

随着企业的发展，我国企业界的管理水平越来越高，企业的创新能力也越来越强。在这种情况下，企业家需要高水平、有针对性的管理指导，应该说这对做管理研究的学者们来讲既是机遇也是挑战，因为研究企业这些新问题和新变化所需要的知识和方法的难度越来越大。

过去我们研究出一项成果或许能用好多年，但现在可能很快就不适用了，所以这就要求做管理研究的人要贴近企业、贴近企业家，要与时俱进。研究成果要及时反馈企业、指导企业，征得企业家的认同。企业管理研究归根结底是为企业服务的，因此判定管理研究成果的好坏也只有放回企业，在实践中加以验证。

管理研究要有一定的理论性，我想这是研究的特征。但这些理论要让有学习能力的企业家看得懂，也就是说研究成果要达到能让大家茅塞顿开和喜闻乐见的效果。东方人和西方人在研究上的思维重点有所不同，东方人比较喜欢定性，而西方人比较喜欢定量；东方人比较重视结论，而西方人喜欢过程求证。这可能是深层次的文化偏好导致的，大家各有所长，所以东西方研究方法也应相互借鉴和融合。

企业管理研究要借助数学进行逻辑验证和概括，但又要直白地把原理和结论讲清楚，这样会更方便企业人士看明白。现在企业里的管理层人员大多有本科以上的学历，应该说普通的数学原理大家是看得懂的，但如果过度使用数学会让大家望而生畏而失去读者，那再好的理论也没有用。

2009年，我在水泥行业大规模推进联合重组，引起了美国哈佛大学商学院的重视。资深教授鲍沃先生带了几个学生，深入到我正在整合的南方水泥调研几个月，写出了一个案例。他们把案例拿给我看，我看后大吃一惊。整个案例写得极其简单直白，写了整合水泥的起因、整合的方法和效果，让人一目了然，通篇没有一个数学公式，也没有数字曲线和表格。

这几年，我带领中国建材做的水泥重组和"三精管理"，也两次获得全国企业管理现代化创新成果一等奖。成果的写法也比较简单，就是把起因、目的、措施、效果、案例、结论这些说清楚，让大家能看明白、看进去。

## 知行合一的管理研究

管理大师德鲁克主张企业管理应知行合一，并且认为首先是行不是知，他的这个观点表明了企业管理研究的实践性特点。纵观德鲁克的管理书籍，相当大的篇幅是他对企业案例的研究。其实我了解美国一些大企业的管理特点大部分来源于德鲁克的书，德鲁克的书中也鲜有数学公式和曲线。

和德鲁克一样，陈春花教授也注重实践，投身于华为公司、新希望集团、云南白药集团等进行实战性研究，所以陈春花教授写的书有广泛的企业读者。在这次抗击新冠疫情的过程中，不少企业研究者为企业出招应对困难，获得了企业界的一致好评。企业管理研究和一些纯理论研究不同，它必须以企业为对象进行，必须对企业进行深入的调查研究。

我经常拿医学院和商学院进行比较。在医学院大部分教授都去临床实践，因为只有具备临床经验才能更好地进行教学。医学的研究建立在解剖等方法上，就是那种追根溯源的做法。医学实践中还有一个办法很值得企业学习，就是会诊制度，各科医生共同研究病人的病情和诊疗方案，以减少失误。医学界的临床和会诊模式很值得我们企业管理界学习，医学最终是为了治病救人，而管理学说到底是为了做好企业。

当然，讲这些并不是要求每位做管理研究的学者都去做企业，这既不可能也没有必要，而是希望做管理研究的人要深入企业，更多获得企业一手资料，为企业提供服务，这应是做管理研究的思想基础。对于商学院，我也赞成在录取和教学中注重实践性，毕竟商学院的教育是实践性和继续性教育。我认为应该在商学院里增加有实践经验的企业家作为实践教授，形成"教授+教练"的教师结构，企业家的进入也会促进管理研究的实践化。

虽然我讲了很多管理实践的意义，但我还是十分赞成加强管理理论的研究，因为在从事管理的过程中，我十分受益于对管理理论的学习。同时我也主张更多的企业家学习管理理论，我认为不学习管理、只凭经验做不好企业，反之亦然。

关于讲好中国故事，我觉得这是我们目前要特别重视的问题。企业管理毕竟是以研究企业为对象的，工业革命后管理热潮产生于英国，20世纪上半叶美国独领风骚，而后日本跟上，现在应是讲中国企业故事的时代了。

事实证明，企业管理理论是与经济发展和企业成长分不开的。现在我国经济整体规模达到世界第二位,而世界 500 强企业的数量已经位列全球第一。尤其随着互联网、5G、AI(人工智能)等一批新经济企业的快速崛起,我们应该建立有中国特色的企业管理理论。以前袁宝华老先生提出我国企业管理理论要"以我为主,博采众长,融合提炼,自身一家",今天我们具备实现这一主张的条件了。

# 企业心语

# 13

## 做企业为什么要培训[①]

这些天，大家都在怀念杰克·韦尔奇[②]，而我最难忘记的是他对企业培训的专注。GE公司有一个克劳顿管理学院，长年对GE公司的各级管理人员进行培训，而韦尔奇退休后也成立了以他自己名字命名的商学院，他对商学院的教育工作达到了痴迷的程度。我认为韦尔奇不只是一位企业家，也是一位企业教育家。我也想结合自己以往的经历，讲讲企业培训工作的实践和意义。

### 企业管理不是无师自通的

我是1993年初开始做北新建材厂长的，在这之前是主管销售的副厂长。大学时我学的是化学专业，所以做厂长对我来说，是面对一个全新的企业管理问题。那个时代，中国企业已经开始学习管理了，1992年我在北京参加了一个日本产业教育培训班，记得当时学习了6本书，主要讲日本企业的现场管理和质量管理。通过那场培训，我不仅学习了从事市场工作的管理要点，还学到了不少其他方面的管理知识。也是在那一年，我参加了武汉工业大学北京研究生部开办的工商管理硕士课程，导师是尹毅夫先生。尹教授是燕京大学的毕业生，他英文很好，在大连中美合作项目大连工商培训中心做过翻译，在中国科学院退休后走上了工商管理培训的道路。尹教授当时给我们上两门课，一门是

---

[①] 通用电气公司前CEO杰克·韦尔奇对企业培训的专注让作者难忘，本文以作者在企业40年的培训实践为案例展开，讲述了企业培训对于干部经营管理水平提升和企业发展壮大的深刻意义。
[②] 2020年3月2日，杰克·韦尔奇逝世，享年84岁。

领导思维课,一门是西方企业财务管理课,这两门课对我做厂长起到了重要作用。我有时候会想,作为一名理工科学生,如果没有参加过这些培训,自己会怎样理解和领导企业呢?

其实不光企业的领导要学管理、懂管理,企业的各级干部也应该学管理和懂管理。记得刚当厂长时,给干部们开会,无论是从大家的思想还是用语中,我都找不到企业管理的感觉,这种管理现状怎么能行呢?我果断提拔了一些年轻人,但是他们大部分是工科院校毕业的,并没有系统的企业管理知识。那时我已经在清华大学、北京大学等高校讲实践课,就把满足条件的干部推荐到清华大学、北京大学、北京交通大学等学校的经管学院学习,好在那时学费还很低,要学的人也不是那么多,那时候清华大学经管学院就有不少来自北新建材的学生。正是因为这样,北新建材的干部一下子提升了管理水平,再开干部会时,大家都能用管理术语进行交流,我当时提出"要像办学校一样办工厂",企业迅速成为充满"学习氛围"的学习型组织。

那个年代,我们的管理模式基本是向日本企业学习的。那时候,我参加了在东京的 AOTS(日本海外产业人才育成协会)培训,那场培训使我系统地了解了日式管理,我的学习总结《浅谈日本企业的经营管理》也在企业内部刊物上发表,供大家学习。在企业管理中,我们系统推广了 5S、TQC、PDCA 循环[①]等先进的管理方法,之后又引入 ISO 9000 认证等,使北新建材成为一家管理先进的企业,连日本人都称赞北新建材的管理精细。后来我又参加了华中科技大学工程管理博士课程的学习,可以说,我在北新建材当厂长的 10 年是边工作边学习的 10 年,正是学习使北新建材成为一个管理现代化的工厂,我本人也荣获全国优秀企业家(金球奖)。历经那 10 年的培训学习,我的体会是:做企业必须要既实践又学习,管理不是无师自通的,只靠经验做不好企业。

## 中国建材的培训实践

2002 年初,大型企业工作委员会任命我做中国建材的"一把手"。上任以

---

① 针对品质工作按规划、执行、查核与行动来进行活动,以确保可靠度目标之达成,并进而促使品质持续改善。

| 企业心语

**参加香港大学生对话央企高管活动**

后我查看干部们的人事档案,发现干部们普遍没有参加过培训,这让我很是吃惊。当时我已经在国家行政学院做兼职教授,就让学院给中国建材开了两个培训班,一个是 CEO 班,另一个是 CFO(首席财务官)班,我叫"管理扫盲班"。之后,我让集团的班子成员都参加厦门大学在北京开设的 EMBA 班学习,之所以参加这个班,是因为厦门大学的财会专业师资好,我觉得我们的干部在财务数字方面差些。果然这些培训对中国建材后来的崛起和发展起到了至关重要的作用。

随着中国建材的海外上市和联合重组,培训工作在集团变得更加重要。中国建材的培训是分层面的,除了集团的培训外,二、三级企业也进行各自的培训。在集团层面,每两年在国家行政学院安排 10 次为期两周的骨干干部轮训,差不多每个班 100 人,共 900 多人参加轮训。我们在国家行政学院还开设了中青班,春、秋季各一班,每班 50 人,为期两个月。此外,中国建材在中国大连高级经理学院①开办了 EMT(高级经营管理培训)班,也是春、秋季各一个班,每班 50 人,为期两个月,同时还安排去日本学习 10 天。这些培训内容以工商管理为主,每次培训结束前我必给学员们讲一次课,和学员们照毕业合影,这也成了每个班学员的期待。通过这些培训,大家不光学习了企业经营管理知识,

---

① 以下简称中大院。

干部之间还展开了互动交流，这对一个大的集团公司是非常重要的。

国家行政学院多年来为中国建材培训了大批年轻干部，每次结业时大家都要合影留念

除了这种到学校的委托培训外，企业内部也结合工作开展各种业务的培训。记得 2008 年金融危机时，我们正进行南方水泥大规模的重组，突然很多项目停下来，企业压力很大。当时我们在杭州开展了南方水泥的整合培训，我对大家说，"外边雷声隆隆，屋里书声琅琅"。南方水泥后来发展成为中国建材最赚钱的一家公司。在企业培训中，企业的"一把手"要把人才培养作为企业战略性工作，也要成为培训师。韦尔奇在 GE 公司时很重要的一项工作就是在他的干部培训班上布道。这些年，我在中国建材做得最多的工作也是布道，集团每个月都有月度会，大概有 100 多名经理人员参加。每次会上，先由各公司数字化汇报工作情况，再由总经理总结和安排工作，最后由我来进行布道，主要讲经营方法和发展思路，我常说，我给大家讲的都是超 EMBA 课程，十几年讲下来，大家博士水平也该有了吧。正是这十几年来不停的、有组织的和自组织的培训，使得中国建材这家管理基础薄弱的企业发展壮大，中国建材也培养了一支优秀的管理团队。

## 中央企业的"克劳顿村"

位于美国纽约州哈德逊河畔的克劳顿村的 GE 克劳顿管理学院，是 GE 公司的培训中心，每年为 GE 公司培训约 6000 名管理人员。学院的教师有一半是来自 GE 公司的中高层管理人员，韦尔奇就先后 250 次到学院给约 18000 名管理人员授过课。GE 公司还设有首席教育官，专门负责公司的培训工作。跻身《财富》世界 500 强企业的 CEO 中出自 GE 公司的就有 137 位，因而 GE 克劳顿管理学院也被称为"美国企业界的哈佛"，成为高级人才培养的摇篮。

中大院有着特殊的历史，是改革开放的产物，当年邓小平同志访美催生了中美合作这样一个项目基地，为我国大型企业和机构培养高级经营管理人才。如今这里发展成为国资委培养二级以上中央企业经营管理人才的重要培训机构，我常觉得这里有点儿像中央企业的"克劳顿村"。中大院位于风景如画的大连，依托大连理工大学的教学资源，这些年为中央企业培养了一大批高级经营管理人才。这些年我应邀多次到中大院做交流，体会到中央企业可利用中大院的优势，依托中大院进行高级经营管理人员的培训。在我看来，中大院具有得天独厚的条件，能为中央企业高级经营管理人员培训提供优质保障。

EMT 中央企业经理培训项目，中国建材已参加三期

EMT 是继 EMBA 之后又一针对国有企业高级经理的培训项目，特别符合中央企业的需要，好像是为中央企业量身定做的。中国建材在中大院已先后举办了三期培训，学员均是来自集团所属骨干企业的年轻高级经营管理人员，大家学习十分踊跃，特别有成就感。由于中大院教学组织得好，加上安排去日本的研修，学员们在两个月的学习中提高了经营管理水平，大家都感觉很有收获。我也了解到中国建材各单位对从这个培训出来的干部很满意，其实培训才是对

干部的最大赋能。培训的实践经验很重要，证明中大院的 EMT 培训可以在中央企业大力推广。2019 年世界 500 强企业中有 48 家中央企业，而中央企业所属子企业共有约 4.8 万家，各级有大量的培训需求，关键是要规划和组织好，中央企业的主要领导者应特别重视，把这件事情纳入企业的重要培训计划中。中大院可根据整体情况统筹分配名额，中央企业可以组织推荐，这样如果每年能开 20 个班，每年就可以为中央企业培养上千名高级经营管理人才，这对中央企业是多大的贡献！中大院也可依托中央企业的特殊优势，从中央企业里精选案例，优选实践教授，备选参观教学点，这些是其他商学院不具备的条件。从这个角度来看，中大院有理由成为享誉全球的超级商学院。

企业心语

# 14

## 打造"一带一路"新优势[①]

"一带一路"倡议是对国际合作以及全球治理新模式的全新探索,对于推进经济增长和供给侧结构性改革、开创地区新型合作关系,具有划时代的重大意义。"一带一路"倡议自提出以来取得了丰硕成果,这一重大决策部署符合中国经济发展的内在需求,符合由经济大国向经济强国迈进的规律,也为世界经济可持续发展增添了活力。

作为中央企业和世界500强企业,中国建材紧扣"一带一路"、国际产能合作等国家战略,充分运用自身在技术、资金、人才等各方面的优势,按照市场化的原则,稳步开展境外投资,积极拓展境外工程承包业务,创新国际贸易模式,加快推进建材装备"走出去"的步伐,取得了实质性进展,成为我国建材行业"走出去"的国家新名片。

### 成为建材行业"走出去"的国家新名片

中国建材是国资委直接管理的中央企业,是中国最大、世界领先的综合性建材产业集团,连续六年荣登《财富》世界500强企业榜单。目前资产总额达5500亿元,年营业收入近3000亿元[②],多个主要领域包括水泥熟料、商品混凝土、石膏板、玻璃纤维、风电叶片产能规模居世界第一,水泥工程和余热发电

---

[①] 本文详细介绍了中国建材积极响应、全面参与"一带一路"倡议获得的新优势和新成绩。本文原载于《中国建材》2017年第6期。
[②] 截至2019年12月,中国建材总资产6000亿元,年营业收入3887亿元。

工程国际市场占有率居世界第一。"一带一路"倡议提出后,中国建材紧抓历史机遇,依托自身规模和综合优势,深耕"一带一路"大市场,积极开展境外投资,探索"EPC+投资+管理+服务"走出去模式,在世界 58 个国家和地区设立了 197 家境外企业和机构,业务覆盖全球 100 多个国家和地区,成为"一带一路"建设的排头兵。

**以先进技术和优势产能支持"一带一路"建设。**"一带一路"的目标是打造利益共同体、责任共同体和命运共同体,中国企业的使命是以先进技术和优势产能支持"一带一路"建设。在供给侧结构性改革中,我国整体工业要迈上中高端,但中国建材工业已经处于中高端水平,中国建材在新型干法水泥、特种水泥、电子玻璃、光伏玻璃、石膏板、玻璃纤维、碳纤维、新型房屋等领域创造了一大批世界一流的技术。中国建材用实践证明,国际产能合作应是共同发展和双赢,绝不是输出落后产能。作为我国建材行业"走出去"的领头羊,中国建材凭借自主知识产权的水泥和玻璃工程设计和技术装备能力,在全球范围内推行水泥和玻璃行业的中国制造、中国标准,开辟了一条"中国建材通道"。水泥方面,我们已在 75 个国家承接了 312 条大型水泥成套装备生产线,占全球新建水泥生产线的 65%,连续 9 年保持全球水泥工程市场占有率第一;玻璃方面,我们在"一带一路"沿线国家总包或设计了近 60 条生产线[1]。不仅是发展中国家,发达国家和跨国公司都购买、使用中国建材的水泥和玻璃装备。在参与"一带一路"建设过程中,中国建材始终坚持突出中国品牌、中国技术,突出一流品质、一流信誉,坚持输出先进技术和优势产能。此外,我们还积极与法国施耐德电气有限公司、日本三菱集团等跨国公司在水泥、玻璃、光伏等领域合作,将中国建材的中高端装备与发达国家的高端技术结合起来,联合开发第三方市场。

**打造海外投资"升级版",以优质建材服务"一带一路"基础设施。**兵马未动、粮草先行,基础建设需要建材先行,建材企业要当好"一带一路"建设的先遣队。中国建材在过去 EPC 的基础上,探索直接投资、建园区等多种方

---

[1] 截至 2019 年 12 月,中国建材集团在海外的水泥 EPC 生产线有 357 条,玻璃 EPC 生产线有 78 条。

| 企业心语

式，不断提升境外投资的质量、效益和规模。截至2017年，中国建材境外投资总额近200亿元：投资蒙古国建成年产100万吨水泥生产线，满足了当地40%的水泥市场需求；投资赞比亚和刚果（布）建设建材工业园，将先进的建材制造技术与装备带到非洲；投资南非、埃及建设的玻纤生产线，产品辐射欧盟、中东及整个非洲市场，产销率100%；投资发达国家在美国南卡罗来纳州建设年产8万吨玻纤项目已开工建设，建成后产品将全部供应美国本土；在非洲、中东等区域实施钢结构、彩板、石灰、纤维水泥板等小、快、灵的直接投资项目；在乌克兰、泰国等区域投资光伏电站及模组生产线。众多投资项目为"一带一路"沿线基础设施建设提供了优质的建材保障。

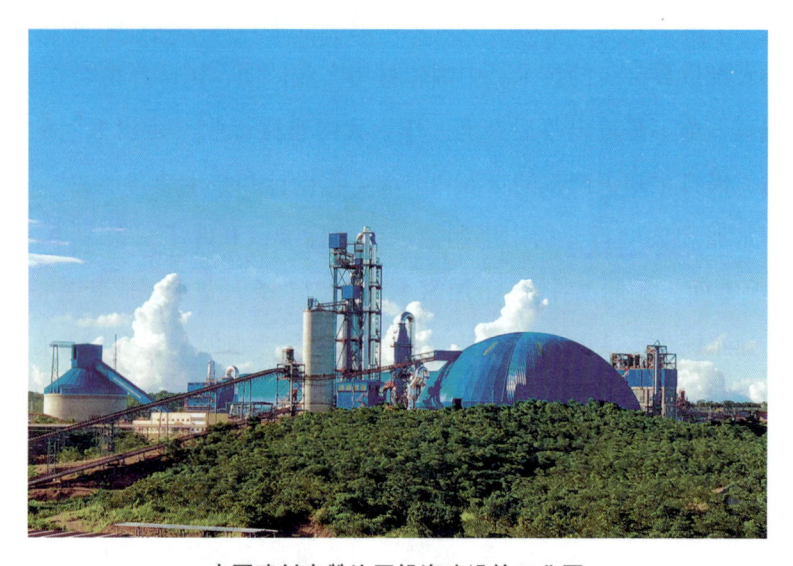

中国建材在赞比亚投资建设的工业园

**创新"走出去"模式，助力"一带一路"贸易互通。** 中国建材成功打造建材行业"网上丝绸之路"，持续提高海外贸易业务的增量和效益。中国建材打造"互联网交易平台+海外仓"模式，充分发挥我国建材行业首个现货交易电子平台——易单网的优势，率先在"一带一路"沿线建设24个海外仓，为国内外生产企业提供全球营销的"网上丝绸之路"；开展"互联网+全球化运营管理"模式，利用智慧工业对中东、中亚和非洲近30家水泥厂提供外包管理服务。此外，中国建材积极推广"建材+家居"连锁超市模式，在南太平洋地区最大建材综合服务商的基础上积极拓展非洲市场,以建材和家居服务非洲国家建设;还以"绿色小镇"模式向全球推广"加能源5.0"新型房屋,这种绿色环保房屋已覆盖五大洲39个国家,创造了良好的经济效益与社会效益,受到所在国政府的高度赞扬和肯定。

**站在行业发展的尖端,打造国际创新研发平台**。科技创新是推动人类进步的关键动力,加强科技合作、共同提升科技创新能力也是《推动共建丝绸之路经济带和21世纪海上丝绸之路的愿景与行动》中的重要内容。中国建材在自身创新驱动发展的同时,也非常重视国际的科研合作与交流。一方面,收购海外科技类公司的股权,强化集成创新。比如收购德国AVANCIS公司,快速掌握了CIGS薄膜太阳能电池核心技术;收购德国NOI公司,一跃成为中国首家兆瓦级风机叶片生产商;收购印度LNVT公司68%的股权和德国哈兹马克公司59.09%的股权,进一步提升建材装备国际市场竞争能力。另一方面,积极参与国际交流,定期与世界500强建材企业沟通,成功举办第十四届国际水泥化学大会,建立亚洲水泥与混凝土研究院,坚持组织参加水泥、玻璃、陶瓷、玻纤等国际性峰会,在全球建材领域的话语权稳步提升。

## 借力"一带一路"打造新优势

60多年来中国工业发展形成了强大实力,为"一带一路"建设提供强大支撑,在未来打造绿色丝绸之路、健康丝绸之路、智力丝绸之路、和平丝绸之路,建设更具活力、更加开放、更兼稳定、更可持续、更多包容的全球化经济过程中,我们要进一步在"一带一路"建设中培育打造新优势。

**政策优势开辟前所未有的巨大空间**。"一带一路"建设顺应和平发展的时代潮流,继承合作共赢的丝路传统,对接"一带一路"地区国家发展战略,得到沿线国家和人民的热烈欢迎和支持,有着坚实的政治基础。沿线国家的高层共识、国家级战略合作平台的搭建,产业、贸易和金融政策的有力支持为中国企业"走出去"提供了强大的政策优势。"一带一路"经济带建设包括与相关国家进行基础设施互联互通、能源资源合作、园区和产业投资合作,贸易及成套设备出口、自贸区建设等,既顺应了沿线国家发展需求,也将带动我国中西部加快改革开放、促进东部地区和沿海城市的转型升级与对外投资。自2013年以来，中国与"一带一路"沿线国家和地区高层频繁互动，签署了一批战略合作框架协议和重大项目，中国建材也陪同国家领导人出访哈萨克斯坦等国家，将基础设施建设等领域作为支持重点，推动水泥等产业加快"走出去"服务沿线国家步伐，国内相关省份也相继推出一批重点项目，这些政策机遇，为中国企业发展开辟了前所未有的巨大空间。

**中高端技术和性价比优势凸显中国技术和装备"走出去"实力。** 中国企业参与"一带一路"建设的核心优势是依靠自身理念、品牌、产品和服务的强大市场竞争力。经过改革开放40多年的发展，中国建材已经拥有世界级的连续研发、制造能力和基础，我们的成套装备本身达到了世界一流水平，完全具备"走出去"的实力。以水泥为例，我们的技术和装备已经达到中高端水平，"一带一路"中65%的水泥装备都由中国建材提供，包括跨国公司使用的也是中国建材的大型水泥装备。中国的装备很好，技术很好，同时价钱与其他跨国公司相比，大概便宜30%。国外很多水泥厂、玻璃厂都让中国企业去建，原因就是我们的装备性价比高，价格和成本都很低。中国制造的设备，应该说技术是一流的，质量是精良的，价格是非常有竞争力的。现在"一带一路"给中国的技术和成套装备带来了更大的发展机会。未来伴随着中国制造向中国智造的转型，中国企业在"一带一路"建设中将发挥更大作用。

**多国经营经验奠定跨入国际产能合作新时代的基础。** "一带一路"建设需要中国企业具有国际视野，有能力驾驭多国经营、开展广泛的国际和区域合作。近年来，中国企业在加快走向世界的过程中，逐渐熟悉了国际经营环境，掌握了国际规则，培养了一批国际化的人才，成就了一大批示范项目，赢得了国际市场的认可，形成了自己的国际化经营模式。中国建材在多国经营中积累了丰富的国际化经营经验，探索开展了直接投资建厂、境外建营一体化、智慧工业、跨境电商、联合开发第三方市场等多种合作模式，提升了国际化经营的综合解决能力。过去，中国是世界的工厂，下一步中国企业会带着投资、技术和装备在全世界进行多种形式的国际产能合作。

**组织优势成为"走出去"的坚强保障**。改革开放40多年来，中国企业特别是中央企业的发展经历了凤凰涅槃的艰辛历程。近10年来，经过坚定不移的市场化改革，中国企业的素质和竞争力大大提升，一批优秀的国有企业和民营企业进入世界500强行列。在市场竞争中，坚持党的领导，引入现代企业制度，优化公司治理，实施创新驱动，为中国企业积累了难以模仿和复制的核心能力。中国建材就是在市场倒逼下，采取中央企业市场化经营的新模式，通过联合重组、整合优化借助资本市场迅速成长起来的。在国资委的正确领导下，开展了董事会试点、职业经理人制度建设，培养了一批具有坚定信仰、现代经营管理能力、甘于奉献的干部团队，这些都是我们的独特优势。

## 用融合的文化融入"一带一路"

对企业来讲，"走出去"不仅是资金问题、技术问题、装备问题，更是态度问题、文化问题。

**坚持合作共赢，融入当地文化**。企业参与"一带一路"建设，搞产能合作、投资建厂，必须要合作共赢，要融入当地文化，要有扎根下来精耕细作的思想，否则很难长久地发展下去。中国建材在"走出去"过程中坚持合作共赢的三个原则。一是能为当地发展做贡献。二是和当地企业合作，有利益共享的思想。比如在土耳其EPC项目中把厂房建设分包给当地企业，同时一些关键部件进行全球采购，最终建成土耳其最好的一条水泥生产线，还获得了当地政府的奖励。三是和当地居民友好相处，热心公益事业。比如我们在巴布亚新几内亚的公司每年都要捐助，当地居民非常欢迎，巴布亚新几内亚总理也非常支持；再比如我们在赞比亚投资的建材工业园在建设之前，先投资150万美元在工业园旁边为当地居民援建了现代化的学校和医院。

**做好环保工作，建设绿色丝绸之路**。2017年4月26日，环境保护部、外交部、发展改革委、商务部联合印发了《关于推进绿色"一带一路"建设的指导意见》，要求在"一带一路"建设中突出生态文明理念，加强生态环境保护，共同建设绿色丝绸之路。中国建材始终站在道德高地做企业，按照环境、安全、质量、技术、成本的要素顺序做企业。在参与"一带一路"过程中，中国

企业心语

中国建材巴布亚新几内亚公司的当地员工

建材也是把保护环境放在第一位，坚持绿色发展。无论是总承包项目，还是投资建设的项目，都采用了我们自主研发的脱硫脱硝、除烟除尘、全氧燃烧、余热发电等先进的节能减排技术，确保生产线排放达到甚至超过当地环保标准。我们在美国南卡罗来纳州投资建设的大型玻璃纤维生产线，不仅为当地提供800个就业岗位，而且采用世界上最先进的环保技术，实现经济效益和社会效益的双丰收，受到州长和当地舆论的好评。

## 从全球最大的建材制造商到世界一流的综合服务商

一个国家发展到一定程度，就要实现从GDP到GNP的跨越。比如日本，由于大量海外投资和收益，日本国民生产总值长期超过国内生产总值。中国正在经历这样一个过程，要顺应从"中国是世界的工厂"到"世界是中国的工厂"的转变，及时调整"走出去"策略。对于中国建材来说，我们要继续强调"EPC+投资+管理+服务"，要从全球最大的建材制造商、单一的水泥总承包工程商向世界一流的综合性建材服务商迈进。

**全方位、系统地"走出去"**。我们过去"走出去"做EPC就像"狗熊掰玉米"，建完了就走、教会了就走，没有在当地扎下根。这些年我们在参与国际产能合作过程中做了调整和尝试，积累了多国经营的经验，进行了股权投资、直接投资、管理服务、零配件供应等探索，效果非常好。下一步我们要强化这一做法，要提供"一站式""一条龙"的综合服务，真正从过去只卖装备的时代，迈入全方位投资、进行国际产能合作的一个新时代。

**有组织地"走出去"**。"一带一路"是国家全方位地为企业"走出去"鸣锣开道，但是企业在"走出去"的过程中，不能一窝蜂扎堆，不能跑到海外打乱仗，而是要认真谋划出一套布局、一套打法和一套规则。一方面，中国建材所属的11家海外工程公司，在深耕"一带一路"过程中，要各有侧重，各有区别，同时把集团内的工程公司、设计院、大型装备企业等产业链上下游纵向联合起来。另一方面，中国建材与国内相关大型集团加强横向协作，并与亚洲基础设施投资银行、丝路基金有限责任公司等金融机构相结合，采用和主权基金合作、买方信贷、融资租赁等方式，互相配合"走出去"。

**向发达国家市场"走出去"**。"一带一路"建设中，美国、日本、欧洲国家等发达主流市场也是我们重要的目标。"一带一路"是互利共赢的，是互联互通的。美国、日本、欧洲国家拥有很多先进的技术和高端的装备，我们要加大引进和合作力度，进一步提升自身工业水平。中国建材与法国施耐德、日本三菱等跨国公司联合开发第三方市场取得了很好的成效，未来我们会继续完善这一模式，不断扩大合作范围。同时，欧洲推动再工业化、美国提出回归实业，我们可以借此机遇加大对发达国家的投资力度，把工厂建到发达国家，做到你中有我、我中有你，与跨国公司建立长期良好的合作关系，实现经济的再平衡。

2017年5月10日，推进"一带一路"建设工作领导小组办公室发布了《共建"一带一路"：理念、实践与中国的贡献》，其中指出，多年来，"一带一路"建设从无到有、由点及面，取得积极进展，初步形成了共商、共建、共享的合作局面。中国建材作为"一带一路"的积极参与者，在装备"走出去"和国际产能合作方面积累了一定的实力，也取得了一定的成果。我们下一步的想法是，与国内兄弟企业合作，结合金融租赁等金融工具，运用互联网、信息化、智能化等技术，集合投资、管理、后续服务等全产业链，打造"一带一路"新优势，开创"走出去"的新时代。

> 企业心语

# 15

## 疫情之下看中央企业的责任和担当[①]

2020年的新冠疫情是新中国成立以来在我国发生的传播速度最快、感染范围最广、防控难度最大的重大突发公共卫生事件。面对疫情带来的经济社会冲击，中央企业勇敢承担了应有的责任，成为抗击疫情的保障者、生产复原的带动者、经济振兴的引领者。

### 抗击疫情的保障者

疫情突如其来，中央企业挺身而出，积极响应习近平总书记的号召，主动投身抗疫一线，充分发挥国家队作用，全力支援疫情防控，成为抗疫大会战的重要保障。

**中央企业是保障抗疫工程的主力。** 抗疫专门医院的建设是打赢疫情防控阻击战的关键一环，中央企业承担了全国100多家专门医院的设计建设改造任务。中国建筑集团有限公司2万多名员工昼夜奋战，不到10天就建成了武汉火神山医院、雷神山医院，中央企业创造的工程奇迹和中国速度震惊了世界。奇迹背后则是建筑、建材、油、电、工、交、矿业、通信、装备等领域多家中央企业的强强联手、通力合作。

**中央企业是保障医疗物资的主力。** 面对防疫物资紧缺，中央企业发挥了

---

[①] 在2020年抗击新冠疫情的这场大战中，中央企业的表现可圈可点，作者指出这充分彰显了中央企业的"应对力""抗压力""复原力"。本文原载于《国资报告》2020年第3期。

"有条件要上、没有条件创造条件也要上"的责任担当，加快转产扩产、多产快产，以战时状态全力推进医疗防控物资生产，加大生物医药研发力度，发挥专长投入会战。中央企业生产的诸多高新技术装备材料深入一线，为防疫抗疫战场解决了不少燃眉之急。

**中央企业是保障基础产品供应的主力。**石油石化、煤炭、电网、电信、航空、粮油等行业中央企业全力保障基础产品服务供应，确保煤、电、油、运的经济大动脉的供应和畅通。中央企业还累计捐款超过30亿元，向湖北和各地捐赠大量防护服、口罩等防疫物资及生活用品，从海外采购大批紧缺医疗物资。中央企业海外员工也纷纷自发捐资捐物支援国内抗击疫情。

实践证明，在抗击疫情的关键时刻，中央企业英勇拼搏发挥了重大作用，经受住了考验，也赢得了社会的广泛赞誉。

### 生产复原的带动者

习近平总书记强调，在确保疫情防控到位的前提下，推动非疫情防控重点地区企事业单位复工复产，恢复生产生活秩序。国资委积极行动，率先宣布年初制定的生产经营目标和改革任务不会改变，极大地提振了士气。在国资委安排下，截至2020年2月20日，中央企业所属4.8万户子企业复工率为86.4%，其中生产及对外经营性子企业2万余户，复工率为88.4%。石油石化、通信、电网、交通运输等行业复工率超过95%，有的已达到100%。在抗击疫情和统筹经济发展的战"疫"中，中央企业彰显了特殊的应对力、抗压力和复原力。

**第一，彰显了中央企业的"应对力"。**企业经营始终面对不确定性，必须提高应对各种突发事件的能力。这些年来，面对亚洲金融危机、"非典"、全球金融危机、汶川大地震、中美贸易摩擦等重重挑战，中央企业都会立即行动，拉得出、打得赢，是国家和人民关键时刻可信赖的一支队伍。新冠疫情出现在我国经济结构调整、中美刚刚达成第一阶段经贸协议、我国全面建成小康社会收官的关键时刻。疫情突如其来，增加了企业经营工作的困难和复杂性，也是中央企业锤炼和成长的一次重要机会，中央企业变压力为动力，彰显了对于重大危机的应对能力。我认为当务之急有"四个紧盯"：一要紧盯疫情。在疫情解除前不能有任何松懈，复工复产要做到员工防护万无一失，落实防护型生产经营和无接触型生产经营。充分考虑疫情迁延的多种可能，从心理上做足准备，在人力、物力、财力上做好动员和安排。既要坚定抗疫必胜的信心，又要高度重视，不获全胜决不轻言成功，坚决打赢疫情防控阻击战。二要紧盯市场。这段时间，市场变化比较复杂。中央企业要认真把握，做好研判，根据市场需要的轻重缓急，妥善安排好各项生产经营工作，抓住变化机遇，规避冲击影响。三要紧盯重大项目的实施。现在国家出台了一系列重大投资计划和投资项目，中央企业绝大多数处于重大基建和基础原材料领域，投资拉动将带给中央企业重大机会，一定要抓住这个机会。四要紧盯资金链。中央企业也要确保资金链安全。虽然中央企业资金雄厚，但相对负债率偏高，疫情下不少三四级企业也会出现资金困难，另外不少民营企业的资金困难也会转移到中央企业身上。因而要积极与政府、银行及上下游企业沟通，充分预计困难，做好公司收入及现金流预判和预案。

第二，彰显了中央企业的"抗压力"。关键时期，中央企业动员干部员工团结奋斗，共克时艰。面对疫情带来的心理影响，企业要积极做好心理疏导，重视防疫，避免恐慌。大家坚信这场疫情不会改变我国经济长期稳中向好的大环境、大趋势。对于做国际业务的企业，困难可能会更多一些。但中国经济的定力和韧劲会得到提升，中国企业经营模式转变和技术创新会提速，在全球分工和国际产业链布局中，中国的地位会得到进一步提升和巩固。中国人民抗击疫情的感人故事，也会成为中央企业加强国际合作的新起点，赢来更多朋友和市场。2008年全球金融危机时，我曾经鼓励中国建材集团的干部："一是困难是客观的，你困难别人也困难，可能别人比你还困难，要增加耐力；二是往往最困难的时候，困难就快过去了；三是所有的困难我们必须全力面对和认真解决，不能怨天尤人。"中央企业在产业链上占据着重要位置，除了自身坚持科学防疫、有序复工外，也要通过保障基础供应、重大项目发挥带动作用、确保全球产业链稳定、多措并举纾困中小企业等举措，与产业链上下游各类企业共渡难关、转危为机。

第三，彰显了中央企业的"复原力"。在灾难和危机后，企业尽快恢复经营状态的能力叫企业的"复原力"。"复原力"是衡量一个企业生存能力的关键特质。许多优秀的企业都经受过大危机的洗礼，一些企业倒下，另一些企业历经磨难活下来，往往后面发展得更好。企业家精神是企业天生的免疫力，关键时刻，百折不挠的精神和企业家的带领特别重要。危机之中，企业家坚定的信心与决心，洞察形势、化危为机的卓越能力意义重大。当然，企业的复原还要靠企业的市场开拓、精细管理和技术创新，需要充满向心力、凝聚力、亲和力的企业文化。这些都是企业应对危机的必修课。中央企业不光自己快速复原，迅速复工复产，还主动帮助中小企业尽快纾困复原。尤其是提供基础供应和保障的中央企业，为整个经济快速复原提供了强有力的支持。比如国家电网有限公司、中国南方电网有限责任公司落实阶段性降低用电成本政策，为一般工商企业减免电费，有力地支持了各类企业的复工复产，促进了经济的快速恢复。

### 经济振兴的引领者

2020年是全面建成小康社会和"十三五"规划收官之年。疫情对经济社会造成的较大冲击是短期的，总体上也是可控的，我们要化危为机、深化改革、锐意创新，把企业潜力充分释放出来。作为中央企业，我们要全力完成全年预定的生产经营目标，积极调整产业布局结构，加快企业改革、创新和国际化步伐，为我国经济社会发展发挥更大的引领作用。

第一，**坚定信心，全力完成今年的各项经营任务**。虽然要完成各项经济目标任务是艰巨的，但我们还是要充满信心。虽然疫情目前对我国的经济造成了巨大冲击，但并没有根本性伤害我国强大的经济体系，我国经济长期向好的大趋势并没有改变，我国经济在全球的地位并没有改变。中央企业是国计民生的保障者、重要行业的领军者，这个时刻更要全力以赴，相信中央企业一定会在我国恢复和振兴经济中起到领军作用。

第二，**进一步调整布局，加大应对突发事件和公共卫生事件的相关投入**。企业要重视自身的紧急应对能力，增设一些安全防护和救援装备；要扩大保障领域，加强公共健康和医药健康领域的布局和投入，从战略高度加大医药健康

> 企业心语

防疫领域在研发、制造、流通方面的投入,形成强大的中央企业国家队;要加大应对突发灾难的研发和投入,我国是个自然灾害多发国家,我们要研发制造可重复使用的救援移动房屋和相关设备,这既是我们的任务,又是我们重要的商机。

**第三,继续加大创新力度,提升企业的整体竞争力**。中央企业担负着国家重大创新任务,同时也是应对海外技术封锁"卡脖子"的主力军。通过这次疫情,我们认识到技术创新既是赢得市场、创造财富,又是国防建设、保护安全,同时也是保护人民身体健康、关系民族未来的大事。通过这次疫情,我们更能认识到技术创新的重要性。中央企业要加大对大院大所的投入,改变院所的考核制度,把研发重大关键技术放在首位,像疫苗、血液制品、生物制药等,都应该投重资进行研发;要加大对"卡脖子"项目的投入力度,动员举国之力,产学研通力配合,尽快攻克难关;这次疫情促进了线上经营,中央企业也要发挥自身优势,积极开发互联网线上业务,开展5G、大数据、云计算和智能化研发和应用技术,形成新的平台业务,创造新的商机。

**第四,扎实推进改革,焕发企业的活力**。按照中央的部署,国资委加快了中央企业改革的步伐,改革使中央企业进一步加深了和市场的融合,改进了企业内部机制。尤其是通过在这次疫情中的出色表现,中央企业展示了国家队形象,增强了社会美誉度。疫情凸显了中央企业在社会保障、应急建设和医疗供应上的优势。我觉得下一步改革中,要做好分类指导,把资源多向关系国计民生的各类保障性企业配置;要继续加大科技型企业的改革,国资委推出的百户科技型企业深化市场化改革提升自主创新能力专项行动的改革力度是很大的,相信对技术型企业的改革会有强力推动作用;要开展好改革发展三年行动计划,全方位解决好国有企业改革的深层问题,尤其对于充分竞争领域的企业,要加大混改力度,加强激励机制建设,弘扬企业家精神;要大力支持和帮助中下游民营企业,加大市场协作力度,创造友好互利的市场生态环境。

**第五,做好国际业务,继续抓好"一带一路"工作**。这次疫情给我国企业的国际业务带来了一定困难,但这个困难是短期的,国际业务的产业链中中国是最重要的一环,这个状况不会因为疫情而改变。同时,中央企业在"一带一路"上做的大型项目并没有因为疫情受到很大影响,我们应该对此有清醒认识。我觉得我们要做好几件事:一是要积极宣传我国抗疫取得的成就,宣传我国抗疫对于各国控制疫情所做的贡献,提升我国的国际形象和地位;二是要千方百计维持住市场基本面和客户资源,妥善处理贸易关系,取得客户支持,维护市场和客户关系至关重要;三是要加快外贸业务尽快复工,要力争外贸业务少受损失,要把外贸工作提到战略高度;四是要加大"一带一路"业务,加快重点工程的签约和建设。我们相信,这场疫情过后,我国企业在国际市场的形象会更好,我国企业的国际市场会更广阔。

## 第四部分
# 演说选

01 | 2020，企业要做正确的事
02 | 树立正确的质量观
03 | 讲讲我的"生意经"
04 | 格力是高质量上市公司的标杆
05 | 有效的创新才是好创新
06 | 只有既实践又学习才能把企业做到极致
07 | 国企民企一家亲
08 | 企业活力靠机制
09 | 企业家的新使命
10 | 希望给混改企业一张"身份证"
11 | 相信未来，相信改革开放
12 | 我在国企的岁月：都做对了什么
13 | 一生做好一件事
14 | 中国式并购与整合
15 | 站在道德高地做企业

这些年我应时而作，发表了不少演说，产生了一些积极影响。分享它们不仅是对个人思想的整理，更重要的是想引起大家对一些趋势的关注。

《2020，企业要做正确的事》是在正和岛新年论坛上展望来年，提出的几点建议，概括了我对未来经营环境和企业选择的基本判断。

《树立正确的质量观》《讲讲我的"生意经"》《格力是高质量上市公司的标杆》《有效的创新才是好创新》这几篇是围绕高质量发展这个中心课题的一组讨论，梳理高质量发展的内涵，回顾质量革命的历史，概括了我主张的做有效创新、集成创新，剖析高质量发展的典型，探讨高质量发展的意义。

《只有既实践又学习才能把企业做到极致》这篇文章，与前面麻省理工学院的访问记相呼应，主要是讨论教育和企业的融合发展问题，演讲虽短，讨论的却是非常重要的问题。

"央企的实力＋民企的活力＝企业的竞争力"，这个公式指导中国建材和国药集团两家企业实现从小到大、从弱到强，成为世界500强。《国企民企一家亲》是我在2019亚布力中国企业家论坛第十五届夏季高峰会上的演讲，也是对国有企业、民营企业协同融合的支持。

《企业活力靠机制》《企业家的新使命》《希望给混改企业一张"身份证"》是我卸任中国建材集团董事长后，从中国上市公司协会会长和中国企业改革与发展研究会会长的角度，对企业管理机制的趋势观察，以及对未来一个阶段中国企业家需要做的事情的思考。

《相信未来，相信改革开放》讲述了在改革开放的大背景下中国建材40年的发展历程，无论是企业还是个人，我们无疑都是改革的见证者、受益者。

多年来我坚持在高校兼职讲课，《我在国企的岁月：都做对了什么》《一生做好一件事》这两篇是我在北京大学和中国政法大学与师生的交流，从选择、经历到经验几个方面概括了我企业生涯的心得，对年轻人会有一些启示。《中国式并购与整合》是我在哈佛大学商学院的一篇演讲，相信对外国学生认识中国国有企业而言是一个不错的分享。

《站在道德高地做企业》主要是讲企业社会责任的问题。现在把社会责任问题放在什么位置，是我们衡量企业是否优秀的一把重要的标尺。

我认为，企业不仅能够贡献物质价值，企业家也在创造思想，传播新的理念。企业家要带领企业做正确的事，走正确的路。

# 01

## 2020，企业要做正确的事[1]

2020年就要到了，经济学家们都在讨论2020年经济的增长率，而我们企业家要讨论2020年做什么、怎么做，这是企业家的本分——我们既要抬头看路，还要埋头拉车。

我过去在中央企业工作了40年，上个月刚卸任，现在是中国上市公司协会会长、中国企业改革与发展研究会会长。中国上市公司协会里有3700多家A股公司，其中2/3是民营企业；在正和岛的岛亲中，有300多家是上市公司。无论是上市公司还是非上市公司，大家最关心的就是我们未来做些什么。

从工业革命到现在，我们一直处在什么样的市场中呢？我觉得可以概括为两点：一是在一个需求不断扩张的市场中，二是在一个庞大的组织管理系统中。其中，我们最注重的就是效率，就是要供应市场、满足市场的需求。

但是，现在社会发生了巨大的变化，我们进入一个高科技的时代，充满了不确定性，2019年不确定，2020年还是不确定，围绕这么多的"不确定性"，做企业只有管理是不够的，我们必须引入另一个概念——经营。

管理是正确地做事，经营是做正确的事。经营是面对不确定的环境、创新和经营模式，我们要进行选择和决策。正确地做事关注的是效率，做正确的事关注的是效益。

---

[1] 在新的一年，面对不确定的环境，作者希望企业做正确的事，并给出了坚守主业、做有效创新、优质优价的竞争、机制改革、稳健发展五点建议。本文原载于正和岛微信公众号2020年1月1日。

关于怎么做正确的事，2020 年，我有以下五点建议。

## 坚守主业

不论大企业，还是小企业，其实最难的就是选业务；选好一个业务之后，最难的是坚守。过去这一年里，我接触了大量上市公司，大部分出问题的公司，很多问题是出在盲目扩张、没有坚守主业上。

其实，要做好一个企业需要 10～20 年的时间；如果做到极致，需要 30～40 年的时间。我不是算出来的，我是做出来的，不管是北新建材，还是中国建材，我坚守了 40 年，才使它们由小到大，由弱变强，做到全球第一。也就是说，我们必须要坚守一个业务，把它做到极致。

对于民营企业来讲，我的建议是大家应该做隐形冠军。隐形冠军就是窄而深地去做，业务不是很宽泛，但是我们可以非常深刻、深入地去做，把市场做得非常广。这是我们应该聚焦的地方。

美国管理学家柯林斯和波勒斯曾经写过一本书《基业长青》，但书中那些企业样本，有不少先后倒下了。后来，柯林斯又写了一本书《再造卓越》，分析企业为什么会倒下，其中有五个阶段：一是狂妄自大；二是盲目扩张；三是漠视危机；四是寻求救命稻草；五是被人遗忘或濒临死亡。

现在去看我们的一些企业，正在重复当年美国人所犯的错误。它们在盲目扩张，而不是在自己的主业里进行发展。都说"吃一堑长一智"，这是我们应该吸取的沉痛教训。我们在思考 2020 年要做什么的时候，一定要聚焦我们的主营业务，把主营业务做好。

## 有效的创新

20 年前我们讲创新，大家知道什么叫创新；现在我们讲创新，大家都不清楚了，为什么呢？因为讲得太多了，让人眼花缭乱。

今天的演讲嘉宾也讲到现在有很多创新是盲目的，要做有目的的创新。德鲁克说，有目的的创新可以使风险降低 90%。在创新过程中，我们必须要思考如何创新、找到了什么机会、有什么样的目标、用什么样的模式来进行创新，必须先研究一番，然后谨慎地进行创新。创新有风险，但风险可以规避。创新机会很多，模式可以选择。

这几年，我在各地看到不少企业都在搞高科技，其实搞高科技不容易，需要很长时间孵化，要大量资金投入。比如说做药企，一个新药研发需要约10年的时间、10亿美元的投入，不是随随便便就可以做的事情。

我们很多企业做的不一定是高科技创新，也可能是中科技、低科技，甚至零科技创新，像商业模式创新，虽然在技术领域没有太大突破，但仍是非常巨大的创新。

### 优质优价的竞争

多年以来，我们习惯低成本、低价格的竞争，但今天社会从高速增长进入高质量发展阶段，这样的竞争已经不适合了。今天我们希望价格是稳定的，能做到高质高价、优质优价。因为质量是有成本的，所以"质优价廉"很难做到，但是市场可以接受优质优价。

我们去看德国的产品，很多就是优质优价，质量好价格也很好，不会随意降价，所以德国的工业一直发展得很好。我以前在北新建材做董事长，临走的时候，北新建材的同志们说，"宋总，请您给我们留下几句话"，我就留下了八个字——质量上上、价格中上。现在，北新建材一直坚守着这八个字，2018年北新建材的税后利润超过24亿元。北新建材的石膏板价格是最高的，质量也是最好的，一流工程都指定买它的石膏板。

我们的竞争理念要进行调整，要走高质量生产的道路，而不是走低质、低成本、低价格的道路。

### 机制改革

说到机制，有人说民营企业有天然的市场机制，其实机制并不是民营企业天生具有的，机制来源于企业家（或所有者）的开明程度。它实际上是一种经营理念，无论国有企业还是民营企业，都存在机制的问题。

什么叫机制？机制就是企业的效益与经营者、技术骨干和员工利益之间的

企业心语

正相关关系。也就是说，企业的效益好了，给做事的人的利益也多了。就是这么一个简单的道理，却不见得人人都能想清楚。

2018年我去拜访任正非，他说，华为的利润，有3份是给经营团队、技术骨干和员工的，只有1份是给所有者的。2018年我也去了万华，万华是国有企业，做得好也是因为机制。它有两点很特别：第一点是员工持股20%，公家持股21.6%，员工持股几乎和公家持股相当；第二点是它有技术分红权，技术人员如果创造了好技术，就能提成15%，一提就是5年。所以，万华经过上市后的发展，2018年有约606亿元的收入、160亿元的利润。我们戴的眼镜片是高档的树脂材料做成的，世界上只有三个企业能做，万华就是其中之一，为什么？因为它有创新的机制。

与任正非深度长谈

我刚刚举了一个民营企业的例子，是华为，一个国有企业的例子，是万华。我想说，无论民营企业、国有企业，我们都需要进行一项共同的改革——机制改革。当我们遇到困难时，首先要反思的就是内部机制。很多人说华为的崛起是因为5G，但我认为最重要的是这两点：一是有任正非这样的企业家；二是有"财散人聚"的机制。今天的华为，即使面对美国如此高强度的打压，仍然众志成城，这就是机制的力量。

临退休前，我曾写过一篇万字长文《机制革命——推开国企改革的最后一扇门》，其核心就是机制革命。我认为机制是最核心、也是最终的。

1993年，我在北新建材做厂长的时候，几千人发不出工资来，整个工厂奄奄一息。我问大家：你们为什么都不好好干呢？为什么一天会有几百人迟到早退呢？员工跟我说：宋总，我们已经好多年没盖过房子了，我们也好多年没涨过工资了。我一听就明白了，原来是这样。我后来在厂里放了两个气球挂着条幅飘到天上，第一个上面写着"房子年年盖"，第二个上面写着"工资年年涨"。就这么两句口号，点燃了员工心中的火，使一个穷困潦倒、几乎破产的企业，变成了一个优秀的上市公司，就是今天的北新建材。

回想起来，当时我30多岁，还很年轻，比不上那些老厂长们水平高，但我读懂了大家的心，读懂了员工们究竟想的是什么。这就是今天的机制。所以，我常说，对一个企业而言，如果有机制，就不需要神仙；如果没有机制，神仙也做不好企业。

**稳健发展**

关于稳健发展，我有三句话。第一句，稳健中求进步。第二句，发展中求质量。我们即将进入一个质量时代，正在从高速增长进入高质量发展阶段。第三句，变革中求创新。我们要在变革中看到创新点是什么，要不停地去创新。

以上这五点，就是我给大家2020年的建议，希望大家都能去做正确的事情。

| 企业心语

# 02

# 树立正确的质量观[①]

2019年中国质量协会（以下简称中国质协）把"全面质量管理推进40周年卓越企业家"的称号给了我，中国建材所属企业北新建材也荣获了"全国质量奖"奖项。其实，2014年中国质协2014年也曾授予我"中国杰出质量人"，2015年亚洲质量网组织为我颁发的"石川馨－狩野奖"也是中国质协推荐的，我对中国质协一直满怀感激之情。

## 质量是国家发展水平的象征

我们现在常讲德国和日本的产品质量得到世界的认可。其实在19世纪末，德国的产品质量并不好，Made in Germany 甚至曾是落后的象征。当时英国政府就规定，所有运往英国的德国产品必须标明"德国制造"，以此区分其与英国以及其他国家制造的产品的质量水平。德国可以说是知耻而进，才有了后来的德国制造。日本也一样，在20世纪50年代，日本的产品质量也很差。当时丰田汽车进入美国市场，美国报纸上的漫画描述的是丰田汽车抛锚了，几个人在车尾推车，漫画底下标注着 Made in Japan，日本制造也曾经是质量低下的代名词。后来，经过戴明、石川馨、狩野等前辈的努力，推动了日本的质量变革，使得日本的产品质量飞速提升，之后堪称世界一流。日本索尼公司的董事长盛

---

[①] 2019年8月28日，在全面质量管理推进暨中国质量协会成立40周年纪念大会上，作者发表演讲，从质量是国家发展水平的象征、质量是企业的生命等方面分享了对质量管理的独到见解和观点。本文原载于企业观察网2019年9月9日。

田昭夫写了一本书——《日本制造》，书名用了当年美国人挖苦的这句话 Made in Japan，为了一雪前耻。

20世纪80年代我第一次去美国，当时在美国超市想看 Made in China 的产品，却怎么也找不到，后来服务员说中国的产品不能上架，都在地上的大筐里。我一看果真是，里面的产品都是 Made in China。这件事离今天也只有30多年的光景，可今天中国的产品已经行销全世界。不仅是生活用品，还有我们的工业品，像中国建材的水泥、玻璃装备占全世界市场的65%，这是非常了不起的。在世界范围内，不知还有哪个企业能有这样的市场占有率。我们为什么能有这么高的市场占有率？那是因为我们的产品性价比好、质量好、价值好。"三十年河东，三十年河西"，在30年前，中国的水泥、玻璃装备都是买跨国公司的，而今天跨国公司都会买中国建材的。但这30年走过的路程非常不容易，是我们中国人在质量上、技术上的奋起，才有了这样的成绩。今天国际上虽然有贸易保护主义、民粹主义，但产品的性价比、质量还是消费者最为关心的。我们不怕贸易战，因为我们有底气，我们产品的质量、技术、性价比都处于领先地位。

质量水平是一个国家发展水平的象征，过去德国、日本崛起，也是因为重视了质量。美国20世纪80年代也曾走过一段弯路，他们重视降低成本，而忽视质量，导致了美国工业界的衰退。在我国改革开放初期或计划经济时期，我们也曾出现只重视成本的情况，也走过这样的弯路，后来开始重视质量，推进全面质量管理。中国质协成立后指导全国企业的质量发展，我们有了今天质量管理方面的成绩。2019年是中国质协成立40周年，特别有意义。40年前，我们很难想象今天 Made in China 的产品能行销全世界。那些贸易保护主义者害怕的就是中国的产品、技术和质量。从改革开放初期发展到今天，我们就坚信质量立国、质量强国，质量是我们国家发展的基础。

## 质量是企业的生命

企业到底靠什么生存？靠质量，企业里最核心的就是质量。2019年既是中国质协成立40周年，也是中国建材旗下北新建材成立40周年，还是我大学毕

## 企业心语

业工作 40 年,三个"40 年"非常有意思。我坐在台下心潮澎湃,回想起我的第一份工作,就是做工厂的质量员。当时北新建材在建一条进口生产线,我在岩棉车间当实验室主任,主要任务就是进行质量控制。1980 年 5 月我到欧洲学习,学习质量控制,内容有测公差、测容重等。在当时,想要买一本关于质量控制的书都很难,只有很少的书店有一些影印版,因果鱼骨图、高斯曲线等这些质量管理方法都是我们从外面学来的。

北新建材很早就走上了质量管理的道路。1993 年我当北新建材厂长,当厂长后的第一件事情就是罚了自己当月的工资。为什么?因为北新建材生产的一种岩棉吸声板出口到韩国,韩国人打开之后发现,其中一片板上有一个脚印,他们提出必须要退货。北新建材的干部觉得韩国人是在小题大做,一集装箱的产品,只有一片岩棉板上有一个脚印,认为韩国人是在找麻烦。但是我认为这是一次给大家做质量教育的机会,我在会上提出这是一件大事,这一个脚印不是踩在产品上,而是踩在北新建材的金字招牌上,踩在了经营者的心上,我提议从我本人开始,往下逐级罚款。我当时的工资是每月 500 元,全部都被罚掉了。我回去告诉太太:"我这个月的工资没有了。"我太太说:"为什么没有了呢?"我说:"因为一个脚印。"

今天北新建材的产品能做到全球第一,就是从一个脚印开始的。刚才大屏幕里播放了海尔集团的张瑞敏带着大家砸冰箱等片段,中国企业大多经历过这个过程。如果没有这个过程,就没有后来我们对质量的反思,也就没有今天的 Made in China。后来北新建材引入 ISO 9000 质量管理体系标准时,我要求干部们去找最苛刻的认证公司,哪家不容易通过就找哪家。当时找了一家法国的认证公司,这一次 ISO 9000 质量管理体系标准的认证也成了一场质量的贯标和教育,后面我们有了一系列的国标贯标。2008 年以后,大家开始进行卓越绩效的国标认证,就是现在的 PEM,北新建材也是比较早的贯标。

中国建材处于充分竞争领域,又是中央企业背景,为什么会得奖?原因很简单,因为中国建材一直把质量放在第一位,力求把普通的产品做到最好。做企业没有诀窍,就是质量一贯地好,服务一贯地好。如果能做到,就能立于不败之地。北新建材就是这样,所以它的石膏板能卖到全球第一,而且它的价格能够高过跨国公司。中国产品的价格高过跨国公司的不是很多，但中国建材的石膏板算一个。可能很多人还不知道什么是石膏板，它是做隔墙和吊顶的材料，居然能做到全球销量第一，做到全球市场价格最好。现在中国的大型工程和著名工程大都采用北新建材的龙牌石膏板。

2002年我从北新建材调到中国建材做董事长，最重要的工作也是从质量入手。中国建材最初是一家规模很小的企业，我去的时候销售收入只有20亿元，2018年做到了3500亿元，排在世界500强企业第203位。我和雷军聊天时，聊起7年前我们在水立方一同领奖的事情。我记得当时小米①的收入只有70亿元，2019年做到2000多亿元，听后我也觉得特别高兴。

我们的生活离不了水泥。铜有约4000年的历史，铁有约2500年的历史，但是水泥只有约180年的历史，巴黎、圣彼得堡等地的很多建筑，包括北京的故宫都没有水泥，都是用石头、砖头和木头做成的。但是试想今天如果没有水泥，深圳特区、浦东新区、港珠澳大桥、川藏铁路等怎么建设？这些都无从谈起。

水泥发展的关键也得靠质量。举个例子，现在修的川藏铁路，94%以上是隧道和桥梁，都需要特种水泥。过去这种特种水泥需从国外进口，如果全靠进口，修川藏铁路这样的基础建设工程成本将会很高，现在中国建材就可以提供这样的特种水泥。还有页岩气打井用的水泥过去也是进口，现在都是中国建材来提供。就水泥而言，如果我们做不了特种水泥，如果水泥质量不合格，就需要去进口，靠进口就会是天价。过去建高铁用的顶级水泥，进口价是每吨2000元，现在用中国建材提供的顶级水泥每吨只要几百元。

玻璃也是如此，我们用的手机模组由四片玻璃组成：两片液晶面板玻璃、一片触摸屏玻璃、一片表面防划的金刚玻璃，现在底下又加了一片指纹识别玻璃。这种很薄的玻璃，过去我们做不了，要从美国、日本进口，现在中国建材也都能供应，而且我们做的这种玻璃质量非常好，所有指标都达到国际领先水平。

中国建材参加了155家企业共同发起的中国工业企业全球质量信誉承诺，

---

① 北京小米科技有限责任公司。

> 企业心语

我们签署了承诺书。中国建材也是联合国全球契约组织的成员，一直以高标准要求自己。现在中国建材有 7 项业务规模排全球第一，质量也处在全球领先水平。全世界每 10 吨水泥中，由中国建材供应的就有 1 吨，这是个天文数字。过去企业在发展过程中讲"有没有"，现在是讲"好不好"；过去重视速度和规模，现在是重视质量和效益。现在营业收入已不是中国建材的主要目标，我们主要的目标是竞争力，是质量、品牌、效益等指标，这是一个很大的变化。这几年，中国质协给了我们不少鼓励、奖励，也深入到我们企业，帮助并指导我们做了很多工作，在此也特别感谢中国质协。

日本的产品质量是怎么提高的？是戴明先生推动的，戴明是美国人。为什么亚洲质量网组织颁发的奖叫"石川馨－狩野奖"？因为是石川馨先生发起了日本全面质量管理运动，带来日本质量的新生。我们也一样，袁宝华先生是中国质协的名誉会长，他在国家经委①时搞的管理十八法，我现在还记忆犹新。改革开放初期，我们在质量控制上向日本学习了不少东西。20 年前，我去日本丰田公司参观，因为日本丰田公司是全世界最好、效益最高的汽车公司之一。2018 年我又专门去拜访日本丰田公司，参观了生产流水线。让我感到惊讶的是，20 年过去后他们用的还是最初的那些管理原则，还是看板管理、零库存。有一个细节让我印象深刻，汽车做好以后，有一个工人拿个小锤子，会敲敲每个螺丝、螺栓，听声音，看拧得是不是适度。我想起 20 年前也看到过同样的情景，真是几十年如一日。

5 年前，我到中国中车集团的青岛车辆厂参观，看完以后，我对当时的中国南车股份有限公司的董事长赵小刚说："我看过日本川崎重工②的工厂，我觉得我们今天不输于他们，看到我们自己做的高铁，我心里很骄傲。"他对我说："宋总，我们还有差距，我们是形似神不似，日本人是'我要做'，而我们是'要我做'。"他看到了本质的差距。即使今天我们的产品打遍全球，我们也还要看到别人的长处。2019 年 3 月，我专门去了德国的斯图加特参观奔驰汽车

---

① 中华人民共和国国家经济委员会为国务院原有组成部分。
② 川崎重工业株式会社，日本著名的重工业公司。

厂。因为汽车生产水平往往是工业管理质量的标志，我就是想看一看他们和之前的区别，对比一下德国人和日本人的区别到底在什么地方，回答我心中的一些问题。"虚心使人进步，骄傲使人落后。"今天，即使我们的企业做得不错，也还是要向别人学习，还要多沟通。质量是企业的生命，企业一定要把质量放在第一位。做好质量并不复杂，就是要坚持一贯地好，长期做下去。就像日本人敲小螺栓一样，一敲敲了几十年，我们也必须这样扎实去做。

### 质量是企业家基本的人生态度

每个企业都有领导者，企业领导者怎么看待质量问题，关系到企业的生存和发展。从短期来看，可能一个新产品、新广告、新的促销手段能赢得一时的市场；但长期来看，一个企业的生存和发展靠的是质量。质量一贯地好，服务一贯地好，企业能不能做到？我在北新建材做了4年技术，开始时就是质量控制员。我离开北新建材时，留给他们8个字，就是"质量上上、价格中上"。质量上上就是我们要有"过剩"的质量，一定要比别人的好，不是达到要求就可以，一定要好上加好，愿意在质量上多花一些成本来确保质量。如果标准是1万次不坏，我要让我们的产品达到1.5万次不坏，虽然成本高了，但是做好质量不能有负公差。我在工厂当质量控制员时，车间主任跟我说："小宋，弄点儿负公差，我们能多生产出很多产品，可以多卖点儿钱。"我说："从来没有负公差，公差就是公差，无法掌握成负公差，这个概念是错误的，只能往正公差移，我们要做更好的产品。"以前石膏板跨国公司打进国内市场，最后北新建材在竞争中赢了它们，就是因为质量上上。

质量有成本。企业不能追求那种廉价的、低价的恶性竞争，否则是做不下去的，最后也无法保证质量，会伤害消费者。低价的恶性竞争是把"双刃剑"，既伤害消费者，也会使企业垮台。北新建材能做到今天，能赚那么多钱，能发展得那么快，就是坚持了8个字的基本原则。现在的企业还要占领全球市场，靠什么能做到？还得靠质量第一，把质量做到最好，自然就能赢得市场。

做好质量，还需要工匠精神，得几十年如一日地做。今天大家都喜欢讲颠覆性创新，我也喜欢讲，也害怕被颠覆，但持续性的创新、管理、质量控制是我们做好制造业、做好实体经济的根本。我们做企业需要把创新精神、工匠精神、企业家精神结合起来，这样企业就会无往而不胜，少哪一种精神都不可能成功。尤其是工匠精神，今天我们需要5G、AI等高科技产品，但也需要指甲刀、圆珠笔这些日用产品。大量的生活用品，如卫生洁具抽水马桶，我们的企业能不能做好？做好了，中国人就不用跑到日本去买马桶盖了。过去我们去日本经常会买两种东西：马桶盖和电饭煲，日本公司的服务非常好，为了方便顾客，中国人买东西时，他们还做额外的盒子和提手。我国是14亿人口的大国，对于企业来讲，我们坐拥14亿人的市场，同时又有国外的大市场，企业需要把东西做好，不要因为市场大，就"萝卜快了不洗泥"。我们要学习工匠精神，把产品做到极致。

质量还是品牌的基础。记得曾有领导人问："我到国外看到日本、韩国的广告，怎么看不到我们中国的广告？"我说："现在有华为、有格力的广告。"我到非洲去，看到格力的广告，回来我和董明珠说："我看到了你的广告，觉得特别亲切。"质量最后还会回到品牌上，如果产品做不好，就会砸牌子；如果质量一贯地好，再加上品牌宣传，我们就能做出很多国际品牌。瑞士只有约850万人口，2018年人均GDP达到8.28万美元。瑞士有很多国际品牌，这让我十分吃惊。2019年1月，我去达沃斯参加会议，利用两天时间专门深入瑞士企业参观考察。我问他们的品牌到底为什么能做这么好，谁也没有说清楚。后来，我想起他们告诉我的一句话，在瑞士公司，品牌计划、品牌战略是"一把手"战略，是"一把手"亲自管品牌的，在此分享给大家。

现在我们正在经历中国制造向中国创造发展的阶段，中国要从制造大国向制造强国转变；我们也正在从"有没有"向"好不好"、从高速增长向高质量发展转变。但宏观的转变需要微观的托底，这就需要每个企业都能做好，只有每个企业都做好，宏观的事才能做好。"千里之行，始于足下"，让我们大家一起把创新做好、质量做好、管理做好、服务做好、市场做好。

# 03

## 讲讲我的"生意经"[①]

中国建材是一家基础差、底子薄的企业,2003年国资委成立时,这家企业销售收入只有20亿元,而且资不抵债,濒临倒闭。经过这些年的发展,尤其是党的十八大以来,中国建材在国务院国资委的领导下,通过改革、创新,取得了卓越的发展成绩。2016年8月"两材"重组后,迅速实现无缝对接,叠加协同效应凸显,迈入了高质量发展的快车道。2018年实现利润总额207亿元、比重组前的2015年增长266%,营业收入3480亿元、比2015年增长28%,经营活动正现金流585亿元,社会贡献值高达786亿元。2019年在国际形势复杂严峻、国内经济下行压力加大、行业产能严重过剩的情况下,中国建材逆势而上,经营指标再创历史新高。成立35年来,中国建材从小到大、由弱到强,一路跌跌撞撞发展至今,成为全球最大的综合性建材产业集团,得益于这个伟大的时代,也得益于企业自身不断探索总结提炼的"生意经"。

### 企业商道:从管理到经营

管理和经营紧密相关,但也有所区别。德鲁克说,管理是正确地做事,目标是提高效率;经营是做正确的事,目标是提高效益。确实如此。管理是处理人、机、物、料的关系,是研究方法和制度,是我们常说的眼睛向内、苦练内

---

[①] 2019年7月24日,在国务院国资委中央企业负责人半年会上,作者以中国建材为案例,从企业商道、经营模式、机制革命、发展方式四个方面分享了企业高质量发展的观点。本文系根据会议演讲整理。

> 企业心语

功。经营是面对企业外部环境的不确定性，面对市场的变化、创新的变化、商业模式的变化做出决定和选择。面对今天快速发展的新技术革命和需求变化，这些外界不确定性的变化恰恰是今天的经营者真正要面对的事情。

**在中央企业负责人研讨班与大家交流**

今天企业的"一把手"要由管理者转变为经营者，要把工作重心从繁杂的日常管理工作转向企业的核心经营工作。回想我在北新建材当厂长的10年，对工厂管理非常热衷，几乎每天都要跑车间，紧盯着大修理、质量控制、现场管理等。现在我就是经营者，必须眼睛向外，关注市场，最重要的任务是赚到钱，掌握这么多国有资产，赚不到钱是不行的。中国建材召开月度经营会，主要是围绕市场、价格、创新商业模式等，几乎很少谈到企业管理的内容。这并不是说管理不重要，而是经营更重要。企业高层必须把管理工作下移，交由分管领导和中层干部承担，自己要全力抓好经营工作，因为管理有人能帮你，但经营没人能帮你。

20年前，迈克尔·波特等人写了一本书叫《日本还有竞争力吗？》，讲的是日本有堪称世界第一的管理，但他预言日本的发展会因为创新的落后而停滞。对今天的中国来讲也是这样。我们之前一直学习日本的管理、精益生产等，但今天面对市场的变化，我们应该更重视经营。诺基亚公司倒闭时，诺基亚总裁说了一段引人深思的话,"好像我们什么也没做错,但我们倒闭了",指的是诺基亚一直按照管理原则正确地做事,比如干净漂亮的工厂、勤奋能干的工程师、规范有序的管理,但是在智能手机时代到来的时候没有做出正确的选择,企业亏损,也就是因为没有做好经营,所以最终失败了。

今天这个时代,大量的技术和经验已经嵌入智能化的机器,作业员工的数量大大减少,传统管理的效能在减弱。企业要盈利,关键是在不确定性中做出正确的选择,这就需要有很好的经营能力。中国建材的发展历程就是很好的例子。2002年,我们从规模较小的普通装饰材料行业退出,进入水泥等大宗主流建材领域,并进行了大规模联合重组,以混合发展的方式实现了快速做大做强。2009年,我进一步提出"大力推进水泥和玻璃产业的结构调整、联合重组和节能减排,大力发展新型建材、新型房屋和新能源材料"的"两个大力"战略,加快了中国建材新常态下转型发展的步伐。2016年8月"两材"重组后,我们在"两个大力"基础上,重点围绕基础建材、新材料和工程技术服务"三条曲线",积极推进高端化、智能化、绿色化、服务化"四化"转型,形成了水泥、新材料、工程技术服务"三足鼎立"的业务格局。

其实早在2004年,我到法国拜访圣戈班集团,当时圣戈班董事长白峰先生说:"中国建材是世界建材行业最具成长动力的一家公司,我们每个月都要问一下中国建材在做什么。"我当时以为这是奉承的话,没想到,十几年后恰恰是中国建材超过了圣戈班,成为全球最大的综合性建材产业集团。所以他讲的那句话我到现在还记忆犹新,可能白峰先生那时就看到了中国建材优秀的经营能力。

### 经营模式:从"量本利"到"价本利"

长期以来,我们做企业比较重视两件事情:一是产品的销量,二是产品的成本;而对于产品的价格,往往认为是市场客观决定的,企业只能适应却无法左右。实际上这是错误的观点,我们作为经营者,对价格是有一定话语权的。赫尔曼·西蒙在《定价制胜》中讲道,企业在价格制定上不应是被动地适应,而应掌握定价的主动权。他不赞成用降价来扩张市场份额,尤其是在过剩情况下，更不应该降价抢夺市场，大打价格战，这样全行业就会成为一片红海。他认为理智的做法是由市场竞争各方主动减产保价。

中国建材按照这个思路，提出从"量本利"到"价本利"。"量本利"是大家最熟悉的经营模式，通过增加销售量降低单位产品的成本，进而取得盈利。这是短缺经济时期的规律，卖20万辆汽车比卖10万辆汽车单位成本更低，就能获得盈利。但在过剩经济条件下，生产10万辆汽车能卖得出去，生产20万辆汽车就有10万辆汽车卖不出去，放在库房，不但没有降低所谓的单位成本，还压占了大量的流动资金。这就是今天我们很多企业面临的现状。

面对这种情况，中国建材创新地提出了"价本利"，就是价格要稳定在合理水平，同时降低成本，取得利润。"价本利"，价格是龙头，成本是基础，利润是目标。2018年水泥的价格基本保持在400元左右，和30年前相比没有太大变化，企业的盈利是技术创新提高效率产生的。市场定价的话语权也是我们重组水泥的原因。这么多年一直做到今天，中国建材现在有5.3亿吨水泥产能，占全国水泥总产能的近20%，占全球的近10%。我们的具体做法如下。

**一是倡导"行业利益高于企业利益，企业利益孕育于行业利益之中"。**中国建材十多年前提出这一理念时，很少有人赞成，都说是在唱高调，这怎么能做得到呢？但今天在水泥行业已经做到了。我们重组前的2005年，行业前十家的集中度只有9%，2018年提高到了63%；2005年全行业利润总额是80亿元，2018年提高到1546亿元。中国建材在行业内带头错峰生产、淘汰落后、限制新增、行业自律，努力把价格稳定在合理水平。

**二是集团内做好稳价保量降本。**如果销售价格低于制造成本就停止生产，如果亏损就停止销售，因为企业亏损就不会有前途。价格和销量也存在一定矛盾，要努力找到价格和销量之间的最佳平衡点，做到价涨份额不丢、量增价格不跌。

**三是坚持"质量上上、价格中上"八字定价原则和"五优"经营路线。**"质量上上、价格中上"是指生产产品时要把质量做得"过剩"一些，价格要中等偏上，这样就能提高品牌信誉，赢得长远利益。"五优"经营路线是"优质、优技、优服、优价、优利"。北新建材二十年如一日地坚持八字定价原则和"五优"经营路线，质量做到世界第一，价格比跨国公司还要高，但是产品卖得非常好。北新建材已经成为世界最大的石膏板公司，2018年实现24亿元的归母净利润。它的实践证明，价格高不一定就卖得少，只要质量好，价格卖得高一点儿也是没问题的。

**机制革命：从"老三样"到"新三样"**

习近平总书记在视察万华时讲了一段话，"谁说国企搞不好？要搞好就一定要改革，抱残守缺不行，改革能成功，就能变成现代企业。"这段话虽然不长，但是醍醐灌顶，非常精辟。国有企业一定能搞好，但是必须要改革。

回想40年前改革开放初期，为了解决平均主义"大锅饭"，进行"劳动、分配、人事"三项制度改革，我把这叫"老三样"，主要是解决"干多干少一个样、干和不干一个样"的问题。今天只用过去的"老三样"显然是不行的。

举个最简单的例子，现在房子很贵，企业怎么能让年轻人通过努力买得起小房子，让他们感到有未来、有希望、有奔头？要达到这一点，只有靠机制。我们要承认人力资本的存在，要让人力资本参与分配，要让企业成为共享的平台、成为大家共同富裕的平台。这是一场思想上的革命，所以我称为"机制革命"，主要包括员工持股、管理层股票计划、超额利润分红权，我称为"新三样"。"新三样"是围绕人力资本，在财富分配上解决问题，"老三样"是从劳动成本上考虑的，这是它们的根本区别。

**一是员工持股**。员工持股是依照《公司法》，让普通员工、科技人员来持股。员工出资给一些优惠，科技人员以人力资本入股，量化后给一些股权，这是常规做法。中国建材下属的合肥水泥研究设计院做得就很好，院下面有多家员工持股公司，院里持股70%，员工持股30%，每年都能做到几亿元的净利润。

**二是管理层股票计划**。管理层股票计划即上市公司股票计划，包括股票增值权、限制性股票和股票期权。股票增值权简便易行，把管理层收益和股价结合起来，实现管理层的积极性与企业的市值相结合。管理层不出现金，也不真正拥有股票，但享受股票的增值，对管理层来说比较安全，也是行之有效的办法。路演时投资人都会问对经理层有没有激励机制，其实这就是对经理层的激励。

**三是超额利润分红权**。对大多数非上市公司而言，激励机制主要可以采用超额利润分红权，这是从税前列支的一种奖励分配制度，就是把企业新增利润的一部分分给管理层和员工，这样既确保了公司的利益，也提高了员工的积极性，应该普遍实施。中国建材下属企业中联水泥①实施了超额利润分红权，并不复杂，就是制定利润指标，超额部分提取15%，按照"118"进行分配，即"一把手"10%、班子其他成员10%、员工80%。中联水泥2018年的利润大幅提升，2019年上半年净利润增长了150%。这让我想起十几年前我跟一位老领导说，我每天睡不好觉。他跟我说，应该让我的干部睡不着觉，我就能睡着觉了。我十几年来一直在想这个问题，今天终于找到方法了，就是超额利润分红权。这激发了大家的动力，企业里如果采购的东西贵了，大家会有意见；如果有人干活不精细，跑冒滴漏、不节约，大家会有意见；如果把东西很便宜地卖掉，大家也会有意见。这就是机制带来的效果。

当前国有企业在体制和制度上的改革已经初见成效，要集中精力把机制这一关过去，这是国企改革的最后一扇门，必须把它打开。

## 发展方式：从高速增长到高质量发展

党的十九大报告指出，我国经济已从高速增长阶段转向高质量发展阶段。过去高速增长解决的是"有没有"的问题，而进入高质量发展阶段，解决的是"好不好"的问题。从高速增长到高质量发展不只是一个国家宏观层面的问题，也是企业发展微观层面的问题。中国建材过去发展得很快，收入从不足20亿元快速增长到3500亿元，也堆积了一些问题，比如资产负债率较高，企业法人户数、层级过多等。这些问题提醒我们在转向高质量发展的过程中，要从追求规模和速度转向追求质量和效益。中国建材采取了"减"和"转"的措施。

---

① 中国联合水泥集团有限公司，以下简称中联水泥。

在"减"方面，按照国资委瘦身健体的要求，在"两材"重组的三年间，集团总部部门由27个减为12个，人员由275名减为150名，二级企业由33个压缩为10个，企业层级由7级减为4级，减少法人户数470户，资产负债率下降12个百分点。我把这些管理的做法提炼为"三精管理"，"三精管理"的核心就是精减。企业就像一棵树，会自然膨胀，如果不剪枝就会疯长，所以要不停地减。

在"转"方面，水泥是中国建材的主要业务，是压舱石业务，转型并不是把水泥业务抛弃不做了，而是要向高标号化、特种化、商混化、制品化发展，开展"水泥+"业务。日本特种水泥有100多种，品种多就有利润。中国建材的另一个转型就是发展新材料，有光电材料、复合材料、膜材料、石墨材料、工业陶瓷、人工晶体六大新材料。2017年我们新材料业务实现利润总额70亿元，2018年突破百亿元，超过集团利润总额的1/3。

新时代条件下，中国建材的发展不再是外延式增长，而是内生式和有机发展，要将技术竞争力的"强"和经营业绩的"优"摆在更为突出的位置，在稳健中求进步、发展中求质量、变革中求创新。中国建材高质量发展的规划是"三步走"：到2022年，实现营业收入5000亿元、净利润300亿元，基本建成具有全球竞争力的世界一流企业；到2035年，实现营业收入6000亿元，利润总额500亿元，全面建成具有全球竞争力的世界一流企业；到2050年，实现营业收入超万亿元，利润总额上千亿元，成为超世界一流、受世界尊敬的伟大企业。我相信，只要沿着市场化的方向改革，只要按照市场规律做企业，中国建材一定能够发展成为具有全球竞争力的世界一流综合性建材和新材料产业投资集团，中国也一定能够培育出一大批具有全球竞争力的世界一流企业！

# 04

## 格力是高质量上市公司的标杆[①]

这是我第三次来格力，在参观中又看到格力最新的一些创新和进展，深有感触，我想从三方面来讲讲格力。

**从格力的发展来看中国制造的意义**

格力这家公司只有 30 年左右的历史，在这样一个短短的时间里，格力发展成了世界 500 强企业，同时大家看到，格力的发展是一种有机成长，也就是滚雪球式自己发展起来的，而不是简单地靠兼并重组这样的方式，这是非常不容易的。一个家电企业发展成了世界 500 强企业，这个过程很艰辛。

无论在创新、管理，还是在质量、品牌方面，格力都是制造业的楷模。珠海市的领导讲的一段话让我非常感动：格力这么多年一直坚持主业，做制造业毫不动摇，这么多年来没有跟珠海市要过一块地去搞房地产赚钱。格力有 2000 多亿元的收入、近 9 万名员工、6 万多个专利，每年给地方政府交 160 亿元的税收，同时还有 260 亿元的税后利润，这些统统都是它在制造业里一分钱一分钱赚来的，这尤其让我们尊敬。这么多年来格力的发展不是靠赚快钱、热钱，而是靠在制造业辛辛苦苦打拼，赚的钱一部分回馈了股东，另一部分投入了格力的发展和创新，这确实是不简单的。

---

[①] 2019 年 12 月 28 日，2019"让世界爱上中国造"高峰论坛在珠海格力电器股份有限公司（本书中简称格力或格力股份）总部举行。作者从制造业的意义、企业家精神引领等方面肯定了格力作为高质量发展标杆上市公司所发挥的作用。本文原载于新浪网 2019 年 12 月 28 日。

数据显示，2018 年中国制造业增加值约占 GDP 总量的 29.4%，2019 年第二季度美国制造业增加值占 GDP 的比重约为 11%。美国在金融危机之后、欧洲在主权债务危机之后同时提出回归实业和再工业化，因为制造业比例太低了。比如德国的服务业比例较低，但在主权债务危机的时候，恰恰是德国强大的制造业支撑了整个德国和欧盟渡过了这场危机。所以当我们看自己时，我总觉得我们要防止脱实向虚。广东省提出要做制造强省，制造业占 GDP 的 31%，我听了就特别高兴，因为制造业是我们国家的竞争优势，中国是拥有 14 亿人口的大国，我们既是消费大国也是制造大国，同时还是出口大国，我们现在最大的出口优势还是制造业，这是我们的根。

## 从格力来看上市公司的高质量发展

上市公司最近讲得比较多的是高质量发展。什么叫高质量？简单地说有三条：第一条是规范的治理，第二条是良好的业绩，第三条是担当和责任。从这三条可以看出格力是高质量发展的模范。证监会印发的《推动提高上市公司质量行动计划》中提出了"抓两头带中间"。"抓两头"就是一方面我们要抓标杆企业、树立标杆，让大家对标学习；另一方面我们要抓好落后企业的高质量发展。

现在全国的 A 股上市公司有 3700 多家，上市公司占整个中国 500 强企业的 70%；2019 年前三季度，实体经济的上市公司创造的利润占工业规模以上利润的 50%，也就是占了半壁江山。格力电器上市至今，股份复权增长达到 4000 倍，分红达到 544 亿元，分红是募集资金的 10 倍以上（募集资金 51 亿元）。像格力这样业绩优良的公司，就是广大股东喜爱的公司，也是市场中备受尊重的公司，所以我觉得上市公司都应该向格力学习，格力就是我们高质量上市公司的标杆。

## 从董明珠来看中国企业家的精神

习近平总书记说，"市场活力来自于人，特别是来自于企业家，来自于企业家精神"[1]，对我们企业家寄托了无限的希望。中国经济这么多年来是靠一大

---

[1] 2014 年 11 月 9 日，习近平总书记在亚太经合组织工商领导人峰会开幕式上的演讲。

批企业发展、支撑起来的，但是这一大批企业的发展，靠的是一大批企业家，企业家是企业的灵魂。

熊彼特曾说企业家是对成功充满渴望的人。我觉得董明珠就是对成功充满渴望的人，因为她的目标就是不停地走向成功，迈过一个成功，还要到另一个成功，这就是企业家的精神。

我概括企业家精神包括三点：第一点，创新；第二点，坚守；第三点，责任。我觉得在董明珠身上，这三点都尤为突出。创新上面，我每一次来格力，都看到琳琅满目的新产品，听董明珠讲最新的创新故事，所以她是一个永不知疲倦的、永远创新、持续创新的带头人。坚守上面，董明珠在企业坚守了几十年，我的看法是她想在企业里坚守一生，把企业的事业当成了自己的生命，这是让我们尤为感动的，因为做好一个企业，可能需要 10~20 年的时间，如果我们想把它做到极致，可能需要 30~40 年的时间。常常有人问我是怎么算出来的，我不是算出来的，我是做出来的，因为我做企业也做了 40 年。董明珠在企业里常年坚守，带着近 9 万名员工奋战在白色家电这样一个充满竞争的市场一线，这非常不容易。

董明珠是一个有家国情怀的企业家，每次听她演讲，我们都备受感动。她非常热爱她的员工，员工也非常热爱她。她为员工，为珠海市、广东省，为我们国家兢兢业业、坚韧不拔，做出了巨大的贡献。

现在经济下行压力很大，加上贸易摩擦、结构调整，企业家压力很大，都希望计算、预测未来的经济增长情况，其实我觉得不用算了，我们就把希望寄托在企业家身上，希望他们用企业家精神来带领企业前进。如果我们有坚强无比的企业家精神，我觉得什么困难都可以克服，这就是我对未来充满信心的原因，因为我们有董明珠，有无数个和董明珠一样、向董明珠学习的企业家。

## 05

## 有效的创新才是好创新[①]

在世界科技创新论坛上,诺贝尔奖获得者讲了有关生命、人类等很多未知的事情,也讲了很多科学的理论。我从企业中来,想从我的角度谈一谈,企业对科技创新的一些看法和理解。

我觉得科技创新可以分为两层:一层是基础科学,是回答未知的问题,像虫洞等,是回答未知的东西,产生一些基础的科学理论;另一层是应用科学和技术创新,就是技术创新领域的,其实是解决我们在日常生活、生产中一些基础应用的问题。

热力学里有一个节流原理,是一个气体方程。这个原理属于基础科学的范畴,但它可以应用到空调和冰箱上。空调和冰箱发明了很长时间,最开始只是医院用,后来普及到家庭,这恰恰是企业将应用科学创新的具体化。所以我觉得基础科学、应用科学和我们企业里的技术创新之间是有联系的,但它们重点又不同。在企业里我们的创新是着重于技术创新,这是在应用科学,而不是在基础科学的范畴里。有人说我喜欢研究引力波,喜欢讲虫洞的问题,我觉得那只是我个人的一种爱好,因为以现有水平,企业的实验室是研究不了这些问题的,这是我的一些看法。就创新我想跟大家讲三个观点。

---

[①] 2018 年 8 月 10—12 日,以"共享全球智慧,引领未来科技"为主题的世界科技创新论坛在北京举行。作者以中国建材的创新为案例,提出企业在创新方面的三个观点。本文原载于《中国建材通讯》2018 年第 8—9 期。

## 有效的创新可以降低风险

**要进行有效的创新**

做企业就得有效益,就得赚钱,所以我们要研究创新如何有效、怎么能降低创新的风险,这是每一个企业家要想的问题。围绕我们该怎样创新,我举个例子。大家知道摩托罗拉公司做过铱星电话,这是个很好的技术,利用天上布满的卫星,在世界上任何一个地方都可以打电话。但它和现在用互联网、通信技术连接的手机相比就很笨重,而且它打电话受室内室外的限制,费用也很高,没有产生效益,后来铱星电话就退出了舞台,摩托罗拉公司也因此受到很大的拖累。所以同样是创新,我们要研究哪一种创新更有效益,因为企业没有效益就会倒闭,不是所有的创新都要拿来用,而是要思考创新是否能赚到钱。于企业而言,赚了钱的技术才是好技术。这是我们要思考的。

**要进行有目的的创新**

德鲁克说,进行有目的的创新可以使风险减少90%。我们要制订创新的目标和计划,认认真真地去做,而不要今天做这个、明天做那个,去赶风口,那样的创新往往风险很大,而且往往会失败。像2000年前后社会上涌现出互联网热和纳米热,而现在是石墨烯热,其实这些做起来并不容易,不是任何一个企业都可以去做的。如果我们不能从企业的实际出发来决定创新的目标,那么就会有很大的风险。

**要在熟悉的领域创新**

2009年的时候,国资委让我既做中国建材集团的董事长,也做国药集团的董事长。回过头来想,我在做国药集团董事长的5年里也学到不少东西,但后来在中国建材也没有去做过医药的项目。为什么?因为我觉得建材领域的这些技术人员不熟悉生物医药,在一个不熟悉的领域里我们无法决策,所以我觉得这也是非常重要的,不要盲目跨界。

**创新要吸取别人的经验**

在创新领域里,我们要更多地思考现在已有创新的一些基本情况,有哪些经验我们可以吸取。发明家爱迪生在发明灯泡之前,人类在灯泡这个问题上已经做了90%的工作，但即使剩下10%，他还是做了约6000次试验才把灯泡做出来。如果没有前人90%的经验，爱迪生很难把灯泡做出来。所以我们今天在做创新的时候，要很好地总结归纳前面大家所做的工作，不要去做很多重复的工作。我觉得这是要增加创新的有效性，尤其我们做企业，创新是要花钱的、是有成本的，所以我们必须要让创新产生效益。

### 关于创新模式

其实创新大体可以分为三个模式：模仿式创新、集成创新、自主创新。当然也有人把集成创新放到自主创新里面，为了区分它们，我想分成三个方面说说我的观点。

**模仿式创新**

一说到模仿式创新，大家就想到是不是要抄袭、是不是要侵犯知识产权等问题，其实模仿式创新并不是落后的创新，今天日本整个工业体系和企业，绝大部分走的是模仿式创新的道路，所以日本成为东方第一个迈入发达水平的国家，这是不容易的。模仿式创新往往也是发展中国家或者后发经济国家一些企业的主要创新方式。实际上自改革开放以来，我国企业绝大多数的创新都属于模仿式创新。

**集成创新**

随着经济的发展，中国企业从"跟跑型"到"并跑型"，甚至有一些成为"领跑型"企业，一味地模仿已经不足以满足企业的发展需要。那怎么办？我们的创新模式就上升到了集成创新，既有借鉴、模仿的，也有我们自己原创的，把它们结合起来。像电动汽车，特斯拉公司有，宝马公司有，北汽集团也有，大家都有。其实这些汽车大同小异，但各有各的技术、各有各的不同，把各种不同的创新要素结合起来，形成自己新的东西，这就是集成创新。

中国建材做水泥、玻璃做到了全球最大，但我们也做了很多新的东西，比如T800、T1000碳纤维就用在大飞机上，作为航空航天领域里的一种增强材料。过去我们做不了这些东西，现在中国建材把它推了出来，而且占中国市场供应量的70%。还有像铜铟镓硒薄膜太阳能电池、电子薄玻璃，过去我们的液晶显示器用的薄玻璃都是进口的，现在液晶显示器的玻璃、手机上的玻璃，中国建材都能提供。

手机上的显示模组实际上由四层玻璃构成：两层液晶面板、一层触摸触控玻璃、一层高强度的金刚玻璃，这四片玻璃我们过去都做不了，但现在我们都做得非常好。而且我们做的触控玻璃厚度只有 0.12 毫米，远远低过世界其他国家产品的厚度，这个玻璃强度很高，还可以弯曲。像这些技术，就是集成创新来的，既有我们借鉴别人的东西，也有我们自己原创的东西。

### 自主创新

自主创新其实很不容易，任正非讲过跑在前面很孤独，前面空无一人，领跑的时候可能就要更多地思考原始创新和独立创新。自主创新也需要大量的投入，一种新药研发大概要有 10 年的时间、10 亿美元的投入，所以一般的小企业很难做。但是当经济发展到了一定水平，企业一定要进行自主创新，进行原始创新和独立创新。现在我们的一些企业已经开始进入原始创新和独立创新阶段了。

我把创新分成这三个阶段，过去我们做得比较多的是模仿式创新，模仿式创新不是落后的创新，并不丢人，几乎每个国家、每个企业都是这样走过来的；现在大部分企业进入集成创新阶段，既有借鉴，也有自己的原创，结合在一起；下一步肯定有更多的企业要进入原始创新和独立创新阶段。

## 关于颠覆式创新和持续性创新

### 颠覆式创新

现在大家都喜欢讲颠覆式创新，确实如果一个企业不重视颠覆式创新，就容易被颠覆。大家回想一下过去像华录集团做录像机、乐凯集团做胶片，分别都被颠覆掉了。华录被 VCD、DVD 颠覆，乐凯被数码相机颠覆了，但颠覆式创新不是每天都在发生。一个产业、一个工业、一个行业里面往往几十年才会出现一次颠覆式创新，在颠覆式创新来临之前大家一定要特别重视。

### 持续性创新

我们不仅要特别重视颠覆式创新，还要重视企业的持续性创新。比如现在生产汽油汽车的企业，虽然知道新能源汽车代表着未来，但是目前街上跑的90%以上还是汽油汽车，因此对于生产汽油汽车企业而言，在怎么能减少它的排放、改变它的款式等方面其实还有大量工作要做。所以企业更多的是在做持续性创新。有企业宣称10年之后其产品中90%都会是新产品，但如果去看10年之后的收入，90%还是来源于它目前的产品。

  企业既要进行颠覆式创新又要进行持续性创新，该如何做好平衡？美国的克里斯坦森认为，进行颠覆式创新要请另一拨人另起炉灶，因为颠覆式创新和持续性创新看起来是在做同一个行业，实际上有完全不同的想法。大家想想数码技术和卤化银胶片技术是完全不同的领域，数码技术是数字领域，胶片是化学领域，看似都是一张照片，但用了完全不同的技术；电动汽车和汽油汽车也是不同的领域，看起来都是汽车，但是打开车盖去看，用的是完全不同的逻辑。所以用"老"的技术人员去做新的技术就非常难，应该把颠覆式创新和持续性创新分开，颠覆式创新一般需要另起炉灶，同时继续持续性创新。以上几个关于创新的观点也是我给大家提供的一些创新方法。

| 企业心语

# 06

## 只有既实践又学习才能把企业做到极致[①]

我在企业工作了 40 年,在大型企业做了 35 年的领导,在中央企业做了 18 年的董事长,现在同时担任中国上市公司协会和中国企业改革与发展研究会的会长,还是北京大学、清华大学等学校的实践教授。接下来,我会结合个人经历谈谈大学,尤其是商学院的教育和企业之间的关系,同时也说说教育和企业家之间的关系。

在北京大学光华管理学院与教师、学生们合影

---

① 作者认为学校教育和企业实践应紧密结合,他提倡要像办学校一样办工厂,像管理学校一样管理企业。只有既实践又学习的人,才能把企业做到最好、做到极致。本文原载于新华网 2020 年 1 月 14 日。

## 知行合一

管理教育怎么推动企业的发展？先从我的经历说起，1979年大学毕业后我就来到了北京，在北新建材先做技术员、销售员，还当了7年主管销售副厂长，然后做了10年的厂长。1993年我担任厂长，那时候面临一个很大的问题，企业的管理到底是怎样的管理法。我是技术人员出身，虽然做了几年的销售工作，但对于企业的管理真的不是特别懂。当时正好MBA教育开始了，我是1992年第一批MBA的学员。1993年初做厂长的时候，我就和老师说我不学MBA了，因为工作太忙了，担子也很重，老师说担子越重越应该学习，我觉得他讲得有道理，就继续把MBA读完了。

读完MBA，我发现MBA教的课程是管理实践中最需要的，是过去所学的技术里没有的内容，比如财务管理、现场管理等。所以我一边工作，一边学习，很有收获。同时我也建议身边的同事去学习，否则会没有共同语言，比如讲到"边际"，大家不知道说的是什么。那时候，绝大多数的干部是技术专业或者行政管理出身，管理知识都比较欠缺。后来我就把北新建材有培养潜力的中层干部送到北京大学、清华大学、北京交通大学等学校读MBA。当时MBA的学费还很低，送人去读MBA的企业也不多，记得清华大学曾经有一个班里的学员大多是来自北新建材的。学完以后大家就有了共同语言，学过MBA的干部可以学有所用地管理工厂了。

2002年，我到中国建材做总经理，做的第一件事还是让大家学习，因为我在翻阅中国建材干部档案的时候，吃惊地发现这些干部基本没有接受过管理培训。于是我在现有的班子成员中选送了一批去读MBA、EMBA（那时候已经有EMBA了），同时在国家行政学院也开设了CEO和CFO班，让大家有更多学习的机会。这些年的经历让我坚信，企业管理者既要实践又要不断学习，所以我提出了像办学校一样办工厂，像管理学校一样管理自己的企业，将企业的干部送去学校学习。只重视实践、只相信经验的人做不好企业，只强调学习不实践的人也做不好企业，只有既实践又学习的人，才能把企业做到最好、做到极致。

企业心语

同时，我也学会了用办学校的方法来处理企业里的工作，总结了一些管理经验，像中国建材目前的管理方法，有"八大工法""三精管理"等，这些都是从经管学院学到的，已经形成了不同的小册子。我们内部有很多这种"武功秘籍"，每年还会有更新，不对外出版，只供内部干部和员工学习交流。

中国建材每月召开一次月度会，大约有 50 多位经理人参加，大家在会上先汇报一下各自公司的 KPI，然后总经理安排部署工作，最后是我给大家"布道"。我大概讲一到一个半小时，就像在讲 EMBA 课程，这样一讲就讲了十几年。这样的方式，可以使企业高度统一起来。

## 教学相长

我把企业实践的经验也带到了商学院，其实这些年我一直从事 MBA 的教育工作，我是第二届、第三届、第五届全国 MBA 教育指导委员会的委员，同时也是北京大学、清华大学、上海交通大学、浙江大学等几所学校商学院的实践教授，在这些学校的商学院里我也经常为大家讲课。

对于企业家去学习，大家有不同的看法。有人认为企业家把自己的活干好就行了，跑到学校有点儿沽名钓誉。其实，商学院也需要有实践经验的企业家，我主张商学院的老师到企业兼职，也推荐了一些老师到上市公司做独立董事，很多人不能做独立董事，但是我觉得商学院老师是独立董事最好的人选之一。还有一点，我非常重视在商学院里和大家的互动，这是我最看重的，因为不互动就不知道对方的想法。学员们站起来提出的问题，就是他们真想讨论的问题。我每次利用周末上两天课，其间都会留半天的互动时间，这非常有意义。我去学校教学并不只是把实践经验介绍给学员们，而是希望能和老师、学员们沟通交流，了解更多的情况。

经常去学校学习交流的企业家和不去学校的企业家，我觉得他们肯定不一样。我经常去学校听课，有一次北京大学国家发展研究院组织的会议，我听了整整一天，直到晚上 7 点，不少人都走了，大家发现我还一直坐在那儿听，有些老师非常感动。我喜欢听大家讲，我觉得学校是个学习的地方，也是一个让企业家反思和联想的地方，这是一个难得的好地方，企业家应该多去。

## 有教无类

我希望大学能打开校门，为企业多做一些培训。我特别赞成要破除大学和社会的边界的观点，因为学校也好、企业也好，都是组织，应该结合在一起。现在学校的商学院有 MBA、EMBA 教育，这几年搞了专门针对国有企业干部的 EMT 教育，这很好，因为中国有国有企业、民营企业等不同类型的企业，有海量的企业和企业家，我国境内上市公司有 3700 多户，如果加上在美国、英国、新加坡、中国香港等地上市的公司，就有 4800 多户。中国的企业按公司注册的有 3000 多万户，如果加上个体工商户的 7000 多万户，共有超过 1 亿个经济主体。这么多企业和企业家都需要培训，而我们只有 300 多所商学院，只靠 MBA 和 EMBA 教育无法满足企业的培训需求。所以我们要打开边界、打开校门。

商学院教育的目的还在于提高我国企业家的整体管理水平。大家都很关心上市公司，有的上市公司出了问题，面临一些困难，我们商学院的教育有没有责任呢？中国证券监督管理委员会制定的《推动提高上市公司质量行动计划》中讲的通过七条途径提高上市公司的质量，其中最后一条就是优化生态，全社会都来支持上市公司提高质量。对商学院来说，那么多上市公司的董、监、高人员，需要商学院的培训。

市场的活力来自企业家，所以我们可能要花更多的精力来培训这些企业家，企业家也应该到商学院接受更多的培训。应该把商学院和企业紧密地结合在一起，我认为中国企业的未来就在于这两者间的结合。2019 年 3 月，我去了美国的麻省理工学院和哈佛大学，感触很多，美国的学校和企业结合得十分紧密，我们也应该借鉴。

最后我想概括一下。最初我是把企业当作商学院做，从商学院学习了东西再应用到企业中；后来我也把商学院当作企业，把自己在企业的一些经验拿到商学院分享。现在我做中国上市公司协会的会长，服务于那么多的上市公司。我希望整个经济社会是"商学院＋企业"的模式，将二者结合起来一起做，相信会有一个质的提升。

| 企业心语

# 07

## 国企民企一家亲[①]

2019年2月，国资委领导带领6位中央企业负责人出席了亚布力中国企业家论坛第十九届年会。过去亚布力中国企业家论坛是以民营企业家为主的论坛，但现在论坛敞开了胸怀，有更多中央企业一起去交流。

同时，最近国资委来了两位嘉宾，一位是马云，一位是马化腾，这是一件很重要的事情，恰好呼应了我们今天的主题——"协同、融合、共赢"。

### 国企和民企的融合非常重要

中国的经济是融合的经济，国有企业和民营企业是融合的关系。我国的基本经济制度是国有企业和民营企业共同发展，是两个"毫不动摇"。国有企业的一项重要功能就是公益和保障，为整个社会经济搭台。在充分竞争领域里，国有企业采取的方式是发展混合所有制经济。在公益和保障事业里，国有企业会无条件地承担国家责任、政治责任。国有企业还有一项重要功能就是支持民营企业的发展。国有企业更多的是做基础设施、基础原燃材料，民营企业更多的是在充分竞争领域里，彼此优势互补、相得益彰，其实合作挺好的。

国有企业改革市场化，民营企业上市公众化，殊途同归，紧密结合。混合所有制就是融合经济。天津市领导与我们企业家交谈时讲道："搞混合所有制

---

[①] 2019亚布力中国企业家论坛第十五届夏季高峰会在天津开幕，论坛期间，作者就当前经济形势，分享了企业要坚持改革开放、创新转型、实现高质量发展等观点。本文原载于中国企业家论坛网2019年8月26日。

这件事天津认准了,我们要干到底。"这句话让我非常激动,给我留下了深刻印象,晚上回到房间我还在想这句话。中国建材和我过去工作的国药集团都是混合所有制企业,十几年前就已经开始做了。过去这两家企业在国务院国资委的中央企业里都是规模很小、名不见经传,但现在的排名都居中偏上,成为重要的企业。

  这是什么原因?就是源于混合所有制。和谁混合?和民营企业混合。10年前,我和复星集团董事长郭广昌在豫园进行交谈,那个时候国有企业和民营企业打交道压力是很大的,但是我们还是下定决心一起合作,之后国药控股股份有限公司在中国香港上市。郭广昌后来回忆说,那个时候他们的营业收入只有80亿元,2018年国药控股股份有限公司做到了4000亿元。当时按国药集团51%、复星集团49%这样一个比例建立"阁楼公司",之后去上市,把国有企业的优势和民营企业的优势结合在一起。"央企的实力+民企的活力=企业的竞争力",就是这个公式指导中国建材和国药集团两家企业实现从小到大、从弱到强,成为世界500强企业。

2019年9月,国药控股股份有限公司在香港上市

  西方国家在经济发展过程中,不仅搞过国有化运动,也搞过私有化运动。当他们认为国有化好时,就搞国有化运动;当他们认为国有企业遇到问题时,

就搞私有化运动。我们中国人懂得辩证思维和哲学思维，能够把两个看似毫无关联的东西融合在一起。比如阴阳、太极，把"黑鱼"和"白鱼"有机地画在一起成为太极图，这是我们古老的智慧。

今天我们讲协同、融合，实际上它并不仅是一种方式，而是一种观念、智慧，深层次地表达了中华民族的境界，就是要协同、融合，不仅要自己做好，还要大家都做好。国有企业和民营企业这些年的发展就体现了这一点，因此我常讲，"混合所有制是个好东西"。天津市现在选择混合所有制作为国有企业发展的突破口是对的，要坚定不移走下去。

**国企和民企要互相学习**

国有企业要学习民营企业的市场化精神、企业家精神，学习民营企业天然的市场化机制。尤其是机制，民营企业有天然的所有者，机制要比国有企业好。国有企业的所有者是代理人制度，有时候会出现所有者不到位的问题。现在国有企业全力以赴进行机制革命，机制革命是推开国有企业改革的最后一扇门。无论在体制方面，还是在制度方面，国有企业经过40多年的改革，今天已经成为市场的竞争主体，但是国有企业的内部机制还只是半市场化机制，远远没有到位。所以我们要学习民营企业，要把民营企业市场化的机制引入国有企业。我们要推动员工持股，推动经理层股票计划，推动科技分红和超额利润分红权。我们要向华为公司学习，也要向古老的清朝晋商学习。晋商把最终所得的财富分给东家一份、掌柜和账房先生一份、伙计们一份，这就是机制。而国有企业今天缺少的正是这种机制，相信只要把机制这课补上，我们国有企业也能做得更好。

国有企业通过搞混合所有制引入良好的市场化制度，再通过机制革命引入民营企业的市场化机制，还是很有前途的。我总讲"此国企非彼国企"，我们讲的国有企业绝对不是过去那种纯而又纯的国有企业，中国建材整个资本项下国有资本只占25%，社会资本占75%；国药集团国有资本只占40%，社会资本占60%。中央企业资产的70%都在上市公司混合所有制里，今天中国的国有企业实际上是改革了的国有企业，是市场化了的国有企业，是混合化了的国有企业，早已不是40年前的国有企业，更不是美国人想象的那种靠垄断、靠补贴生存的国有企业。

是不是民营企业就没有向国有企业学的？民营企业要向国有企业学些什么？记得马云在亚布力中国企业家论坛上讲过一段话，他说：我们也要看到国有企业的长处。2019年5月11日，我出任中国上市公司协会的会长，上市公司里2/3是民营企业，1/3是国有企业。最近一段时间，我接触了不少民营企业，和民营企业的董事长尤其是过去一年多遇到问题的董事长进行了深入交谈，我觉得民营企业也有向国有企业学习的地方，可以吸取国有企业的一些经验和教训，比如国有企业的战略思维、规范化管控、国际化经验等，都值得民营企业进行研究；比如在主业管控方面，中央企业的主业不得超过三个。当时我们也是想不通，认为面对这么多机遇只让做三个主业，捆住了我们的手脚。但现在回过头来看，恰恰是因为突出主业，国有企业才有了今天。如果每家企业都到处去发展各种业务，反而有可能会失败，比如一些民营企业在做业务的时候就脱离了主业和核心业务，盲目地扩张。

我们爬上一座山峰需要10天，而从山峰掉下来只需要10秒钟。有的上市公司董事长说，"我正在经历这10秒钟"。国有企业过去也曾盲目扩张，吃过不少苦头，这是教训。国有企业和民营企业要互相学习。过去3年，国有企业都在瘦身健体，削减约1.4万户企业，中国建材削减约500户企业。国有企业的经验和教训弥足珍贵，值得民营企业学习。协同和融合不仅包括经验方面的相互学习，也包括教训上的互相借鉴，这些应该是中国企业共同的宝贵财富。

现在我国面临复杂的经济形势，一是下行压力加大，二是中美贸易摩擦加剧，在这样的时刻，我们应该国民共进，国有企业和民营企业联合起来，抵御环境带给我们的压力。在此，我也想喊出一句口号："国企民企一家亲，试看天下谁能敌！"

# 08

# 企业活力靠机制[1]

从改革开放至今，我国企业的管理水平较 40 年前有了极大提高，还拥有了很多世界 500 强企业。

德鲁克曾说过，中国的事情应该由中国人自己做好。如果我们简单地照搬西方的管理理论，就很难解决自己的问题。所以，我们必须"洋为中用，古为今用"，按照这个思路来学习德鲁克的理论。学习时，不应该把理论当成教条，而是要当成企业的管理指南。

按照德鲁克的实践理论，我认为当下中国的企业，乃至全球的企业，都遇到了一个较大的问题——企业到底该如何分配利益？

### 企业要成为共享的平台

1975 年，美国商业圆桌会议商讨出一个原则：企业所有者利益最大化。这个理论指导了资本主义社会几十年，直至今日仍是如此。

但是最近，美国大型企业联合会发现这个理论是有问题的，过去几十年一直奉行的企业所有者至上的规则，需要修改了。所以他们又提出，企业应该照顾到所有利益相关者，而不是只照顾到企业所有者。

在 1950 年之前，世界的贫富差距很大。数据显示，1950 年以前，美国 1%

---

[1] 在"2019 彼得·德鲁克中国管理论坛"中，作者分享了他对企业利益分配的思考，他认为企业的财富应该让企业的所有者、经营者和管理者共享。本文原载于经济观察网 2019 年 11 月 17 日。

的人口占有20%的财富；到20世纪80年代，1%的人口只占有8%～12%的财富，公平度有所增加；但是到了20世纪90年代，1%的人口又重新占有20%的财富，两极分化的程度再次加重。这说明，分配的规则出了问题。诺贝尔奖获得者约瑟夫·斯蒂格利茨写了一本书叫《重构美国经济规则》，指出美国在分配规则上出了问题。所以，也就有了大企业对分配规则的认识和反思。这也提醒我们要做相应的分配规则调整。

企业在分配利益时，应该把企业的所有者、经营管理者和普通员工全都考虑进来，不只是要给员工工资，还要让他们分到一部分公司的财富，这才合理。企业所有者确实投入了资本，但是企业的财富也不能都归现金资本所有，公司不是所有者的，而是全社会的，企业所有者只是投资人。

有限公司的核心是"有限"，它在保护企业所有者只需承担有限的责任的同时，也限制了所有者的权力，不是公司维护所有者的利益，而是所有者不得侵害公司的利益。过去我们讲，董事会代表股东的利益，实际上董事会应该代表公司的利益。企业所有者不得操纵董事会，因为公司具有独立的法人财产权，企业所有者只能享受自己应有的权利，而不能超越这个权利，更不能控制董事会。董事会要对公司负责，每位董事要对自己负责，这是大逻辑。可惜过去我们没有这么想，也没有这么做。所以，现在是改变规则的时候了，应该让企业的所有者、经营管理者和普通员工共享企业的财富。

我认为华为公司的崛起有两个重要原因：一是任正非的企业家精神，二是"财散人聚"的机制。华为将利润分成四份：所有者只分一份，另外三份给经营者、技术骨干和员工。并且是后者分完后，所有者才拿到自己那一份。

万华的成功恰恰也是因为共享。万华的股权结构中，国有股占21.6%，员工持股占20%，剩下的是散户。同时，万华的科技分红做得很好，如果一项技术创造了效益，公司拿出效益的15%奖励相关技术人员，而且一分就是五年。恰恰是因为这种机制，万华成为国有企业改革的一面旗帜。说到共享，我们国家对它并不陌生。清朝时的晋商在年终分红时，就是东家一份、掌柜和账房先生一份、伙计们一份，因此才诞生了晋商票号那样的经济体。

我们一定要改变现有的分配规则。党的十九届四中全会通过的《中共中央关于坚持和完善中国特色社会主义制度 推进国家治理体系和治理能力现代化若干重大问题的决定》中指出，"着重保护劳动所得，增加劳动者特别是一线劳动者劳动报酬，提高劳动报酬在初次分配中的比重；健全劳动、资本、土地、知识、技术、管理、数据等生产要素由市场评价贡献、按贡献决定报酬的机制"[①]。不只是国有企业要改革，民营企业也要改革。好的所有制不一定会有好的机制，是否有好的机制，关键取决于企业所有者是否开明。

## "三段式"国企改革

事实上，今天我们已经解决了国企改革的大部分问题。如何把国有经济和市场经济结合起来，这是一个世界难题，全世界的国家都会遇到。西方的企业既搞过国有化，也搞过私有化，最后国有化没有搞好，全都私有化了。但是，中国是社会主义国家，不可能全面搞私有化，所以我们要探索一条能将国有经济和市场经济结合起来的道路，我们一直在实践。

40多年来，我们一直在探索，终于找到了这样的一条道路，那就是"混合所有制"。今天，我国中央企业70%的资产都在上市公司里面，如果没有这场上市的改造，很多中央企业都会不复存在。所以，国有企业的发展和竞争力，正源于它的改革。其改革逻辑，可以总结为"三段式"理论。第一，体制上国资委从过去以管人、管事为主，改为以管资本为主。第二，制度上改为现代企业制度，即2004年提出的16个字：产权清晰、权责明确、政企分开、管理科学。这里面最难推进的就是政企分开，但现在，所有的国有企业都是按照《公司法》注册的，这也是一个很大的成就。第三，机制上还要进行新的突破。过去在国有企业里，"干多干少一个样、干和不干一个样、工资能升不能减、职务能升不能降"，入了国有企业的门，就是铁饭碗、铁交椅、铁工资，能进不

---

① 新华社：《中共中央关于坚持和完善中国特色社会主义制度 推进国家治理体系和治理能力现代化若干重大问题的决定》，新华网，http://www.xinhuanet.com/politics/2019－11/05/c_1125195786.htm。

能出。这样的机制，使得国有企业没有效率，不少企业倒闭。于是，我们当时提出了"三项制度改革"——劳动制度、分配制度和人事制度，实现了"能上能下、能多能少、能进能出"的效率改革。

一转眼，社会已经发展到今天这样一个财富时代，企业的改革肯定不能再用过去的办法了。所以，今后我们要继续在机制上进行新的突破。

2018年10月，在全国国有企业改革座谈会上，国务院副总理刘鹤同志说，"伤其十指不如断其一指"①。"断其一指"，就是说要机制改革，激活国有企业的微观活力。改体制、改制度，说到底还是为了改机制。如果改了体制、改了制度，但不改机制，国有企业没有微观的活力，那么体制和制度的改革就毫无意义。

机制改革的难点在于，很多的企业经营者、管理者害怕改革如果让员工发了大财，员工会不安心工作。我常说："这些改革没法让人发大财，只是能打造更多的中产阶层，减少两极分化，这是一种进步。"国有企业既要提高企业的效率，又要共享，这只有靠机制革命才能做到，因为只有机制革命才能够保证效率、才能够共享，最后保证所有者的利益。

通过"三段式"改革，我们走到了现在，我们也必须推开最后的一扇门。与其落后、死掉，不如放手一搏去改革、获得新生。现在，国有企业中的幸存者，大都是因为改革创新才有了今天，如果明天不继续改革和创新，也将会在市场中失去竞争力。

## 机制革命的"新三样"改革

实际上，在体制、制度、机制上的改革，我们仍没有做彻底。在这三方面，国有企业目前只能算是"半市场化"，可即便如此，国有企业也获得了强大的活力。

在今天这个财富时代，企业要给予员工的，不只是那点儿工资和奖励，而

---

① 《刘鹤出席全国国有企业改革座谈会并讲话》，中国政府网，http://www.gov.cn/guowuyuan/2018-10/09/content_5328968.htm。

是要与他们分享企业的财富。所以，我们现在推出了"新三样"改革。

一是员工持股。中国建材合肥水泥研究设计院因为搞了员工持股，如今已成为我国建材行业中最好的一个设计院。有很多上市的水泥研究设计院发展都没有它好，因为内部没有共享机制。国资委的领导视察了合肥水泥研究设计院后，也感慨万千。

二是管理层股票计划。它是指在上市公司里给管理层设置股票期权、限制性股票和股票增值权。在这三个权利里面，我比较看重股票增值权，也就是西方人讲的"影子股票"。公司上市了，管理层必须和购买公司股票的股民们利益同向，如果企业自己的管理层都不拥有股票，投资者怎么有信心买这家公司的股票呢？关于股票增值权，我们过去没有全部兑现，但是我们确确实实在做。中国建材就做过股票增值权，我认为效果是不错的。

三是超额利润分红权。它是指企业要把在额定利润之上、多盈利的那部分利润拿出来一部分，发给管理层和员工，也就是分成。张五常有个"佃农理论"，说的是佃农租下了一块土地，交租子是一定的，但是交完租子剩下的收成，都归佃农自己所有——这也就是土地的收益分成制。找佃农比找长工要好，因为长工是按天挣工资的，收成和他没关系。

机制真的很重要。中国建材2018年在分配机制改革上做了些尝试——用增量来奖励增量。在水泥工厂中拿出15%的超额利润进行分红，"一把手"分10%，班子成员分20%，普通员工分70%。这样一来，员工的热情如火山般爆发，由过去的"要我做"变成"我要做"，搞采购的不敢把价格搞贵，搞生产管理的不敢浪费，卖产品的不敢降价、不敢不收回货款，效益也实现了翻番。

有了机制，做企业不需要神仙；没有机制，神仙也做不好企业。在机制革命中，如果我们依旧抱残守缺，用过去那些传统观念和条条框框，肯定是不行的。企业还是要把机制革命做好，因为机制革命能让企业实现共享，进而提高企业的效益，让大家都能富裕。

这些年，我一直在国企改革一线，我想在机制革命这方面努努力。国有企业正面临着市场竞争的挑战，和民营企业、外资企业竞争，要加快充分竞争领域里国有企业的混合所有制改革的步伐,如果一直戴着国有企业的帽子去竞争,难以做到竞争中性。国有企业必须要自我改革,我们的目标是把国有经济做强做优做大,并不是把每一个国有企业都做强做优做大,而是应该抓大放小。

改革步履艰难,但我对改革充满信心。我经常讲的一句话就是,"不信东风唤不回"。

| 企业心语

# 09

## 企业家的新使命①

新环境、新变化、新身份、新使命，今天，我就"企业家的新使命"这个题目与大家进行交流。

### 中国经济靠什么发展到今天？

改革开放40多年来，我国经济取得了巨大的发展成就，一是靠党和国家的政策，改革开放的政策创造了良好的发展环境；二是靠企业家，企业家们为中国经济的发展立下了汗马功劳。企业家是稀缺资源，是发展创新型经济的中坚力量。过去这些年，中国涌现了一大批优秀的企业家，像今天台下就座的张玉良、蒋锡培、刘永好等，他们都是非常优秀的企业家，全国各个地区都有非常优秀的企业家，这些企业家是引领企业成长、推动中国经济崛起的英雄。

美国有句名言"美国的事业是企业"，其实中国的事业也是企业。进一步说，美国的事业是美国的企业家，中国的事业也是中国的企业家。世界各国之间的竞争是企业间的竞争，而企业间的竞争归根结底是企业家之间的竞争。

2019年世界500强企业榜单中，中国（包括台湾地区）的上榜企业有129家，超过了美国的121家。当然也有人说，我们现在是大而不强，但对比20年前中国只有少数几家世界500强企业，可以明显看到中国企业的进步。今天中

---

① 2019年11月28日，作者在"2019新浪金麒麟论坛"发表演讲。作者认为中国经济的活力来自企业和企业家精神，在不确定的未来，更需要企业家挺身而出，扛起坚守、创新、责任的新使命。本文原载于《企业观察报》2019年12月5日。

国企业在做大的基础上,正在努力做强、做优,这符合事物的发展逻辑。

回顾中国改革开放40多年,我的心得体会是,宏观层面的政策、大方向、大环境是发展的前提,微观层面的企业、企业家也很重要。

### 关于企业家的新使命

今天论坛的主题是"新征程、新使命",讨论未来10年的问题。企业家在未来也是有"新征程、新使命"的,那么使命是什么?这和面临的环境有关。我们今天遇到的是百年未有之大变局,在这样一个时刻,无论是贸易摩擦,还是经济下行、经济结构调整等,都给企业、企业家带来很大的压力。我们要承认这些压力、面对这些压力,要变压力为动力。面对环境的不确定性,现在不少企业家忧心忡忡,甚至很焦虑。我觉得我们还是要像毛主席讲的,"在困难的时候,要看到成绩,要看到光明,要提高我们的勇气"[①]。

从西方国家来看,第二次世界大战后的1965—1985年这20年间,欧洲经济出现了衰退,而美国不但没有衰退,反而出现了一个繁荣期,德鲁克曾研究过背后的原因:是周期理论出了问题,还是出现了什么新的现象?研究发现,是美国的企业家和美国的创新经济,使得美国成功逃过了康德拉季耶夫长周期理论的魔咒。

20世纪90年代末,东南亚金融危机发生时,韩国遭受重创,当时很多人认为韩国没有10年恢复不了,但韩国是怎么渡过这次危机的呢?海外韩国人把钱寄回韩国,很多女士把金戒指等首饰捐献给国家,韩国仅用了两三年的时间就渡过了金融危机。

这些案例都值得我们认真去研究,今天有的企业遇到了一些困难,遇到了一些压力,那并不可怕。我们现在最需要的是什么?最需要的就是企业家精神。我认为企业家精神的内涵有三点。

**一是创新精神**。做企业是一件复杂而艰苦的事情,需要敢于不断创新、不断挑战自我的人。企业家最大的特点就是不满足于现状,对新事物充满好奇

---

① 毛泽东:《为人民服务》,1944年9月8日。

心，不断求新求变。

**二是勇于坚守**。企业家是干出来的、炼出来的、熬出来的，甚至是九死一生活过来的。企业家的"家"字是时间磨炼出来的，没有困苦的磨炼，没有坚守精神不可能成为"家"。

**三是责任担当**。企业家不是自己富了就行，而是要最大限度地回馈社会，让大家共享财富，实现均富和共富。企业家要义利相兼、以义为先，要有家国情怀、兼济天下的责任感和使命感。

在当前经济结构调整的攻坚时刻，我们应当大力弘扬企业家精神，企业家应该充当国家经济的脊梁。中国的企业家，包括大企业家、中小微企业家都要挺身而出，因为我们是企业家、是有企业家精神的人，我们肩上的责任重大。

中国A股上市公司有3700多家，加上美国、英国、新加坡、中国香港等地区，全球范围内中国的上市公司有4800多家，超过美国的4400家。中国的个体工商户有7000多万家，加上3000多万家公司制企业，有超过1亿个经济主体，这么多的企业带头人带领企业界、各个经济主体一起努力，中国的经济一定能够顶住压力、渡过难关。

2019年11月13日，我卸任中国建材集团董事长，现在是中国上市公司协会的会长，也是中国企业改革与发展研究会的会长。从这两个协会的角度，我也想和大家谈谈以下几点想法。

**第一，提高上市公司质量**。我担任中国上市公司协会会长以来，系统研究了我国上市公司的情况。我国上市公司的基本面是好的，3700多家A股上市公司中绝大多数是经营良好的企业。有数字为证，中国500强企业中上市公司占比约70%，上市公司创造的利润约占我国企业总利润的40%，税收贡献约占我国企业总税收的30%，2018年分红股息率是2.4%，远远高于存款利息，可以说上市公司在中国经济体中属于"优等生"。当然上市公司也存在一些问题，但这些问题都可以解决，而且上市公司的质量也一定能够得到提高。

**第二，国有企业改革**。今天来看，国有企业改革的目标、路径已经十分清晰。国有经济和市场经济的接轨是世界性难题，经过40多年漫长的探索，可以说今天我们找到了破解问题的方法。下一步要用3年的时间把国有企业的问题基本解决。对于这点，我们要有信心，能否做好的关键在于国有企业的行动。

**第三，培育世界一流和隐形冠军企业。**大企业要成为世界一流的企业，中小企业要成为隐形冠军的企业，这是我们现在要做的。

**第四，培养全世界认可的一流企业家。**过去我们学美国的韦尔奇、艾柯卡，学日本的松下幸之助、稻盛和夫，今后我们要让全世界来学任正非、马云、董明珠等中国的企业家，我们要创造中国一流的企业思想和管理思想。从人类命运共同体的角度来看，中国的企业家不仅要做好自己的企业，为国家做贡献，还要为全世界做贡献。

从企业家角度来看，我觉得我国企业家可以在以下几个方面做贡献。

**一是为稳定中国经济发展做贡献。**2019年我国三季度GDP的增速是6%，有人说再低点也没关系，我认为我们还是要通过企业家的投资和努力，捍卫住6%的底线，稳定的经济增长至关重要，这是我们的一项重要责任。

**二是追求高质量发展，加快转型升级。**这是企业正在努力做的事。

**三是实现小康社会。**企业家不能只为自己，要为大家、为所有的人，在公平和共享方面做出贡献。1975年美国商业圆桌会议定了一个原则，就是所有者利益最大化。但今天美国大型企业联合会反思这件事情，他们认为做错了，企业的目标不只是所有者利益最大化，而是要惠及所有利益关系人，尤其是劳动者。

企业家作为创造和拥有财富的人，应该通过机制把部分财富给予企业的管理层、技术骨干和员工，让企业成为共富、共享平台，产生更多中产阶层，减少两极分化。企业家应该有这样的情怀。

**四是致力于继续推进全球化进程。**中国的企业和企业家要站在世界舞台的中心，屹立于世界之林，这一直是我们的目标。只要扎扎实实往这个方向努力，我们就有可能做到。当然在实现这个目标的过程中，我们可能会暂时遇到困难，但是相信我们一定能够克服。为什么？还是那两点：第一，我们有党和国家的政策；第二，我们有坚韧不拔、坚不可摧的企业家精神。

> 企业心语

# 10

# 希望给混改企业一张"身份证"[①]

国有企业经历了40多年的改革，特别是党的十八大以来的积极探索，取得了突破性的进展，建立了"国资委—投资公司—混合所有制"的体制，确定了"国资委管资本、投资公司管股权、混合所有制管市场机制"三个层次的改革模式。

混合所有制，这既是一个新的企业制度，也是当前国有企业改革的突破口。国有经济和市场到底能不能结合？国有企业改革40多年来，我们破解了这个世界性的难题，用的正是中国特色的解决方案——混合所有制。它可谓一把金钥匙，成为国有经济和市场经济相连接的纽带。

国有企业实行混合所有制改革，我认为，必须把握好两大改革逻辑。

**混合所有制的外部逻辑：明确混改企业新的独立身份**

党的十八届三中全会将混合所有制提到了一个前所未有的高度。这既是我国改革开放多年的经验总结，也是经济层面上大的制度创新。

关于混合所有制，我曾经写过一本名为《国民共进》的书，厉以宁教授作了序。他在序言中对当前中国的企业形态进行了这样的阐述："在一定时间内，国有企业、混合所有制企业、民营企业将会三足鼎立，支撑着中国经济。但各

---

[①] 作者认为给混合所有制企业做好身份定位，才能把它们当成单独的一类所有制企业去看待和管理，从而推动国有企业改革，实现国有资本保值增值。本文原载于企业思想家微信公众号2019年11月29日。

自占国内生产总值的比例将会有所增减,这是正常的。"厉教授的这段话实际上是把国有企业、混合所有制企业以及民营企业三者并列分类了,那就意味着我们的企业事实上存在着三种形态:一是国有企业,二是混合所有制企业,三是民营企业。

这也是党的十八届三中全会给国有企业改革带来的逻辑上的变化。这种体制下的企业也有了一个新的标识——只要是国有经济和非公有制经济交叉持股、互相融合的所有制,就叫混合所有制。这等于给了混合所有制企业一张"出生证"。

既然有了"出生证",就要按照与之相适应的管理方式将其管理好。一直以来,我们养成了一种思维习惯,不论国有企业怎么改革,总是喜欢把企业的最终形态拉回到"国有企业"这一概念上来。实际上,当前我们对国有独资、全资企业的管理模式已经不适用于国有控股、参股企业,对境内国有企业的管理模式也已经不适用于"走出去"的国有企业。我们应该跳出来,没有必要非得在"国有企业"这个范畴去解释具体的所有制,而应把混合所有制企业同国有企业区分开来,给它们独立的身份,颁发"身份证"。有了这张"身份证",才好按照其身份来管理。颁发这么一张"身份证",会给我们的改革发展带来不少好处。

**有利于对国有经济进行分类指导**

我们把国有经济分成公益保障和充分竞争两大类。在公益保障领域,是以社会效益为导向,以保障民生、提供公共产品和服务为主要目标的企业。这类企业是全资的国有企业,国家应该对其保持绝对的控制力,不一定非要搞混改,不一定非要引入非公有制资本。

此类企业要按照市场规则提高公共服务效率,必要的产品或服务价格可以由政府制定。企业在确保财务收支公开透明、运行有效的前提下,发生政策性亏损时政府给予补贴,比如城市供水、供气、公共交通、市政建设等国有企业。

而在充分竞争领域的企业,就不需要百分之百的国有资本,应该走一条混合所有制的道路。换句话说,国有资本在混合所有制中只是一种资本形态而已，国有资本享受股东应有的权益。

在这一点上，国外也一样，大家所熟知的法国雷诺公司，法国政府拥有其25%的股份；法国燃气公司，法国政府拥有其36%的股份；新加坡淡马锡公司也是国有资本投资公司，它的企业都是混合所有制。在充分竞争领域，混合所有制企业与民营企业同台竞争，是可以被接受的，是竞争中性的。

### 有利于政企分开

现代企业制度的原则有16个字：产权清晰、权责明确、政企分开、管理科学。这其中最难的就是政企分开，因为好多国有企业与政府是分不开的。对它们而言，政府就是上级，分开不那么容易，比如好多公益保障类国有企业。可是在混合所有制企业和上市公司中，政企就必须分开，因为其中有股民的钱，有非公有制资本的钱，必须得分开，所以混合所有制解决了政企不分的问题。

实际上，推行资本授权经营改革的三层结构也是朝着这个方向走的。国资委管资本；下面成立的投资公司和资本运营公司代替政府履行出资人职责，避免政府直接干预企业的运营；再下面就是两类企业，公益保障类企业和充分竞争类企业。各层的职责一目了然，政企也自然而然分开了。

### 有利于在国际上按竞争中性原则参与竞争

现在国际上普遍认为中国的国有企业不是竞争中性的，因为国有企业在英文中是SOE（State-Owned Enterprise），既然是国有的，怎么能说明它的市场化呢？我提出的"央企市营"（中央企业市场化经营）的概念曾被纳入哈佛大学商学院案例库，被翻译成Marketized SOE——被市场化了的国有企业。

从我们多年跟外国人打交道的经历来看，他们认为的SOE就是国家的企业，国有企业进行市场化在道理上是说不通的。对此，我们一直在解释，中国现在绝大多数国有企业，实际上是混合所有制企业。比如，中国建材集团旗下的三家上市公司，都是混合所有制企业的典型。一是北新建材，国有股份只占15%；二是中材国际，国有股份占比不到13%；三是中国巨石，国有股份占比不到9%。如果将这样的公司称为国有企业，跟外国人是很难解释通的。这些公司如果因为国有企业的身份，而被排除在市场竞争中性外，不让其去竞争，这十分不合理。

我认为混合所有制企业对外可称 MOE（Mixed – Owned Enterprise）。对其身份应当界定清楚，混合就是混合，既不是纯国有，也不是纯民营。如果不加分类地笼统地戴个"帽子"——国有混合所有制企业，再给予其与国有企业同样的管理方式，那实际上是没有理解混改的真谛。

党的十四届五中全会提出，国有企业改革的方向是股份制改革。虽然我们很多国有企业上市了，但大家仍把国有控股公司视同为传统的国有企业，又把国有企业视同为国家行政单位。政府行政部门的要求，后面会加上"国有企业参照执行"，"国有企业"后面再加一个括号——（含国有控股和相对控股的企业），国有上市公司也都被包含进去了。我认为，这样的身份界定和管控方式大大减缓了改革的步伐，甚至在一定程度上妨碍了企业参与市场竞争。因此，我们应该给这类企业一张"身份证"——混合所有制企业，并把它们当成单独的一类所有制企业去看待和管理。这是我们需要马上解决的问题。

### 混合所有制的内部逻辑：混改的目的是引入市场化机制

党的十八届三中全会提出，允许混合所有制经济实行企业员工持股、建立职业经理人制度，用混合所有制引入市场机制。[①] 混改重要的是"改"而不是"混"。如果只混不改，搞混合所有制也没有什么实际意义。

党的十九届四中全会通过的《中共中央关于坚持和完善中国特色社会主义制度 推进国家治理体系和治理能力现代化若干重大问题的决定》提出，发展混合所有制经济，增强国有经济竞争力、创新力、控制力、影响力、抗风险能力；有效发挥国有资本投资、运营公司功能作用；健全劳动、资本、土地、知识、技术、管理、数据等生产要素由市场评价贡献、按贡献决定报酬的机制等重要思想，把改革的认识提高到了基本经济制度层面，同时也把多种要素共享分配制度纳入了国企改革的领域。

---

① 新华社：《中共中央关于全面深化改革若干重大问题的决定》，人民网，http://cpc.people.com.cn/n/2013/1115/c64094 – 23559163.html。

2019年11月召开的国务院国有企业改革领导小组第三次会议，也释放了机制改革的重大消息，准备把机制改革作为国有企业改革的重中之重来抓。如今，国有企业在体制和制度上的改革已经初见成效，要集中精力突破机制改革这一关，这是国有企业改革的最后一扇门，尤其是对混合所有制改革来说。

### 企业财富要惠及利益相关者

过去我们由劳动来决定报酬，叫劳动力工资，企业创造的利润全部归资本所有者拥有。长久以来，我们坚持的都是所有者至上的分配原则。这也是美国商业圆桌会议1975年规定、1995年重申的一个原则。我们的分配体制也一直在坚持这个原则。但是，2019年美国大型企业联合会发表声明说，企业财富要惠及所有利益相关者，不能把利益统统让所有者拿走，应该分一些给管理者和劳动者。

### 机制的力量：华为和万华的启示

我认为华为公司做得好，是因为有"财散人聚"的先进分配机制。万华原来是山东烟台的一家小型国有企业，经过几十年的改革发展，居然成了中国的"巴斯夫"。万华是怎么成功的？最重要的一点是建立了共享机制。

从这两家公司的经验可以得出一个结论：民营企业华为靠机制能做好，混合所有制企业万华靠机制也能做好。合理的分配机制不只是民营企业有，混合所有制企业也可以有。好的体制和制度，可以为机制改革铺平道路。但是有没有机制，还要取决于所有者是否有开明的态度，以及如何理解和看待机制。民营企业不见得都有好的机制，像华为这样的机制也并不是很多；混合所有制企业也不见得都没有好的机制，像万华就有好的机制。

## 国企改革有三个层次

第一个层次是体制改革，是指国有经济、国有资本、国有企业之间的关系。现在的国有资产监管体制改革已经很清晰。第二个层次是制度改革。现代企业制度也很清晰，而且我国国有企业均已完成了从《企业法》到《公司法》的改造。第三个层次是机制改革，核心在于分配机制改革的"新三样"——员工持股、管理层股票计划、超额利润分红权。总的来看，混合所有制企业也好，民营企业也好，都得靠机制，尤其要靠好的分配机制。

改革需要顶层设计。万华改革的成功，企业认为很大程度上要归功于烟台市政府和烟台国资委对国有企业改革的理解和支持。实际上，这样的例子在现实中屡见不鲜，地方政府在改革上越是开明，地方国有企业的机制改革就做得越好。

改革需要开明的政府和行政主管，更需要一个开明而宽松的营商环境。从当前来看，国有企业改革进入了一个新的历史时期，国有资产监管体制改革越来越清晰，国资委也已经迅速从管人、管事、管资产向着以管资本为主转变。在"三个归位于"原则指导下，无论是"1＋N"改革方案的落地，还是即将进行的"国企改革三年行动方案"；无论是"十项改革试点"，还是"双百"改革试点，国资委从自身开始革命，在改革中率先垂范、密集行动，规划好了国有企业改革的顶层设计，明晰了改革的路线图与时间表，充分展示了对国有企业改革的信心与决心，也营造了一个积极的改革氛围和开明的改革环境。

光有顶层设计还远远不够，在改革中，更需要企业的首创精神。如果没有首创精神，再好的顶层设计也很难落地。在实践中，确实有的企业在改革上缺乏勇气和担当，对改革形势认识不深入、行动不积极，在观望中等政策、等文件、等条件成熟，这些都极大地影响改革的推进。

在党的十九届四中全会改革"东风"的推动下，我们的国有企业正迎来新一轮的改革热潮。有了这样的改革环境和政策支持，企业更需要主动承担起改革的重任，用自己的能动性、主动性和首创精神，一马当先、迎难而上、先行先试、敢闯敢干，全面推动新一轮的国有企业改革。

## 企业心语

# 11

## 相信未来，相信改革开放[①]

中国改革开放的 40 年，是中国建材行业蓬勃发展的 40 年，也是中国建材集团快速成长的 40 年。40 年来，中国建材从种子、幼苗，成长为参天大树；从引进技术到"走出去"，从企业改革上市到行业重组，从跟随创新到引领创新，从世界 500 强企业到世界一流，经历了无数坎坷，终于迎来了今天的辉煌。

### 中国建材，走过 40 年

**这是中国建材改革开放的 40 年。** 从 1979 年秋天邓小平同志视察中国建材的新型建材试验房屋工厂开始，中国建材因开放引进技术而诞生。开放促进了改革，改革加大了开放，中国建材正是在改革开放中发展壮大起来的。中国建材所属企业在行业里最早改制上市，也最早在海外上市；中国建材最早提出"央企市营"，而这恰恰是混合所有制的雏形，中国建材用混合所有制方式整合了我国"小、散、乱"的水泥行业，打造了一个又一个业务平台；中国建材在海外重组了高科技企业，实现了技术上的弯道超车；中国建材成功实施了"两材"重组，一个崭新的中国建材横空出世，改变了整个建材行业的发展进程，也影响了世界建材行业的格局。

改革开放中的一幕幕仿佛就在昨天，让我们难忘的是，在重组南方水泥面

---

[①] 中国建材集团是在改革开放的大背景下诞生发展的，作者回顾了中国建材集团 40 年来的辉煌与成长，展望了企业未来发展的方向，并提出建设共生、共享、共富、共荣的建材行业新时代。本文原载于《中国建材通讯》2018 年第 6 期。

临重重压力的时候，时任上海市委书记习近平同志专门发来贺信，亲自给我们鼓励：祝贺南方水泥早日实现战略整合既定目标，为国有企业改革发展不断探索新路，为促进区域合作、联动发展做出更大贡献。这使我们坚定了联合重组和开展混合所有制的信心和决心。今天我们可以向习近平总书记汇报，10年来，南方水泥的重组取得了圆满成功，没有辜负总书记的期望。抚今忆昔，没有改革开放就没有中国建材的今天。

这是中国建材艰苦创业的40年。中国建材作为一家"草根央企"，我们曾历尽艰难，我们曾是刚进入市场时打过败仗的一群人。但我们不轻言牺牲、不轻言放弃，我们一次次艰难攀爬、逆风飞扬，无论是重组水泥、海外上市、"两材"重组、挺进"一带一路"，多少个不眠的夜晚和难忘的黎明，多少次无声的饮泣和成功的欢乐，中国建材人用"5+2""白加黑"的奋斗，实现了"把不可能变成可能"。改革对中国建材来说充满酸甜苦辣的回忆，改革从来不像田园诗那样浪漫，改革有太多的伤痛和眼泪。

这是中国建材创新发展的40年。曾几何时，我们的水泥、石膏板的成套设备都是靠从西方引进，而浮法玻璃、玻璃纤维等技术却遭到技术封锁，但中国建材人凭着自力更生和自主创新的精神，硬是造出了世界一流的水泥万吨线、玻璃千吨线、6000万平方米石膏板生产线、10万吨池窑拉丝生产线，碳纤维、TFT玻璃、太阳能发电玻璃、锂电池隔膜、氮化硅工业陶瓷轴承等一大批新材料项目已实现量化生产，技术专利已突破1万项。中国建材的技术不仅支撑了中国建材行业的发展，也支撑了世界建材行业的发展。

这是中国建材"走出去"国际化的40年。从最初的产品出口换汇，到后来占世界市场65%的成套技术出口，再到今天中国建材走出去"六个一"规划的实施，中国建材历经国际市场的风风雨雨，已发展成为一家综合性建材跨国公司。无论是在酷热的中东还是广袤的非洲，无论是在蒙古国的草原还是拉丁美洲的原野，无论是在欧洲大陆还是美国本土，到处都能看到中国建材飘扬的旗帜。

## 中国建材，走向未来

未来，我们将面临许多不确定因素。面对国际贸易保护主义抬头、国内经济转型的阵痛，我们不变的是坚持改革开放。40年前，改革的动力来自苦难，中国建材也是为了生存而奋起。"为什么是中国建材？"这是许多人提出的问题，我的回答是："因为中国建材太困难了，舒舒服服地不会去改革，改革不是哪个人的灵光乍现，改革是被迫和被倒逼的。"40年前面临困境时，大家容易形成改革共识，这是那场伟大改革中大家齐心协力的原因所在，那场改革解决的是"有没有"的问题。今天的改革是在经济有了一定基础、一部分人富起来的现实下进行的，改革的原因是我们面临的深层风险和未来的不确定性。今天的改革是要解决平衡和充分的问题，是为了实现人民对美好生活的向往，是要解决"好不好"的问题。我们必须重新凝聚共识，重整旗鼓，改革开放再出发。

改革不只意味着得到，还意味着付出。改革是我们通向文明的代价，今天的改革和40年前的那场改革相比更加难以形成共识，但是历史经验告诉我们，不改革就会积累问题，不改革就会失去时机，不改革就没有未来，一个社会不进行持续改革，要么会引发社会的倒退，要么会引发社会大的动荡。过去40年，我们凭借改革开放创造了骄人的成就；未来，我们还要用改革开放再续辉煌。中国建材相信未来，相信改革开放。

**未来，中国建材会加快企业改革的步伐**。在新时期，中国建材会强化党的领导、机制革命和企业家精神；贯彻落实好两个"一以贯之"，让党的领导在企业把方向、管大局、保落实；要大力开展员工持股、经理层股票计划、超额利润分红权等激励机制建设，让所有者、经营者、劳动者共享劳动成果，让资产资本和人力资本共创共享企业财富，让企业的干部职工买得起房子，让大家拥有应有的社会尊严。中国建材是一个有企业家和企业家精神的企业，企业家是市场稀缺资源，可遇而不可求，中国建材将把保护企业家和弘扬企业家精神作为重中之重，鼓励创新，宽容失败，让吃苦者不吃亏，让流汗者不流泪。

**未来，中国建材将更加开放，用开放促进企业的发展**。我们将积极参与国际分工合作，进行全球采购，合作互补，互利互惠。我们将和跨国公司联合开发第三方市场，在"一带一路"上我们坚持奉行"为当地经济做贡献、与当地企业合作、为当地人民做好事"的三项原则，不仅"走出去"，还要"走进去"。我们会更加尊重知识产权,这是我们提升自主创新能力和与西方技术公司打交道的基础。我们既要"走出去",也要"引进来",做到"你中有我,我中有你",做到"中国是世界的工厂,世界是中国的工厂;世界是中国的市场,中国是世界的市场"。中国 14 亿人口的市场是大海,可以容纳世界百川。中国建材凭借得天独厚的条件——中国和世界两个大市场,可以对开放更加充满信心。

**未来,中国建材将加大创新转型的力度。** 我国经济从高速增长向高质量发展转型,中国建材也把成为具有全球竞争力的世界一流企业作为奋斗目标,加大集成创新和自主创新,加大科技投入和国际一流实验室建设,全力发展成为创新型投资产业集团。中国建材将实施向"高端化、绿色化、智能化、服务化"的四化转型,在企业经营管理上推行"组织精健化、管理精细化、经营精益化"的三精管理,使企业实现从数量到质量的转变,从速度到效益的转变,从大到伟大的转变。

**未来,中国建材将成为更加包容的企业。** 中国建材信奉"行业的利益高于企业的利益,企业的利益孕于行业利益之中"的市场文化。中国建材将做行业健康化和市场竞合的模范,带头错峰生产、限制新增、淘汰落后、市场自律。中国建材将奉行竞争中性原则,作为中央企业和国家在建材和新材料领域的投资型集团,中国建材的主要目标是促进行业的结构调整、产业升级和技术进步。中国建材处于充分竞争领域,投资的企业是以混合所有制企业身份和市场上其他企业平等竞争,要为国家争光、带头执行国家的方针政策,但决不以国家企业自居,在市场竞争中要消除所有制藩篱,用共同的规则进行友好竞争和合作。中国建材也把帮助和支持民营企业作为自己的使命,致力于实现国民共进、国民一家亲。

古人云,"天之道,利而不害;圣人之道,为而不争",中国建材将秉持这一思想传承,致力于建设共生、共享、共富、共荣的建材行业新时代。沧海横流、斗转星移、路漫修远、重任在肩,中国建材人深知自己是谁,自己打从哪里来,又往哪里走。中国建材忘不掉的是出发时的初心,丢不掉的是怀揣的梦想。中国建材将百尺竿头,勇往直前,中国建材相信未来,相信改革开放……

　　在第二届中国建材行业经济论坛上，我获得了"中国建材行业改革开放四十年影响力人物"大奖，为我颁奖的是中国建材联合会会长乔龙德、原国家建材局局长张人为。我觉得这个荣誉沉甸甸的，既是对我的奖励，又是对中国建材集团20多万职工的奖励。我非常感谢这个伟大的时代，因为我们的父辈没有看到今天我们国家的辉煌，我们的孩子们也不知道我们昨天的艰辛，而我们这一代人则经历了创业的艰辛，享受了创业的辉煌，这并不是每一段人生都能够得到的。我们是幸运儿，感谢这个伟大的时代！

# 12

## 我在国企的岁月：都做对了什么[①]

我在国有企业工作了40年，把两家企业从很小的规模做成了世界500强企业。总有人问我，做国企这么多年有什么心得体会，都做对了什么。我体会比较深的是，管理者要点燃员工心中的火，调动员工的积极性。

**点燃员工心中之火，发起机制革命**

我从1993年开始做国有企业"一把手"，在北新建材做厂长，当时我30多岁。那时候工厂非常困难，缺资金，给员工发不出工资。面对无米之炊怎么办？我发现，当时的员工没有积极性，每天好几百人迟到、早退。我就问员工，怎样做他们才能有积极性，才能打起精神。员工们说，他们好多年没有涨过工资，没有分过房子。我明白了问题的根源，没有涨工资、分房子，大家就没有积极性，工厂也就无法盈利。

为解决这个问题，我在工厂上空挂了两个气球条幅，一个上面写着"工资年年涨"，另一个上面写着"房子年年盖"，让几千名员工看到新厂长的想法和决心。后来我兑现了承诺，做了10年厂长，每年盖1栋宿舍楼，一共盖了12栋，员工的工资处于地区内最高水平。北新建材的石膏板生产线，十几年来都只能生产七八百万平方米的石膏板。我当厂长的第一年，产量就超过2000万

---

[①] 作者认为自己在40年的国企经历中做对了几件事，从发起机制革命到发展混合所有制，从联合重组到经营至上，每一件事都给中国企业的发展指明了方向。本文原载于新华网2019年12月31日。

企业心语

在北新建材为石膏板热烟炉点火,点燃员工心中的火是作者的价值观

平方米。

我以前是管销售的副厂长,不懂设备、管理,所有人都怀疑我能否胜任,但是我把这个企业做起来了。因为我搞明白了一件事,管理者必须弄明白员工心中的追求,这是管理之根。后来我做企业这么多年,始终关注怎样让大家有积极性。员工没有积极性,这个企业永远做不好,因为企业归根结底是人组成的。不能只看机器、厂房、土地,如果人懈怠了,其他统统没有用。

我临退休时写了一篇文章《机制革命——推开国企改革的最后一扇门》,就是讲机制革命最重要。想做好国有企业,归根结底是解决机制问题,企业的机制不好,员工就没有积极性。企业的钱不能都让所有者拿走,而应该分配一部分给经营者、一部分给技术骨干、一部分给劳动者,这样企业才能做好。

做国有企业,有人主张发挥精神方面的优势,有人主张重点做管理,我认为,最重要的是机制,就是要看企业的效益和员工的利益之间有没有正相关的关系。如果有,就是有机制;如果没有,就是机制缺位。我当年改革北新建材就是靠机制,我认为在这个问题上我做对了。这是我这么多年做对的第一件事,就是看清了企业里最核心的问题——"大家的心"。

## 从上市到混合所有制

我 1997 年带领北新建材在深圳证券交易所敲钟，2006 年带领中国建材在香港上市，2009 年又带领国药集团在香港上市。我做了 19 年上市公司董事长，包括 A 股和 H 股上市公司，所以大家说我从"运动员"做到了"教练员"。

2006 年，中国建材股份有限公司在香港成功上市后，公司管理层和嘉宾在香港联交所交易大厅合影留念

北新建材和国药集团过去都是传统国有企业，我们的上市是被倒逼的。因为以往从政府和银行获得的资金支持断了，推着我们到资本市场融资。上市完成后，我们不再是纯国企，进入一个完全新的参照系，必须把市场机制引入企业。当时国有企业上市叫"包装上市"，就是把企业里的一小块好资产包装好，拿出去引入资本，这样就形成了两个企业——母公司和上市公司。上市公司由此可以得到迅速发展，同时又带动母公司发展，使整个企业向好。

仅上市融资是不够的，还需要搞混合所有制。怎么混合？比如，国药控股上市后有了一定的资本，就寻找当地排名靠前的民营企业，由国药控股收购其一部分股份，留下一部分股份。通过这种方式和民营企业的资本混合起来，扩大了国有企业的资本，放大了国有资本的影响力。

1997年，北新建材在深圳证券交易所上市

企业先靠上市募集资金，有了第一桶金，然后通过发展混合所有制吸引大量社会资本一起发展，这就是中国建材和国药集团发展的奥秘，也是我这么多年做对的第二件事。

## 从滚动发展到联合重组

经过三四十年的发展，我国很多行业都出现产能过剩，有的企业还存在管理散乱，这就需要重组。由谁去重组？中央企业。因为中央企业牵头重组有几个特殊优势：一是很多干部都有部委工作经历，看问题的视角更广、站得更高，这种思考方式非常有利于重组。二是国家的"大院大所"和进出口公司都在中央企业里面，中央企业拥有得天独厚的条件，而地方企业和私营企业很难有这些优势。

我在中国建材和国药集团都推动了重组。中国建材组织了大规模的水泥联合重组，已经成为全球水泥大王，水泥年产能达5.3亿吨。我在国药集团时，国家缺少医药配送网，我就把重组中国建材的打法运用到国药集团，只用5年就重组了地级市的分销网络，形成了今天的国药集团。这两个企业都是在充分竞争的市场里，而且基础很差，在中央企业里原本名不见经传，能走到今天，离不开联合重组。

2007年9月，南方水泥有限公司的成立拉开了联合重组的序幕

## 从竞争到竞合

陈春花老师最近写了两本书，都是讲共生和协同的。我们在做企业的过程中，非常重要的就是既要竞争又要合作，不能只竞争不合作。虽然竞争是市场的基础理论，但是竞争也不完美，有理性、良性的好竞争，也有恶性、破坏性的坏竞争。当然更不能去搞垄断或搞卡特尔，同行之间要维持良好的自律，维持一个健康的市场。尤其是行业中的领头企业要起到表率作用，如果带头打价格战，这个行业将会一片混乱。

企业要有利润，就要建立一个合理的价格体系。过去我们常讲量本利，通过压价扩大市场份额，但过剩经济下的压价只能带来行业内互相报复，不符合市场规律，所以我觉得还是应该回归理性的竞争。德国著名管理学家赫尔曼·西蒙写了《定价制胜——大师的定价经验与实践之路》，讲到放量降价就是死路一条。他的定价制胜原理认为价格并不是市场客观决定的，制造者、供应商应该对价格有一定的主动权。

我在中国建材提出转变大家的经营理念，从量本利到价本利，就是要稳价、保量、降本。中国建材的产品在行业里的价格都比较高，从来不去压价、不打价格战，而是引领整个行业回归合理的价格，所以这个行业发展得不错。同行业企业互为竞争者，但是我们也要合作，要维护行业内的健康秩序，尤其是带头企业更要发挥好旗帜作用。在中国建材整合水泥行业之前，我国水泥价格很低，全行业只有约 80 亿元的利润，甚至不及瑞士一家水泥公司的利润水平。现在，我国水泥价格虽然仍低于国际平均价格，但水泥行业已有 1800 亿元利润。如果水泥价格太低，企业赚不到钱，就很难投入环保和技术创新。我在北新建材的时候，从来不说"质优价廉"这四个字，我的八字方针是"质量上上、价格中上"。因为我认为质量有成本，应该把质量做好，然后追求一个合理的价格，而不是刻意实现最低价。

## 从管理到经营

从工业革命开始，企业的基本逻辑一直围绕着如何多生产产品来满足社会的需求。所以过去，我们的主要任务是人盯人的管理，主要着眼点是组织如何有效率。但现在很多行业都过剩，而且随着人工智能、数字化的发展，企业需要的人员数量大大减少。过去一个日产 5000 吨的水泥厂需要 2000 人、20 多个科室，现在变成只需要 50 人甚至十几个人、1 个厂长、2 个副厂长。信息化使管理被大大地简化。

管理仍然很重要，但由于市场、创新技术以及商业环境等的不确定性，企业现在面临的更大的问题是经营。今天企业的领导者作为经营者，很重要的任务是要在不确定性中做出正确的判断和选择，这个责任是别人无法替代的。

诺基亚公司总裁在公司倒闭的时候讲，诺基亚什么也没做错，但是他们倒闭了。虽然在管理上他没做错什么，但是他在战略选择上迟缓了，因为一念之差使这么好的企业没能跟上智能手机的大势。美国管理学家克里斯汀说，过分依赖管理，企业会衰败。企业领导者通常特别崇尚管理，因为他们往往都是从基层做起来的。我在北新建材的前十几年也崇尚管理，连日本人来考察都对我管理的细致程度感到惊讶。但后来我发现时代变了，企业领导者更重要的是面对市场、技术、商业模式的种种新变化，要及时做出方向调整，采用新的逻辑，必须把经营放在第一位，把管理下移。

做国有企业 40 年来，以上五件事是我认为做得最正确的事。

# 13

## 一生做好一件事[①]

记得有媒体采访我时问了一句话:"宋总,如果请您告诉年轻人一句话,您最想对他们说的是什么?"我说:"一生做好一件事。"今天,我也想把这句话送给中国政法大学商学院 2019 级新入学的同学们。

一生做好一件事并不容易。我 40 年做了一件事,就是做企业,做了两个世界 500 强企业。大学毕业后我来到北京,在工厂开始做技术员、销售员,然后做科长、处长、副厂长、厂长,一路走过来,企业里几乎每个岗位我都做过。1993 年我做了北新建材的厂长,北新建材 1997 年就上市了。后来我到中国建材集团做"一把手",做了近 18 年。2009 年至 2014 年,国务院国资委让我同时担任中国建材集团和国药集团的董事长,5 年时间里,国药集团的营业收入从 360 亿元做到了 2500 亿元,2018 年达到 4000 亿元。而中国建材的收入从 2002 年的不足 20 亿元做到了 2018 年的近 3500 亿元。

### 影响我的五段话

下面这两张照片很有意思。左边是 1979 年我大学毕业刚工作被公派到瑞典实习时的照片,右边是我 2019 年去瑞典考察时的照片。我在同一个位置照了这两张照片,时间跨度 40 年。在这 40 年里,

---

[①] 2019 年 9 月 27 日,在中国政法大学商学院 2019 级新生入学典礼上,作者表达了做企业需要专注和痴迷精神,建议商学院的教学要做到知行合一,并寄语广大商科学子加强自我管理。本文原载于企业思想家微信公众号 2019 年 9 月 29 日。

企业心语

1979 年和 2019 年，作者在瑞典同一地点的留影

**第一段话**

高中时代和插队的时候，我很喜欢歌德《浮士德》里的一段小诗。很多人说我好像没有太多忧愁，一天到晚都高高兴兴的，到底是什么鼓舞着我？我在这里给大家朗诵一下这段诗：辽阔的世界，宏伟的人生。长年累月，真诚勤奋。不断探索，不断创新。常常周而复始，从不停顿。忠于守旧，而又乐于迎新。心情舒畅，目标纯正。啊！这样又会前进一程。这段诗鼓舞了我 40 多年，每当遇到困难我就会想起这段诗，始终保持心情舒畅、目标纯正，再往前迈一步。

**第二段话**

大学时代，我读到了玛丽·居里夫人的名言：人的一生是短暂的，但那有什么关系呢？每个人都想知道自己一生能做些什么，那就一直努力直到成功。今天在座的各位同学和我当时应该是一样的，都想知道我们未来究竟会做成什么。玛丽·居里夫人说那就一直努力直到成功，她的意思是，不要总是想，而要一直做下去，最后才知道能做成多大的事情。我在大学的时候，不知道企业是何物，也不喜欢工厂，可是毕业后就去了工厂，而且在工厂一待就是 40 年，做了两个世界 500 强企业，就做成这一点儿事业。

**第三段话**

大学毕业后来到北京，我在《人民日报》上读到冰心的座右铭，是引自西方哲学家笛卡儿的名言：忙碌的蜜蜂没有悲哀的时间。蜜蜂一天到晚忙着采蜜，一直在飞，没有想着蜜该归谁。这句名言让我很受触动，后来也成为我人生的座右铭。

第四段话

当厂长之后我去学 MBA，我读到诺贝尔奖获得者、美国经济学家保罗·萨缪尔森在《经济学》里引用美国总统约翰·卡尔文·柯立芝的话：The business of America is business。第一个 business 是事业，第二个 business 是企业，意思是"美国的事业是企业"，给我很大的震动，看来企业是一个国家的根本，这坚定了我从事企业工作的信心。

第五段话

在 2012 中央电视台中国经济年度人物颁奖大会上，我获评"中国经济年度人物"，郭鹤年老先生荣获"终身成就奖"，他送给年轻人的几句话让我感触很深：一是要专注；二是要有耐心；三是取得成绩后要当心，因为成功也是失败之母；四是有了财富要回馈社会，越多越好。

这些年，我一直在这些启发中成长，这些话也指引了我人生的方向，就是"一生做好一件事"，这也是我今天送给大家的一句话。围绕这个主题，接下来我与大家分享三个观点，一是中国的事业是企业，二是做企业需要专注和痴迷，三是学商科要知行合一。

## 中国的事业是企业

美国人说美国的事业是企业，我们中国的事业也是企业。中国有约 3000 万家企业，有近 7000 万个体工商户，这意味着中国有上亿个经济主体，这是我们经济的全部。2018 年中国经济总量首次突破 90 万亿元，成为世界第二大经济体，都是靠这些企业做出来的。中国现有 3700 多家上市公司，市值 58 万亿元，仅次于美国。美国的上市公司有约 270 年的历史，而中国的上市公司仅有 30 年历史，是一个成长中的年轻群体。大家一方面要对上市公司提出更加严格的要求，另一方面也要给予其一定时间，假以时日，中国的上市公司一定会发展成为高质量的上市公司，更好地回报股民、回报社会。

## 企业心语

在2019年世界500强企业榜单中，中国企业有129家，首次超过美国的121家。回想过去，我们出国时如能到世界500强企业参观访问，就会非常高兴，但想见世界500强企业的掌门人，几乎比登天还难，他们会告知，CEO三个月以前时间就已有安排了。现在随着中国公司的发展壮大，我们也慢慢理解了，有时国外企业联系见面事宜，因时间冲突，我们也会告诉对方，公司领导有其他安排了。

今天中国的企业真的发展起来了。2019年中国建材首次跃居全球5家世界500强建材企业的第一名，国药集团在全球的制药500强企业中也排在第一，我特别高兴。中国经济的发展还是要靠企业，企业强国家就强，企业弱国家就弱。华为公司在国际上遭到一些国家的制裁，就是因为它的实力强过了当地的通信企业。

商学院的老师说很多同学毕业以后不愿意去企业工作，我很纳闷。在我看来，大家毕业后应该去企业，比如可以先到中央企业历练10年，知道国家发展和改革委员会、工业和信息化部、财政部等部委在哪里，知道中国银行、中国进出口银行等是什么单位，10年以后，大家可以在中央企业大展宏图，也可以到市场中去创业。对于大多数人来说，大学刚毕业缺乏实践经验，如何去创业呢？大家可以考虑去中央企业，经过一番训练再去创业。

### 做企业需要专注和痴迷

做企业挺难，九死一生，其实企业的成功都是"熬"出来的，是"炼"出来的。我们现在看马云成功了，但2000年左右他也历经各种困难；任正非成功了，但一路走过来他也有很多艰难。关于企业家精神，我概括了三条：一是创新，二是坚守，三是责任。这三条里最难的就是坚守。我在企业40年，一直在建材企业坚守。做好一个企业是很难的，需要一二十年的时间，想做到极致、做到世界一流，没有三四十年不行。大家可能会问我是怎么算出来的，其实我不是算出来的，而是做出来的。我做过的北新建材是深圳证券交易所的绩优股，中国巨石是上海证券交易所的绩优股，这两家企业我都做了40多年。中国建材也经过40年的发展成为世界500强企业，成为全球建材行业的第一。我认为，没有实践的磨炼不可能成为"家"，企业家的"家"字是时间磨炼出来的，是"熬"出来的，是"炼"成的。

我在企业里比较重视寻找痴迷者。什么叫痴迷者？就是那些早晨睁开眼睛到晚上睡觉一直想一件事，半夜醒了去洗手间还想这件事的人。中国政法大学商学院的刘纪鹏院长对商学院的事业就是痴迷者，60多岁到商学院，让商学院再创辉煌，中国政法大学的领导很厉害，找到了这样的痴迷者。

我也是一个痴迷者，我很痴迷水泥。水泥是因为一个意外而产生的，在英国的波特兰岛上有一座监狱，监狱的工人们在烧石灰的时候遇到了下雨天，粘上了很多泥，他们没有清理就拿去烧，结果烧出了一个新物种——水泥，它的强度远远高过碳酸钙。水泥好像是为中国量身定做的产品，中国的水泥使用量占世界的60%，如果没有水泥，港珠澳大桥就没有办法建设。在我国改革开放的过程中，80%以上的建设使用水泥。水泥是个好东西，也值得为它痴迷。

做企业不仅要寻找痴迷者、专注者，还要有好奇心。我就是很有好奇心的人。做水泥，大家都说要建工厂，但已经有这么多水泥厂还用建吗？我想了一个办法，那就是整合，进行联合重组；因为有很多民营企业，我又想到第二个办法，就是搞混合所有制，把水泥企业混合重组起来，就有了中国建材。国药集团也是如此，中国的医药分销企业约有2万家，美国有3家大型医药分销企业，企业多了就可能出现销售假药的情况。我想起了中国建材重组水泥的办法，在国药集团把290个地市级的医药企业重组起来，形成了今天4000亿元营业收入的国药集团。

好奇心非常重要。我去以色列参访时，曾到希伯来大学的爱因斯坦博物馆参观。希伯来大学85岁的老校长是馆长，他拿出相对论的手稿给我们看。爱因斯坦曾说，他没有什么特别的，只是充满了好奇心。做企业也是一样的，我们也应该充满好奇心，才能做好企业。做企业要痴迷，要坚守，还要充满好奇心，真的不容易。

## 学商科要知行合一

### 商学院的教学应该和实践结合

商科的很大一部分是实践，德鲁克就是做案例教学的。商学院应该向医学院学习，医学院有临床制度，老师们上午上课，下午到医院临床看病，如果老师不会看病，学生不敢向这样的老师学。医学院还有一个好的制度，就是会诊。对同一个病人，不同医院、不同科室的医生可以一起进行会诊。这正是我们商学院、企业所缺少的。过去商学院希望学生学理论，把企业管理概括成理论，认为大家学完理论就可以去做企业，其实这种认识是大错特错的。商学院应该对企业的案例进行研究、反思、讨论，这是学生在商学院学习的根本意义。有人说读 MBA 读了还不如不读，有人说越读越傻，为什么社会上会有这些看法？就是因为商学院没有做到真正与实践相结合。

商学院教学如何和实践相结合？我认为有三个渠道。

**一是开拓视野，让老师"走出去"**。商学院的老师们可以深入企业，比如中国政法大学商学院就有老师分别在上市公司山水水泥[①]、中国巨石出任独立董事。企业请他们做独立董事，就是希望他们能深入了解企业，希望商学院和企业之间形成一个纽带，希望老师们能走向"临床"。

**二是校企融合，让学生"走出去"**。2018 年中国政法大学商学院工商管理专业的同学们到了中国建材蚌埠玻璃工业设计研究院，这是一家做薄玻璃的企业，大家在实习过程中收获很大，2019 年又去了哈尔滨玻璃钢研究院。我们的企业为商学院敞开大门，欢迎大家去学。在学习的过程中，大家能多接触企业，变得更加热爱企业。我在德国斯图加特一家工厂参观时留下了深刻的印象，一些小学生在那里参加培训，学习机械知识。德国人从小就培养孩子们的这种制造情结，我们常讲工匠精神，如果连工匠都没有，哪里来的精神呢？斯图加特有个镇，那里居然 90% 的人都是工程师，奔驰公司等企业做得很好是有原因的，得益于他们的双职业教育体制。

**三是敞开大门，让企业家"走进来"**。我在北京大学、清华大学、中国政法大学、上海交通大学、浙江大学、大连理工大学都讲过课，都是利用周末的时间，为什么要去讲呢？我是三届 MBA 教育指导委员会的委员，我深感我们的商学院教育离实践太遥远，应该挑一些优秀的、擅长讲课的企业家走进课堂

---

[①] 中国山水水泥集团有限公司。

多分享、多传授，美国、欧洲国家中很多是这样，我们中国也应该这样。

**知识面要丰富，专业面要深入**

知识面广和专业面深入并不矛盾，德鲁克认为读商科的学生应该增加一些文学知识，一是要学习短篇小说，提高写作能力；二是要学会诗歌的赏析。短篇小说是刻画人的，诗歌是关注情感的，管理的核心正是关乎人和情感的。刘纪鹏院长讲到智商和情商，这也是我每次讲完课都要向同学们提出的问题：什么是智商？什么是情商？智商就是辩证分析问题、系统思考问题的能力；情商是理解他人的能力，如果只理解自己就没有情商。

我是一个文学爱好者，我也提倡大家多读些文学书。其实文学和做企业是相通的。中国古典的四大名著中，《三国演义》是讲战略的；《西游记》是讲创新的，里面很多无中生有的宝贝，都是从0到1，想象力无穷；《水浒传》是讲联合重组、并购的，宋江没有什么特别的本事，但他为人忠义、人格厚重，把鲁智深、林冲等聚合在一起；《红楼梦》是讲大企业病的，讲的是宁荣二府大家族的盛衰。"大有大的难处"，企业做大了就容易滋生官僚主义、形式主义，所以我们要反对"四风"。柯林斯讲过，很有趣的是，很多大企业家都喜欢某一门艺术，看来艺术和企业是相通的。我觉得他讲得很对。大家做专业要做得深，涉猎面也要广。我在大学期间，读了大量文学书、历史书，还读了逻辑学的书，总之见书就读，读了好多。当年我们化学系只有一个分配到北京的名额，因为我的成绩在年级是第一名，所以才被分到北京。希望同学们在今后的学习中，努力把专业学好，知识面要宽，专业面要深。

**要加强自我管理**

10年前，我曾到一所学校去，学校的校长邀请我到管理学院去看看，我就去了。校长让我指导一下，我说："要说真话就是学院的管理水平还要提升。我今天到了教室，教室里到处是纸团，学生宿舍楼道里很多水，一片狼藉。学管理的、商科的，在学校里也应该是最好的管理者，首先要能管理好自己，让人一看就是商科的学生。学院的学生如果到企业，都要再接受管理教育。"我认为那个管理学院并没有做好。

在美国，西点军校培养的著名企业家数量超过哈佛大学。以色列的创新很厉害，这个国家仅有约 900 万国民，且地缘环境恶劣，但却顽强地生存，而且创造了科技创新的奇迹。是什么原因呢？就是服兵役，以色列的年轻人，男性要服三年兵役，女性要服两年兵役，最优秀的学生要到部队里最好的地方，如空军等部队服役，得到很好的训练。我们在研究以色列的时候，认识到以色列的变化和发展源于服兵役对年轻人严格的教育。

商科的学生，应该加强自我管理。商学院在中国政治大学要成为一颗闪亮的星星，就要从每一位同学做起，在学校里能看到商学院学生的与众不同，就是商学院教育成功的表现。其实做到这一点并不难，需要大家都进行良好的自我管理，每一个人都明白自己是做什么的，时刻记着我们是商学院的学生、我们是商科的学生。

# 14

## 中国式并购与整合[①]

我和鲍沃教授[②]10年前就约定,他希望我来哈佛大学商学院进行一次案例演讲。我是一名中央企业领导者,如果专门为了进行一次案例演讲来哈佛大学商学院不太现实,这次是因为去华盛顿在世界银行以世界水泥协会主席的身份做一场关于气候环境的演讲,鲍沃教授就提议我应该完成10年之约,来哈佛大学商学院给同学们讲讲中国建材成长的故事。我觉得这是非常好的事情,也完成了我多年以来的一个夙愿。我今天到得比较早,在整个学院里走了一遭,实在是太漂亮了,各位同学能在这里学习真是人生的一件幸事。同时我也觉得,虽然波士顿很冷,但今天在这里,整个屋子暖意融融。我今天想给大家讲讲中国建材的故事,也讲讲我本人的经历。

**两个世界500强企业是怎么做出来的?**

我学的是高分子化学专业,1979年大学毕业来到北京,没想到会被分配到一个建材厂,我觉得来北京的大门进对了,小门进错了,怎么来到建材行业了?现在回想起来,当年这个建材的小门也进对了。我从23岁到2019年63岁,在企业整整工作了40年,这40年里实际只做了一件事,就是做企业。

---

[①] 2019年3月,北京已经春意渐浓,波士顿依然寒风料峭,哈佛大学商学院室外白雪皑皑,室内暖意融融,作者来到此地赴10年之约,以"中国式并购与整合"为案例,为国外学子解开了中国国企的神秘面纱。本文原载于中国建材集团微信公众号2019年4月14日。
[②] 约瑟夫·鲍沃是哈佛大学商学院著名教授,具有40多年的执教经验,曾与其团队赴中国调研,整理总结出"中国建材:推动中国水泥产业发展"案例并列入哈佛大学商学院课程教材。

| 企业心语

我的每一次出场,都是在企业遇到了很多困难的时候,我有时常想这也许是人生的宿命。我在企业工作的 40 年里有什么样的收获?就是做了两个世界 500 强企业。

2002 年,中国建材营业收入不足 20 亿元,2018 年做到近 3500 亿元;国药集团从我 2009 年去的时候营业收入 360 亿元,发展到 2014 年我离开时的 2500 亿元,2018 年达到 4000 亿元。2011 年中国建材成为世界 500 强企业,2013 年国药集团成为世界 500 强企业。

中国建材和国药集团双双成为世界 500 强企业是个标志性事件

过去 40 年,中国企业发生了翻天覆地的变化,变化的内在原因到底是什么,其实人们并不一定完全清楚。比如我所在的中国建材,18 年前,也就是 2002 年我成为这家公司"一把手"的时候,就在我上任讲话的主席台上,办公室主任跑上来给了我一份文件,是银行冻结公司所有财产的通知单。当时这家公司是资不抵债,收入不足 20 亿元,我是在那样一个背景下做的总经理。通过多年的努力,中国建材发展成为全球最大的建材企业,这是不容易的。

大家问我是怎么做到的,怎么才能有这样的成功,其实得益于改革。很多人说企业的发展得益于吃政府的偏饭,其实并不是。中国不少国有企业在第一轮进入市场的时候打了败仗,跌得鼻青脸肿,不少企业在市场竞争中倒下了,大量员工成为下岗职工回到家，经历了一场非常严酷的市场化改革。其实能够救这些企业的是市场改革，如果没有市场改革，这些企业可能都不存在了。

**我们是如何成为水泥大王的？**

大家喜欢水泥吗？大家了解水泥吗？其实17年前我也不喜欢水泥，因为之前我在北新建材是做新型建材、石膏板的，我当时反对多用水泥，觉得应该多用些新型建材，少用点儿水泥，还写了相关的文章。但命运很有意思，偏偏让我到中国建材做"一把手"，建材领域里最大的行业是水泥。因此，我是被大家倒逼着做水泥的，从不喜欢到喜欢，一下子做成了世界水泥大王。

水泥自发明以来，为我们城市的基础建设提供了巨大支撑，或者说今天如果没有水泥，我们无法想象中国的城市建设会是什么样。美国的建筑不少使用木材、钢材等，但在中国我们大量使用水泥，因为中国的木材不多，铁矿砂也主要靠进口，但做水泥用的石灰石遍地都是，中国是富煤国家，煤是烧水泥的主要燃料。中国改革开放以来的建设基本是靠水泥，比如港珠澳大桥的建设、城市的建设都离不开水泥。2018年全球使用水泥总量约41亿吨，中国使用量约为22亿吨，如果离开水泥，我们的建设将寸步难行。

今天我们讲"一带一路"，其实"一带一路"建设还是要靠水泥。"一带一路"要做的有两件事：一是城市化，二是工业化。无论城市化还是工业化都需要基础建设，我们讲"要想富，先修路"，这些都要靠水泥。过去我们常讲"兵马未动，粮草先行"，"一带一路"建设的"粮草"是什么？就是水泥厂。

**时代背景：从短缺经济到过剩经济**

我想讲讲有关中国经济和市场化的过程。40年前中国是短缺经济，水泥每年的产量只有7000万吨。随着改革开放40多年的发展，到今天，中国的很多行业都出现过剩，水泥也一样。我刚才说中国2018年使用约22亿吨水泥，可大家知道中国水泥的产能是多少？是35亿吨，严重过剩了。其实不仅是水泥，中国很多工业都是这样，也就是说以前我们老讲"后工业化"，几乎所有制造业都过剩，水泥就更为严重。水泥属于短腿产品，不适合长途运输，合理运输半径约200公里；不可存储，存储期只有3个月。如果过剩，就会带来一系列

## 企业心语

哈佛案例一口气讲了两小时，了却了作者的一个心愿

问题。我刚当中国建材总经理的时候，很多人让我去做水泥，其实我之前并没有做过，但我认为大家说得对，应该去做水泥。我去筹备香港上市，资本市场问："宋先生，您真的要做水泥？"我说："我要做水泥。"大家就说："第一，您做水泥，公司有钱吗？第二，您懂水泥吗，凭什么做水泥？"其实这不只是大家关心的问题，也是我内心经常问自己的问题。水泥是重资产投资，任何一个水泥厂都需要 10 亿～20 亿元的投资，当时那样一个穷困潦倒的企业如何去做水泥？这就是我面对的问题。

但我看到当时中国水泥行业"多"——严重过剩、"散"——集中度很低、"乱"——无序竞争的现状，这就为我们提供了做水泥的机会，就是联合重组的机会。20 世纪初，美国的钢铁企业有 2000 多家，当时也是打乱仗，和中国的水泥行业差不多，约翰·皮尔庞特·摩根发起了重组，重组了美国 65% 的钢铁企业。在那种情况下只能去重组，一定要有人振臂一呼，企业联合起来才能解决问题，这也是企业成长的机会。全世界大多数大企业都是靠一路重组发展起来的，但在中国还不能简单地用"并购"这个词。中国人不喜欢听到"并购"，一般人会认为"你怎么把我并购了"，所以我们找了一个合适的词，叫"联合重组"。我们重组每家企业之后，都会说要强强联合，用这种大家感情上容易接受的方法。

必由之路：以大企业之手整合市场

市场经济的特点是过剩经济，围绕过剩，我们以前采用的是凯恩斯主义。我们用投资来拉动，不停地消化过剩的量来满足充分就业，让工厂不要倒闭。我们讲"三驾马车"，即投资、出口和消费，"三驾马车"中只有投资是政府说了算，只有投资来得最快。过去这么多年，我们经常是"面多加水，水多加面，然后再去加水，再去加面"，可是和面的盆只有这么大，终于有一天盆里的面和水都加满了，手都进不去，这就是今天的状况。供给侧结构性改革就是要拿出来一点面和水，手才能下得去，才能和好面。市场经济有一只看不见的手在后面操纵，政府是看得见的手。市场出了问题，既不能简单地靠看不见的手，也不能让政府直接下场去做，那么由谁来做？就应该用大企业之手，由大企业在市场进行一定的整合，形成几个大企业之间的良性竞争，解决无序性的问题。

产业有两种：一种是服务型和普通制造型的，这些在竞争中比较成熟，比较理想；另一种是基础原材料，像钢铁、煤炭、水泥是重资产投资，占有大量资源的行业，让它们恶性竞争，关掉钢铁厂、煤矿、水泥厂，是比较大的一件事情，因为会影响到银行、就业，会造成资源和资产的巨大破坏。那怎么解决呢？最好是大企业负责任地把它们联合起来，让产能有序退出，这样可以保证银行的贷款，减少工厂的倒闭。全世界大的重组，银行都站在后面支持。我们每次的重组，银行也都会非常高兴地给我们站台，为什么？因为不这么做，那些小工厂的贷款银行会颗粒无收。大企业的职能就是要在行业无序竞争和过度竞争中帮助市场解决问题。市场竞争是一个好东西，但并不是所有竞争都是好东西，良性竞争才是好东西，恶性、无序、过度竞争是坏东西，因为它会对秩序造成破坏。

中国建材在整个水泥行业中就是起到这样的作用。中国建材重组水泥行业之前，水泥行业的集中度只有9%，中国建材重组水泥后，中国水泥行业的集中度达到63%，减少了无序竞争。中国建材重组之前，中国水泥行业的利润约一年80亿元，2018年利润约1500亿元，这就是重组带来的社会效益。中国用

40 年的时间走完了西方上百年走过的路，把西方市场经济的发展过程快速回演了一遍，包括过剩、重组、关闭工厂。

**深化改革：混合所有制"四两拨千斤"**

重组之前大家都会问：企业要重组，钱在哪儿？重组过程中又有人会问：企业有钱吗？直到今天，还有人问我：中国建材借了多少钱？因为没有钱做不了这些事，而重组水泥需要花太多的钱。我们的方法是在资源上重组，资本上用混合所有制。

中国建材是如何把民营企业引进来的，民营企业凭什么跑到我们这儿来？我也要回答这个问题。冥思苦想，我想出四个字"央企市营"，这四个字解决的是企业发展的事情，把企业给救了。虽然中国建材是一家中央企业，但是是在充分竞争领域，做得好，乐观其成；做得不好，就被市场淘汰。这样的一家企业，唯一的道路就是要迈向市场。

第一件事是北新建材要去上市，当时我的同事都觉得不可能。我有一天在《21 世纪经济报道》上读到一条很好的消息，讲到可以把中国内地的 A 股和一些赚钱的资本打包到香港上市，我觉得这真是好机会，就通知领导班子开会。开会时，所有的同事都很奇怪地看着我，我说："我知道你们为什么这么看我，因为你们没有人相信我们能在香港上市，但是我特别相信我们就能在香港上市。为什么？现在中国概念在全世界热得很。1997 年我参加达沃斯世界经济论坛，现场有表决器，当时 90% 以上的代表认为未来 10 年世界经济的热点在中国，我印象极其深刻，也就是全世界资本都看好中国。"这是 2004 年我要上市时的背景。

上市就要去找投行，投行听说上市都很踊跃，很高兴地来到公司，但看过公司财务报表就走了，他们说："好像上不了。"我们好不容易找到摩根士丹利，做到半途也不来了。那个时候我们有一个上市班子，我每个月就要给他们讲一次话，就像今天和大家讲话一样，我说："我们肯定能上市，香港那些上市公司我了解，我们上市后在里面不是最差的，最起码是中等甚至偏上的，我们缺的只是那张门票而已，我们的任务是拿到那张门票。"果真像我想的那样，我们到香港上市受到热烈欢迎，因为大家觉得中国经济正在快速发展，中国建材的概念不得了，中国建材说要重组中国的水泥业、变成世界水泥大王，大家就举了赞成票，公司股价从发行价 2.75 港元最高涨到 39 港元。在大家的支持下，我们拿到钱之后就去收购。

我当时正在读一本书，是奈斯比特的《定见》，书里有一个观点，要变革必须端出"牛肉"来，也就是说变革的好处。我想我们要收购这么多民营企业，有什么好处给他们呢？我想清楚了"牛肉"是什么，我有"三盘牛肉"。

第一，公平定价。虽然我们是国有企业，对方是民营企业，我们不但不欺负民营企业，还要给对方一些溢价。我有一个"老母鸡"理论，如果一只鸡下蛋，我在买这只鸡时会多付两个月的鸡蛋钱，后面下的蛋就归我，这就是我的简单理论。如果是买公鸡、肉鸡，那就得斤斤计较，但如果我收的是老母鸡，就用不着非要这样，所以公平定价，会让大家觉得舒服。

第二，给民营企业留 30% 的股份。以前民营企业虽有 100% 的股份，可是打乱仗，像在浙江这个地方，水泥价格从每吨 400 元打到 200 元，家家都亏损。但是与中国建材合作，虽然民营企业只留下了 30% 的股份，但拿到很多钱，今后还会分到很多钱。想想是这个道理，与其老赔钱，不如赚点钱。

第三，职业经理人。这些民营企业家做水泥做了一辈子，给他们很多钱，他们去干什么呢？所以我让他们都留下来，做中国建材的职业经理人。当时也有人问我，收这么多企业，哪儿有那么多经理。我说，"一切皆来源于市场"，他们就都留下来了。

这"三盘牛肉"的第一次试谈是在杭州，我把浙江做水泥的"四大天王"都请过去，和他们喝茶，从早晨喝到晚上，终于把他们都说服了。因为当时他们正在打仗，其实外方很多人也看好这件事，也都向他们伸出了"橄榄枝"，有的交了定金，有的已经入场做尽职调查了。我和他们讲了一个道理："你们四个竞争，现在要请四个'雇佣军'来，他们进来还打仗，不如都跟我合作，联合起来你们就不打仗了，还有我这'三盘牛肉'多好啊。"最后整整谈了一天，大家接受了我的概念。这就是"汪庄会谈"，在中国建材行业里是个有名的故事，因为这个会谈直接促成了中国建材水泥行业的重组，大规模的重组从此开始了。

有一次，一位原建材局的老领导在飞机上对我说："我这一次去南方，大家说不能见到宋志平，如果见到宋志平，他跟你说20分钟，你就得跟着他走。"我说："我也不是神仙，他们也不是小孩子，给块糖就跟着我走，一定是这个事情是对的，而且说到了他们的心坎上。"重组其实就是一个互利多赢的方法。我们重组了上千家企业，到现在有9个区域性的水泥公司，成为世界最大的水泥公司。

混合所有制是个好东西。我写了一本书，叫《国民共进》，我认为不应"国进民退"，也不应"民进国退"，混合所有制是国民共进。为什么？因为关于国有经济和市场经济怎么融合，其实以前我们没有找到方法，在全世界范围内大家始终在探讨这个问题。西方国家既搞过国有化运动，也搞过私有化运动，大家围绕是国有还是私有都多次摇摆。比如法国密特朗时代搞国有化运动，后来右派上台搞私有化运动，现在50多家国有企业中有20多家是纯国有的，做公益保障事业的，还有20多家是混合所有制的；法国雷诺公司，国家占25%的股份；法国燃气公司，国家占36%的股份。我问过法国国资局局长，我说："你们为什么搞混合所有制企业，全部私有化不行吗？"他说："我们国家也想赚点儿钱。"我想这和中国国资委的想法差不多，要让国有资产保值增值。

国有经济与市场结合是个世界难题。以前有位老领导讲过，"如果谁能解决中国国有企业的问题，谁就是当代的马克思"，意思是这是一件很难的事。但是中国改革开放40多年，我认为这个题被破解了，明白了到底国有经济怎么和市场结合，也就是我们现在搞的"三段式"。第一，国资委管资本，不要管企业，出资人管资本；第二，中国建材是投资公司，管股本；第三，对于中国建材下面的水泥公司，用混合所有制把资本放入国家出资的投资公司，投资公司投下去的是股本，股本可多可少、可进可退，在混合所有制企业里用股权说话，和任何股东拥有一样的权利，这样混合所有制企业也就竞争中性了，把问题给解决了。如果是纯国有企业，在市场里就会有问题，因为在竞争领域里，国家纳税人全资投的企业和纳税人进行竞争，肯定是悖论。但如果国家投资公司投的是股本，放到企业里一点，是流动的，市场是能接受的。新加坡的淡马锡是国有投资公司，在全世界都有投资，没有人说它投的公司是国有的，而且是竞争中性原则。

混合所有制还解决了国有企业长期政企不分的问题和真正把市场机制引入企业的问题。过去我们老说要改革，国有企业要引进机制，但是引不进来，混合所有制就可以把民营机制、市场机制引进来，就可以做得很好。比如云南白药集团，前些年在改制的时候，形成云南省国资委占45%、民营企业新华都集团占45%、另一家民营企业占10%的股权结构，云南省国资委和新华都集团轮流做董事长，机制是按照市场化做的，不是按照国有企业做的，只有混合所有制才真正能够解决国有企业机制的问题。

今天看中国的国有企业，西方人看不太懂，因为他们还是把中国的国有企业当成40年前的国有企业，当成过去西方人脑子里的国有企业。其实中国的国有企业变化很大，中央企业共有96户，70%的资产在混合所有制的企业，混合度很高。当然一些公益保障类的企业倒也没有必要非得发展混合所有制，在西方国家这类企业也是按国有的在做，不以营利为目的。比如北京公共交通控股（集团）有限公司，每年都要靠政府补贴，只能是政府做这件事，因为60岁以上老年人就可以免费乘公交车，这就属于公益保障性的，这样的企业要归国家所有。充分竞争领域的企业如果国家愿意做就可以搞混合所有制，这个办法中国找着了。但找到这个办法，中国用了40年的时间。为什么西方人不用？因为他们认为既然国有企业的效率低，那就私有化，简单操作。

2017年我到德国柏林，柏林的议员对我说："我们20世纪90年代全搞私有化，现在发现不行，最近我们柏林和汉堡把铁路、发电厂、自来水企业全收归国有了。"我问为什么，他们说，第一，这种企业都不大盈利；第二，还要确保质量。柏林的自来水供给系统都是100多年以前修的，现在还得国家才能管理好。其实，公益保障类、需要补贴的企业，不一定都要市场化；但是充分竞争领域的企业要搞混合所有制，大可不必纯国有。中国建材就是这种做法。我是个实践主义者，我相信实践出真知。

**整合策略："道"与"术"的结合**

中国建材是怎么把它们整合起来的？我们进行重组也有自己的一些逻辑。

## 企业心语

中国建材重组有四个原则：一是符合集团的战略，不是所有企业都要整合。水泥运输半径短，我们一般是做区域性整合。二是重组的企业要有潜在效益。三是一定要有协同效应。四是要防范风险。

还有重要的一点是重组进来的企业要接纳集团的文化，这是底线。重组过程中什么都可以讨论、都可以研究，讨价还价也能研究，可以让利，可是有一点不可以讨论，那就是文化，要进来就都要接受中国建材的文化。在文化上不能乱套，不能一人一个号，一人一个调。大家都要接受企业的核心价值观，在这个问题上我们不让步。任何企业进来以后，都得挂上中国建材的牌，带上中国建材的Logo，表示认同，这些很重要。如果这个问题不解决，那就是一帮散兵游勇，做不了事。有很多人问我："宋总，您收的这些企业里都是些什么人？他们会不会都是一帮'土豪'？"我说："不是，你们可以去参加我们企业的年会，他们在底下坐得整整齐齐，都做笔记。"为什么？因为做水泥的都不是小型民营企业，这些企业家都经过市场历练，而且年富力强。这些人有很多钱，他们愿不愿意做职业经理人呢？这是我最初的问号，也是我做的实验。我发现尽管他们赚了很多钱，还是愿意踏踏实实地做职业经理人，还愿意早上6点起床、晚上12点再回家，他们周六日还在工厂工作，而且招待客人有时候用自己的钱，去上班开的也是自己的车，他们不仅"带枪参加革命"，而且也很积极。文化很重要，所以重组每个企业时都要谈文化，谈文化时我都做同样一件事——把我的司徽摘下来，亲手系到他们西服上，这是我的一个习惯性动作，表示他们接受了中国建材的文化，这很重要。

2007年重组南方水泥时，中国建材的股票涨到39港元；2008年金融危机，我们的股票从39港元降到了1.4港元。香港有报纸当时报道，如果第二天中国建材的股价降到0.5港元，这家公司就会崩盘。我当时压力也很大，但是我那时候去上班，笑着面对大家，我说："我们公司会赚很多钱，这是有人在卖空我们，你们不要太在乎。"我女儿是做投行的，她对我说："爸爸，您不要太难过，您上市的那一天就应该有思想准备，39港元也是市场给的，1.4港元您也得认，因为公司上市了，您决定上市那一天就应该有这样的思想准备。"我发现我的女儿比我更市场化，比我更懂资本市场。当然我们后来的股票又涨上来了，很多人 1.4 港元买入赚了不少钱。但那时候风声鹤唳，我干点什么呢？那段时间我们也干不了什么，基建停了，股票也大跌，我们的干部就集中起来，学习怎么管理整合，学习企业管理的方法。中国建材推出了整合的"八大工法""六星企业"，这是我们企业内部的武功秘籍。其中我经常给大家讲的有价本利和"三精管理"。

**一是价本利策略。**中国建材水泥现在的产能利用率只有 60%，我和干部们讲，我们要快乐生产，多放点儿假，让我们的工人和教授一样，快乐地生活。过去因为是短缺经济，所以我们加班生产，现在是过剩经济，还要让大家那样做有什么意义呢？以销定产，市场需要多少我们就生产多少。丰田公司的方法叫"零库存"，从十几年前直到现在，丰田公司用的还是这些办法——看板管理、零库存。丰田汽车的零部件是没有仓库存放的，就放在生产线旁边，有一个我估计有五六米宽的长条形地方，这个地方存放 2 小时的备件，然后安装好的新汽车直接开到港口卖出去，没有库存，以销定产。这是我经常给大家讲的，以改变大家的经营思路。

**二是"三精管理"模式。**"三精"包括组织精健化、管理精细化、经营精益化。组织精健化讲的是减层级、减机构、减冗员，我们中央企业这几年其实一直在这样做。瘦身健体有三件事：首先是压缩层级。其次是减家数，因为企业太多了，子子孙孙无穷匮也。企业必须精健化，中国建材做到了。管理精细化就是降成本、提质量、增品种，这是眼睛向内看的。经营精益化，目标是提高效益。我们做企业，最重要的就是要赚钱，如果赚不到钱，这个经营者基本是不成功的。我们学 MBA，其实是学怎么赚钱，如何创业、能不能使公司成为"独角兽"、能不能做一个大公司的高级职员，都是学赚钱的本领。但是从工业革命开始，实际上我们大量的工作是在认真地总结管理经验。而教大家怎么赚钱，是经营的问题，眼睛向外，研究环境的不确定性、市场变化、创新、新商业模式等，这些是更重要的。

### 模式拷贝：打造两家世界 500 强企业

联合重组的模式能不能复制？当然可以。我用同样的办法在国药集团复制了。2009 年国资委突然让我到国药集团去做"一把手"，当时我正在去机场的路上，要去伦敦做路演。上了飞机，我想到做建材和做医药风马牛不相及。到了伦敦，我做的第一件事是打开电脑看看国药集团是家什么公司，一看原来和中国建材差不多，是一家规模不大的公司。我后来做了 5 年中国建材和国药集团的双料董事长。在国药集团的 5 年中，我把在中国建材的重组方法复制了一遍，但不是重组制药企业，而是重组了医药分销系统，建立了全国的"国药网"。大家知道美国做医药分销业务的只有 3 家大公司，而中国有约 2 万家公司，这些公司都在攻医院，他们大多没有合格的仓库，所以国家需要建立全国的药网。谁来建？国药集团来建。所以我就整合了全国 290 个地级市的国药网，用了同样资本加重组的方法，先在香港上市，拿到钱再到内地重组，找出地方上排名前三家的进行重组，民营企业留 30% 的股份，先后重组了 600 多家企业形成今天的国药集团。2018 年，国药集团也做到 4000 亿元的销售收入。

以上我讲的这些方法、思路，实际上不仅适用于中国建材和国药集团，也适用于中国很多产业。

# 15

## 站在道德高地做企业[①]

"金蜜蜂"让我想起了很多往事。小时候，我家里有个兰花瓷的小笔筒，上面写着"花香蜂采蜜，辛苦为谁忙"，父亲告诉我这反映劳动人民的辛苦。大学毕业后，我来到北京工作，有一天看到《人民日报》一则报道中写道，冰心有一个座右铭，是笛卡儿的名言"忙碌的蜜蜂没有悲哀的时间"。多年来，我也把这句名言作为自己的座右铭。很多人只看到了企业家一些表面的光鲜，实际上这些人也是承担压力最大、责任最大、最忙碌的一个群体。

中国有句古语"君子爱财，取之有道"，"君子爱财"用在做企业上就是要赚钱，但关键在于取之有道。赔钱的企业不是好企业，那么赚钱的企业是不是一定都是好企业呢？其实不尽然，企业赚了钱又能取之有道才是好企业。然而这个"道"指什么？过去可能更多地认为是要符合法律，要满足社会上一些制度的要求，这是基本底线。那么我们更高的要求是什么？就是我们现在讨论的问题——社会责任和道德责任。企业要升华到这样的高度来看待企业的经营发展，这也是我们现在最为关注的。

中国建材和国药集团两家处于充分竞争领域的企业都是从"草根企业"发展成了世界500强企业。很多人问我带领两家企业成为世界500强企业是怎么做到的，这也是我常问自己的问题。我的答案是，我们去做正确的事情，要把

---

[①] 2016年6月7日，作者应邀出席由《WTO经济导刊》（现《可持续发展经济导刊》）主办的第三届金蜜蜂CSR领袖论坛，探讨企业的可持续发展，建议通过责任和竞争力来打开建立可持续商业模式的大门。本文原载于《WTO经济导刊》2016年第7期。

| 企业心语

社会责任、道德责任以及满足社会大众的要求和利他主义作为企业的核心价值观，这样企业才能有未来的辉煌。过去这些年，中国建材连续7年被国资委业绩考核为A级企业，连续5年进入世界500强企业榜单，2011年被评选为"金蜜蜂"领袖型企业，2013年被评选为"金蜜蜂"企业。我常想，中国建材的发展其实可以用一句话来概括："小胜靠智，大胜靠德。"一个成功的企业要得到快速的发展，首先要站在道德高地上，那么道德高地又有哪些内容？对于中国建材来讲至少有以下四项内容。

## 以人为本，提升人的价值和幸福感

我们在德国慕尼黑研究院的同事，在实验室研制出光电转换率17.9%的铜铟镓硒薄膜太阳能电池板，不是小板而是大板，这是突破性、颠覆性的技术创新。

作者与德国慕尼黑研究院的同事们进行交谈

做企业首先应该思考以人为中心，以人的幸福为中心。中国建材的员工都熟知四句话：企业是人，企业靠人，企业为人，企业爱人，是指企业是人格化的；企业发展要靠大家；做企业为的是人，包括我们的消费者、投资者、经营者、员工等；企业发展应关乎人类的幸福。我们要把企业放在这样一个道德高地来考虑经营发展。

中国建材的文化里有八个字：创新、绩效、和谐、责任。其中，"责任"

这两个字是中国建材的文化基础，我们必须建立以责任为基础的文化平台，站在这个平台上去思考事情。

企业经营的五项要素，我们是这样排序的：环境、安全、质量、技术、成本。我们把成本放在最后一位，而把环境、安全等这些关乎社会责任的内容放在前面，这体现了中国建材的价值观。

**以大局为重，走互利共赢的道路**

现在我国经济进入结构性调整时期，大多数产业产能过剩，过剩就会产生激烈的竞争。那么企业究竟该怎样去竞争，究竟该如何应对？中央提出供给侧结构性改革，其核心就是去产能。只有去产能才能实现平衡，那怎么去呢？中国建材采用三个方法。

**一是联合重组**。过去这些年，中国建材用市场的方法联合了上千家水泥企业，用混合所有制把大家联合在一起，使中国水泥的行业集中度由9%提升到了63%。过去几年，钢铁和煤炭行业是亏损的，而水泥行业一直都赚钱，就是因为中国建材在水泥行业进行了大规模的联合重组。

**二是淘汰落后**。但由谁先来淘汰？中国建材作为中央企业率先淘汰落后，2007年在山东枣庄一次炸掉了9条立窑，当时中央电视台播放了实况，带动了全国水泥行业淘汰落后产能。

**三是错峰生产**。冬季不需要水泥的时候不生产，减少雾霾，这也是中国建材带头推进的。在这些结构性调整过程中，中国建材一直在发挥带头引领作用。

其实竞争是市场的一个必然，但竞争有好竞争，也有坏竞争。好竞争、良性竞争、适度竞争可以促进企业的技术进步和发展，满足消费者的需求；但是恶性竞争、盲目竞争、过度竞争会破坏我们的资源，损害我们的企业，最终损害消费者的利益。中国建材在行业里带头进行良性竞争，让行业从一个过分竞争的红海步入适度竞合的蓝海，使全行业不再进行自相残杀的价格战。

供给侧结构性改革除了要淘汰落后外，还要创新好的产品以补短板。中国建材朝着新型建材、新材料、新型房屋等方面迅速转型，发展很快，2018年企业的利润不少是从这方面获取的。如果谈到 T800 碳纤维技术谁做得最好，很多专家会想到日本的东丽集团，但今后大家可以改变这个认识，是中国建材做得最好；谈到 TFT 电子薄玻璃谁做得最好，过去人们可能会想到美国的康宁公司，但今后会说是中国建材，中国建材的超薄电子触控玻璃现在已经可以做到 0.12 毫米；过去谈到薄膜电池谁做得最好，大多数人会说美国的 First Solar 公司，而今后也会说是中国建材，美国的碲化镉薄膜电池大规模的转化率是 16%，而中国建材的铜铟镓硒薄膜太阳能电池转换率已达 17.9%，这将颠覆未来太阳能电池的产业结构。

**重视气候问题，积极履行社会责任**

现在不少人在读一本书，是蕾切尔·卡逊 1962 年出版的《寂静的春天》，这本书讲的是农药的使用对生态链产生的破坏。10 年后，1972 年罗马俱乐部发表的研究成果《增长的极限》，讨论的就是"金蜜蜂"论坛关心的事情——可持续发展，就是人口、资源和发展之间的关系，当时认为发展极限是人类遇到的巨大的问题，但今天看来，人类遇到最大的问题是生存极限，即全球气候问题。

联合国气候变化巴黎大会通过了全球气候变化新协议，各方将加强对气候威胁的全球应对，把全球平均气温较工业化前水平升高控制在 2 摄氏度之内，并为把温度升高控制在 1.5 摄氏度之内而努力。我在气候变化巴黎大会上做了三场演讲，作为中国企业代表去讲我们的看法。大家都知道气候问题是我们面临的非常重大的问题，关键是为应对气候问题，我们要做哪些事情。

建材是一个能源和环境高负荷的产业，大家一想到建材就想到水泥，马上又会联想到雾霾。但是我可以跟大家负责任地讲，今天中国建材的水泥厂已达到完全智能化的水平，可以做到无人工厂，水泥工厂也都成了花园里的工厂或者森林里的工厂。过去几年，中国建材采用了很多方法来减少污染的排放，主要从三方面着手。一是在原材料的采用上尽量使用工业和建筑废弃物，每年使用粉煤灰等各种工业废弃物约 1 亿吨。二是在生产过程中节能减排，限制废气和粉尘的排放，减少排放二氧化碳 3000 万吨、二氧化硫 1000 万吨。三是产品要有利于环保和人们的健康，大力推广环保、健康的建筑材料和新型房屋新能源事业。

中国建材推出加能源 5.0 绿色小镇，这种新型房屋全部是工厂化组装式的，屋顶上面还有太阳能，集地热、光热、光电、家庭风电和沼气为一体，每个家庭都从过去的能源消耗者变成能源工厂，很多农家乐的客人都喜欢住这样的房子。现在中国农村房屋的保有面积约 300 亿平方米，绝大多数不抗震、不节能、不环保，更不舒适，都亟须改造，中国建材推出的这个产品非常适合中国农村的城镇化改造。中国农村每年用 8000 亿块红砖盖房子，需要烧 7500 万吨标准煤，会排放 1.2 亿吨二氧化碳，浪费 120 万亩良田。如果在广大农村建造新型房屋，就可以节省能源和资源，减少排放和污染。我常想，为应对气候变化做贡献，就是你我他从自己做起。

## "一带一路"走出去，做世界公民

现在是中国"走出去"的时代，但我们中国人究竟要在全世界呈现什么样的形象？这是我们要思考的问题。我们要带着"亲"和"诚"的文化"走出去"。

夜景中的土耳其日产 6000 吨水泥熟料生产线

我们在土耳其的水泥厂建设得非常好。当时我参加启动活动时讲："中国建材'走出去'秉持三大理念。第一，要为当地的经济发展做贡献；第二，要和当地的企业密切合作，为当地的企业留下空间，大家一起合作；第三，要和当地的人民友好相处。"中国驻土耳其大使馆经济参赞说："如果我们的企业负责人都能这么想，我们面临的国际环境就会比现在好得多。"

我在法国也讲了这段话，引起了大家的重视。我在图卢兹演讲时，谈到中国的大企业"走出去"是不排斥别人的，我们要联合起来共同开发第三方，要相互取长补短，不是我来赶你走，而是大家一起做。中国建材和法国施耐德电气有限公司共同开发非洲市场；和日本三菱商事共同开发南亚市场；和丹麦史密斯公司共同安装全世界的水泥成套装备，结合对方的核心装备和企业自身的装备优势一起做EPC。

中国企业"走出去"，就一定要做世界公民，坚持"亲"和"诚"的文化，既要增加亲和力，又要真诚，这是中国企业现在"走出去"应该关注的问题。

先哲还有一句话留给我们，"厚德载物"。我们做企业必须要有厚重的道德，才能有更多的担当，才能更稳定地发展，才能在发展过程中具有更强的竞争力。